KB022217

마음챙김

MINDFULNESS, 25th Anniversary Edition

Copyright © 1989, 2014 by Ellan Langer
Korean Translation Copyright © 2015, 2022 by TheQuest,
the imprint of Gilbut Publishing Co., Ltd

All rights reserved.
Korean edition is published by arrangement with Perseus Books Group,
through Duran Kim Agency, Seoul.

* 이 책의 한국어판 저작권은 듀란킴 에이전시를 통한 Perseus Books Group와의 독점계약으
로 길벗(더퀘스트)에 있습니다.
* 저작권법에 의하여 한국 내에서 보호를 받는 저작물이므로 무단전재와 무단복제를 금합니다.

MIND
FUL
NESS

마음챙김

엘렌 랭어 지음 | 이양원 옮김

더퀘스트

옮긴이 **이양원**

연세대학교 심리학과를 졸업하고 같은 대학원에서 석사학위를 받았다. 연세대학교 한국어학당 강사를 지냈으며, 현재 전문 번역가로 활동 중이다. 옮긴 책으로 《아빠는 경제학자》 《시간의 심리학》 《인간 그 속기 쉬운 동물》 《철없는 부모》 《영재교육 클래식》 등이 있다.

마음은 삶을 어디까지 바꿀 수 있을까

마음챙김

초판 발행 · 2015년 11월 3일
초판 8쇄 발행 · 2021년 6월 10일
개정판 발행 · 2022년 2월 4일
개정판 3쇄 발행 · 2024년 2월 5일

지은이 · 엘렌 랭어
옮긴이 · 이양원
발행인 · 이종원
발행처 · (주)도서출판 길벗
출판사 등록일 · 1990년 12월 24일
주소 · 서울시 마포구 월드컵로 10길 56(서교동)
대표전화 · 02)332-0931 | **팩스** · 02)323-0586
홈페이지 · www.gilbut.co.kr | **이메일** · gilbut@gilbut.co.kr

기획 및 책임편집 · 박윤조(joecool@gilbut.co.kr) | **편집** · 안아람, 이민주 | **디자인** · 박상희
제작 · 이준호, 손일순, 이진혁 | **마케팅** · 정경원, 김진영, 김선영, 최명주, 이지현, 류효정
유통혁신팀 · 한준희 | **영업관리** · 김명자, 심선숙 | **독자지원** · 윤정아

교정교열 및 전산편집 · P.E.N. | **CTP 출력 및 인쇄** · 예림인쇄 | **제본** · 예림바인딩

※ 이 책은 2015년에 출간한 《마음챙김》을 재출간한 것입니다.

· 이 책은 저작권법에 따라 보호받는 저작물이므로 무단전재와 무단복제를 금지하며, 이 책 내용의 전부 또는 일부를 이용하려면 반드시 저작권자와 (주)도서출판 길벗의 서면 동의를 받아야 합니다.
· 잘못 만든 책은 구입한 서점에서 바꿔 드립니다.

ISBN 979-11-6521-865-2 03180
(길벗 도서번호 040149)

값 16,000원

독자의 1초까지 아껴주는 길벗출판사

(주)도서출판 길벗 | IT교육서, IT단행본, 경제경영서, 어학&실용서, 인문교양서, 자녀교육서 www.gilbut.co.kr
길벗스쿨 | 국어학습, 수학학습, 어린이교양, 주니어 어학학습, 학습단행본 www.gilbutschool.co.kr

MINDFUL NESS

대중을 위한 심리학 책을 쓰는 사람은 누구나 우리가 거인들의 어깨를 딛고 서 있다는 걸 안다. 엘렌 랭어는 바로 그 거인들 중 하나다.

말콤 글래드웰 | 《아웃라이어》《블링크》의 저자

엘렌 랭어의 통찰은 인간 활동의 모든 분야를 망라한다. 내가 몸담고 있는 (의학) 분야도 예외는 아니다.

아툴 가완디 | 《어떻게 죽을 것인가》의 저자, 하버드 의과대학원 교수

심리학 역사상 엘렌 랭어만큼 마음챙김이 우리의 건강과 행복에 끼칠 수 있는 힘을 잘 보여준 이는 없다.

필립 짐바르도 | 《루시퍼 이펙트》의 저자, 스탠퍼드대학교 심리학 명예교수

엘렌 랭어의 연구는 심리학의 양상을 바꿔놓았다. 고대의 심오한 개념을 우리의 일상생활로 끌어들여 그것이 건강, 학습, 행복의 영역에서 지니는 무한한 가능성을 보여줬다. 그리고 랭어는 자신의 연구가 지니는 즉각적이고 실질적인 가치를 넘어, 전 우주에 미소를 보탰다.

댄 애리얼리 | 《거짓말하는 착한 사람들》《상식 밖의 경제학》의 저자, 듀크대학교 교수

엘렌 랭어는 늘 시대를 앞서왔다. 통설에 도전하는 끈기와 의지, 인구 집단 내 다양성에 대한 관심, 마음과 몸의 상호작용에 관한 철저한 연구, 재생과 치유를 향한 대안적 접근, 오늘날 최신 신경과학이 이 모두를 사실이라고 확인해준다. 나는 랭어의 작업을 늘 주시한다.

브루스 프라이스 | 하버드 의과대학원 교수

MINDFULNESS

구글 엔그램Ngram 검색을 해보면 요즘 심리학자라면 누구나 아는 사실을 확인할 수 있다. '마음챙김'이라는 개념이 지식인들 사이에서 폭발적인기를 얻고 있으며, 여기에는 현존하는 가장 창의적인 심리학자 가운데 한 사람인 엘렌 랭어의 획기적 연구와 저술이 큰 몫을 했다는 사실말이다. 없어서는 안 될 이 중요한 개념의 근원을 이해하려면 이 책의25주년 기념판에서 '마음챙김'에 대한 본래의 선언을 찾아보는 것 이상으로 좋은 방법이 없다.

스티븐 핑커 | 《우리 본성의 선한 천사》《마음은 어떻게 작동하는가》의 저자,
하버드대학교 심리학 교수

이 책을 읽으면 프로이트의 《일상생활의 정신병리학》과 한나 아렌트의 《악의 평범성》이 떠오른다. 그 선구적인 책들처럼 이 책도 인간적재앙, 다시 말해 일상에서 저지르는 온갖 어리석음을 마치 자연 같은연구의 대상으로 끌어들임으로써 그것을 이해 가능할 뿐 아니라 변화시킬 수 있는 것으로 만들어준다.

제롬 브루너 | 《교육 이론의 새로운 지평》의 저자

랭어는 개발되지 않고 묻혀 있는 우리 안의 잠재력에 손을 뻗으라고 요구하는 동시에 그것을 실현하는 방법도 보여준다.

파울 발테스 | 막스 플랑크 인간발달·교육 연구소장, 독일의 발달심리학자

랭어의 창의적이고 획기적인 연구에 오랫동안 감탄해온 학계 동료들조차도 이런 대담하고 놀라운 결론은 예상치 못했을 것이다.

대릴 벰 | 코넬대학교 사회심리학 명예교수

MINDFULNESS

엄청나게 도발적인 책이다. 이 책은 마음놓침 상태로는 읽을 수 없다.

로버트 에이블슨 | 예일대학교 심리학 교수

사회심리학 분야의 기념비적 저작.   《**북리스트**》

이 책을 다 읽고 나면 세상을 예전과 같은 방식으로 바라볼 수 없다.

앨런 더쇼위츠 | 하버드 법학대학원 교수

랭어는 인간의 놀라운 일들에 주목하는 동시에 우리에게 한층 더 활기를 불어넣어줄 인간의 가능성을 눈앞에 그려보게 만드는 보기 드문 능력을 발휘한다.

리 로스 | 스탠퍼드대학교 심리학 교수

당신이 교육자든 주부든 사업가든 정신보건 분야 종사자든, 또는 장애인이든 아니든, 젊은이든 노인이든 간에 이 책 안에는 당신을 위한 무언가가 있다.

미 청각장애인 커뮤니티 뉴스 Deaf Community News

삶의 질을 높이는 대안, 우리의 잠재력을 가둬놓는 경직되고 수동적이고 반복적인 관습들에 대한 해결책. 랭어는 매혹적이지만 경시되던 현상에 과학이라는 무게를 실어준다. 폭넓은 일반 독자를 끌어당길 만한, 생각하게 만드는 읽을거리!   《**커커스 리뷰**》

마음챙김 행동에 관한 랭어 박사의 연구는 항공안전을 비롯해 인간 대 기계를 위한 적절한 역할 개발 분야에도 많은 것을 시사한다.

클레이 파우시 | 미연방항공청 과학기술 수석고문

내 삶을 바꾸는 강력한 도구, 마음챙김

1970년대, 사회심리학 분야에서 이른바 '인지혁명'이 일어나 학자들이 사람들의 생각을 연구하던 때에 나는 사람들의 머릿속에 과연 생각이라는 것이 있는지가 궁금해졌다. 수십 년에 걸친 연구 끝에 나는 그 질문에 대한 답은 분명히 '없다'라고 결론 내렸다. '마음놓침mindlessness'은 도처에 퍼져 있었다. 사실 내가 생각하기에 우리가 개인적으로, 대인관계에서, 직장에서, 사회생활을 하며 겪는 모든 문제는 직간접적으로 마음놓침에서 비롯된다. 점화효과priming effect에 관한 최근의 사회심리학 문헌들을 보면 사람들이 얼마나 쉽게 주변 환경 속 단서에 따라 움직이는지 알 수 있다. 사람의 정서와 의도, 목표는 아주 작은 입력자극만으로도 사실상 아무런 인지적 처리 과정 없이 유발될 수 있다. 우리는 어떤 사람을 단지 예전에 싫어하던 사람과 이름이 같다는 이유로 싫어하기도 한다. 또 우리는 무의식중에 다른 사람을 흉내 내는 경향이 있어서 함께 심리실험에 참가한 낯선 이들의 동작을 저도 모르게 똑같이 따라 한다. 그뿐이겠는가. 고정관념stereotyping에 관한 문헌들이 넘쳐나는 데서 보이듯, 성별이나 인종 같은 단서 하나가 우리 머릿속에서 온갖 가정을 활성화시키고 그와 어긋나는 정보는 가려버릴 수도 있다. 이외에도 무수히 많은 연구가 인간이란 능동적으로 선택하기보다는 환경의 단서에 그저 수동적으로 반응하고 만다는 사실을 보여준다.

하지만 21세기에 들어선 지도 한참이 지난 지금, 마음챙김이라는 개념과 그것에 이르는 방법들은 널리 알려져 있다. 이 책의 초판이 발간되고 25년째, 이제는 마음챙김을 언급하지 않는 매체나 방송을 찾기 힘들 정도다. 아직 갈 길이 멀어 보이기는 해도, 내가 보기에 지금 우리는 한창 의식의 혁명을 겪고 있다.

시계를 거꾸로 돌려라

지난 40여 년간 나는 이 혁명에 힘을 보태려고 내가 할 수 있는 것은 뭐든 해왔다. 《마음챙김Mindfulness》 초판에 소개된 연구들을 토대로 나는 학습, 창의성, 직장, 건강 등 여러 분야에 걸쳐 '마음챙김' 개념을 계속 탐색해왔다. 초판에 소개된 연구 중 널리 반복되어온 하나는 예전 시대를 재현하여 과거로 돌아가게 만드는 실험, 이른바 '시계 거꾸로 돌리기 연구'다(본문 160~174쪽 참고). 비슷한 실험을 영국, 한국, 네덜란드에서도 실시한 결과 '과거로 돌아가기'가 몸과 마음의 능력 모두를 증진시킨다는 사실을 보여줬다. 과거를 그대로 재현한 색다른 환경 안에서 지내는 것은 그 자체로 효과가 워낙 강력해서, 같은 실험 기간 동안 과거를 회상하기만 한 통제집단조차도 신체적·정신적으로 향상되었다(실험집단보다는 덜했지만 말이다). 또 우리는 유방암을 앓는 여성들, 그리고 아프가니스탄과 이라크에서 돌아와 외상후스트레스장애PTSD를 겪는 참전군인들을 대상으로도 '과거로 돌아가기'의 효과를 연구 중이다.

주디스 로딘Judith Rodin과 공동으로 진행한 요양원 연구(이 실험에서 핵심은 노인들이 화초를 책임지고 돌보는 것과 같이 '신경을 써야 하는mindful' 결정을 내리는지 여부였다. 본문 137~139쪽 참고)가 그 뒤로 마음과 몸의 관계에 관한 수많은 연구가 쏟아져나오게 하는 데 일조했다면, 시계 거꾸로 돌리기 연구는 좀 더 극단적인 심신일원론을 검증한 연구였다. 그 연구에서 내가 확인하려던 것은 단지 마음이 몸에 막대한 영향을 끼치는가 여부만이 아니었다. 마음과 몸을 하나로 간주한다면, 연구에서 유용한 사실을 더 많이 밝혀낼 수 있을지도 알아보고 싶었다. 연구 결과는 명확했다. 마음이 가 있는 곳에 몸도 있었다. 마음이 온전히 건강한 곳에 있으면 몸도 건강하리라는 것이다. 이 연구는 플라세보(속임약) 효과와 자연치유의 원리를 이해하는 데도 실마리를 던져준다.

마인드세트와 맥락의 힘

심신일원론을 좀 더 최근에 검증한 실험이 '객실 청소원 연구'로, 연구대상자는 하루 종일 힘든 육체노동을 하는 호텔 객실 청소원들이었다. 우리가 처음에 '규칙적으로 운동을 하느냐'고 물었을 때 그들은 '운동을 안 한다'고 대답했다. 우리는 실험 참가자들을 두 집단으로 나누고 한 집단에게 그들이 하는 일을 마치 헬스클럽에서 운동하는 것처럼 생각하라고 지시했다. 예컨대 침대보를 씌우고 침구를 정리하는 일이 헬스클럽에서 기구를 써서 근력운동을 하는 것과 같다는 식으로 말이다. 그 한 가지 외에 다른 것들은 변화시키지 않았다. 오로지 마인드세트mindset 하나를 바꾼 결과, 실험집단은 체중·허리-엉덩이 비율·체질량지수BMI·혈압이 줄었다. 이 모두가 자기 일을 운동으로 여기겠다는 마음의 변화가 작용한 결과였다. 반면 통제집단에서는 이런 신체적 변화가 나타나지 않았다.

이러한 심신일원론을 검증하기 위한 또 한 가지 시도는 시력 연구였다. 나는 이전의 '시계 거꾸로 돌리기 연구'에서 노인들의 시력이 좋아진 것을 계기로 시력을 연구하게 되었다. 다들 안과에서 스넬렌Snellen 시력검사를 받은 적이 있을 것이다. 흰 바탕에 검은색 글자와 도형들이 있고 아래로 갈수록 크기가 작아지는 그 검사 말이다. 그 검사표를 읽어 내려가는 동안 대다수 사람들이 의식하지 못하는 점이 하나 있다. 조금 있으면 글자가 보이지 않을 거라고 예상한다는 점이다. 시력이 이런 예상에 영향을 받는지 검증하기 위해 우리는 검사표의 위아래를 뒤집어봤다. 아래로 갈수록 글자가 점점 커지게 만들고, 따라서 읽는 사람이 (자기도 모르게) 곧 글자가 보이기 시작할 거라고 예상하게 만든 것이다. 이렇게 다른 예상을 하도록 유도한 결과, 실험 참가자들은 이전보다 더 많은 글자를 정확하게 읽을 수 있었다. 한편으로 우리는 대다수 사람들이 시력검사표를 3분의 2 정도 읽어 내려간 지점에서부터 잘 보이지 않을 거라 예상한다는 점에 착안해, 검사표의 3분의 1 지점에서 시작하는 표를 하나 만들었다. 이 경우, 3분의 2 지점까지 내려오면 일반적인 표의 같은 지점에 비해 글자가 훨씬 작아진다. 실험 결과, 이번에도 사람들은 이전보다 글자를 더 잘 봤다.

시력에 관한 또 다른 일련의 실험에서 우리는 어떤 책에서 뽑

아낸 글을 세 집단의 사람들에게 읽혔는데, 한 집단에게는 문장 속의 모든 a 자 크기를 알아볼 수 없을 만큼 작게 만든 것을 줬다. 두 번째 집단에게는 같은 식으로 e를 작게 인쇄한 자료를 줬으며, 세 번째 집단은 원래의 활자 크기로 읽었다. b.ck이나 pl.ce 또는 bre.k 같은 단어를 읽는다고 상상해보라. 얼마만큼 읽다 보면 점이 a를 대신하고 있다는 것을 깨닫게 될 것이다. 그렇게 점을 a 또는 e로 보도록 훈련받고 나서 참가자들은 일반적인 시력검사를 받았다. 그들은 검사표에서 훈련받은 글자(a 또는 e)가 거의 안 보일 만큼 작아도 읽을 수 있었을 뿐 아니라 다른 글자들도 아주 작은 크기일 때까지 읽을 수 있었다.

시력 연구에 관해 좀 더 깊이 생각하다가 나는 병원의 몇몇 진료 관행이 얼마나 기이한지 새삼 깨달았다. 스트레스를 받을 수 있는 낯선 환경에서 의미 있는 맥락도 없이 흑백의 고정된 글자들을 읽는 것으로 시력을 검사한 다음 시력 수준을 나타내는 수치를 받는다는 것이 내게는 부조리나 다름없어 보인다. 여러분은 어떤지 모르지만 나는 배가 고프면 그렇지 않을 때보다 식당 간판이 더 빨리 눈에 들어온다. 나는 대상이 움직이고 있을 때와 정지되어 있을 때 각기 다르게 보인다. 나는 어떤 색들을 다른 색들보다 더 잘 본다. 하지만 더 중요한 건 내 시력이, 다른 모든 것이 그렇듯이, 하루 중에도 그때그때 달라서 어떤 때는 다른 때보다 더 잘 보인다는 것이다. 숫자는 사물을 움직이지 않게 고정시키지만 사물은 늘 변화한다. 자신의 시력을 나타내는 하나의 수치를 받는 순간 우리의 예상 또는 기대는 돌에 새기듯 견고하게 고정되어버린다. 마음챙김의 관점에서 보자면, 다른 검사방법을 찾아볼 필요가 있다.

시력에 관한 이런 연구들은 우리 자신의 한계를 설정하는 것이 얼마나 위험한지를 극명하게 보여준다. 예를 들어 학생들에게 이런 질문을 한 적이 있다. '인간이 한 번에 달릴 수 있는 최장 거리는 얼마인가?' 마라톤 코스가 약 42킬로미터라는 걸 아는 학생들은 일단 그 숫자에서 시작한다. 그런 다음 아마도 인간이 아직 한계에 도달한 적이 없을 거라 추측하면서 51킬로미터 언저리의 숫자를 답으로 내놓는다. 자, 멕시코 코퍼 캐니언의 타라후마라족은 최장 320킬로미터까지 달릴 수 있다. 우리가 마음챙김 상태라면 과거 경험에서 나온 한계가 반드시 현재의 경험을 결정한다고 추정하지 않을 것이다.

마음챙김으로 건강을 되찾는 법

마음챙김에는 신강 증진을 위한 두 가지 핵심 전략이 있다. '맥락contecxt에 주목하기'와 '가변성variability에 주목하기'다. 맥락은 극적인 차이를 낳을 수 있다. 시계 거꾸로 돌리기 실험에서 봤듯이 자신이 활기차고 건강하다고 느꼈던 시절을 재현함으로써 우리는 실제로 활력을 되찾을 수 있다. 두 번째 전략은 가변성에 주목하는 것이다. 우리 몸의 증상이 어떻게 변화하는지 주의 깊게 관찰하면 지금은 통제할 수 없다고 여기는 만성질환들을 좀 더 통제할 수 있을지도 모른다. 자신의 증상이 언제 호전되거나 악화되는지 알아차리고 그다음으로 '왜 그럴까?'를 떠올려보면 두 가지 일이 일어난다. 첫째, 그 증상이 늘 있었다고 생각해왔지만 실은 그렇지 않다는 걸 깨닫는다. 둘째, 왜 특정 상황에서 증상이 더하거나 덜한지 생각해봄으로써 상황을 통제할 가능성이 생긴다. 근본적인 원인을 찾는 일은 그 자체로 마음챙김이고, 따라서 해답을 얻든 얻지 못하든 간에 상태가 좋아지는 데 도움이 된다.

건강에 마음챙김 방식으로 접근하는 것은 '만성적인' 질환에 특히 효과적이다. 우울증을 예로 들어보자. 사람들은 자신이 울증 상태일 때는 시종일관 우울하다고 생각하는 경향이 있다. 하지만 가변성에 '마음을 열고mindfully' 주의를 기울여보면 사실은 그렇지 않다는 걸 알게 되는데, 이 깨달음 자체가 마음을 편안하게 해준다. 기분이 더 나빠지거나 좋아지는 특정한 순간이나 상황들을 알아차리는 것으로 우리 삶을 변화시킬 수 있다. 예를 들어 내가 밥이라는 인간이랑 통화할 때마다 스스로 하찮아지는 기분이 든다면 해결책은 명백하지 않을까?

가변성에 관심을 기울이는 것과 관련해 우리의 최근 연구 중 몇 가지는 연구대상자가 임신한 여성들이었다. 우리는 그들에게 임신 기간 동안 경험하는 감각의 변화에 의식적으로 신경을 쓰도록 지시했다. 그러고 나서 임신 기간 동안 작성된 자기보고와 질문지들을 분석한 결과, '마음챙김으로 주의 기울이기mindful attention' 훈련을 받은 뒤로 행복감이 뚜렷이 증가하고 불편감이 감소했음이 드러났다. 또 '랭어 마음챙김 척도Langer Mindfulness Scale'에서 대체로 마음챙김 상태인 것으로 평가된 여성들의 아기가 더 높은 아프가 점수Apgar scores(신생아의 건강상태를 평가하는 척도)를 받은 것으로 나타났다.

인간관계를 위한 마음챙김

맥락과 가변성에 관심을 기울이는 것은 대인관계에도 효과가 있을 수 있다. 누군가를 '게으르다' '무신경하다' '자기중심적이다'처럼 특정 성향을 표현하는 단어를 써서 지칭할 때마다 우리는 그 사람이 마치 불치병에라도 걸린 것처럼 대하면서 그 단어와 반대되는 모습들을 간과하는 셈이다. 이 책에서 지적하겠지만 행위자의 관점에서 보면 자신의 행동은 언제나 이치에 맞는다. 이치에 맞지 않는다면 그 행동을 하지 않았을 것이다. 타인을 마음대로 재단하고 있을 때 우리는 마음놓침 상태다. 나 스스로는 남들이 의지할 수 있는 듬직한 사람이 되려고 노력하고 있는데 다른 사람들은 나를 융통성 없는 이로 여긴다거나, 나 자신은 내가 자발적인 사람이라 생각하는데 다른 사람들은 나를 충동적이라고 본다거나, 나는 내가 사람들을 신뢰하는 편이라고 생각하는데 다른 사람들 눈에는 잘 속아 넘어가는 이로 보인다거나, 이 밖에도 여러 경우가 있을 것이다. 자신이 또는 다른 사람이 그렇게 행동한 이유가 무엇인지 질문하는 것만으로도 우리는 그 행동들 뒤의 동기를 이해하고 그것이 만성질환 증상들과 마찬가지로 때와 장소에 따라 달라진다는 걸 깨닫는다. 이는 곧 타인을 좀 더 존중하는 시각이며, 이로써 인간관계가 개선될 가능성도 커진다. 사람들은 남편이 또는 아내가 변했다고 불평하지만, 어쩌면 변한 것은 그들의 행동이 아니라 그 행동에 대한 우리의 이해일지도 모른다. 마음챙김 상태일 때 우리는 한 가지 맥락에서 불쾌한 것이 다른 맥락에서는 기분 좋을 수도 있음을 더 잘 인식한다. 실제로 우리 연구에서도 마음챙김에 더 충실한 사람일수록 인간관계에 더 만족하는 것으로 드러났다.

대인관계에서 마음챙김의 중요성은 친구나 가족과의 관계에만 해당되는 게 아니다. 직장에서 누구는 똑똑하거나 요령 있거나 유능해 보이는 반면 다른 이들은 그렇지 않아 보일 수 있다. 누구는 능력자이지만 다른 누구는 그저 그런 사람인 것이다. 그 결과 우리는 후자에 해당하는 사람들을 뭘 해야 할지 일일이 말해줘야 할 사람으로만 여기고, 그들이 나에게 가르쳐줄 수 있는 모든 것을 놓치고 만다.

성과와 리더십의 비밀

만약 모든 이를 동등하게 존중하면서 마음챙김 상태가 되도록 독려한다면 어떤 일이 일어날까? 우리는 교향악단을 대상으로 그 답을 찾아봤다. 교향악단은 일반적으로 위계가 분명한 조직이다. 한 교향악단에서 각 연주자는 자기가 연주할 곡을 자신만이 알아차릴 수 있을 정도로만 미묘하게 바꿔 연주해달라는 지시를 받았다(마음챙김 상태). 다른 한 교향악단에게도 같은 곡이 주어졌지만 이들은 단원들이 특히 잘했다고 느끼는 과거의 공연을 최대한 그대로 재현하라는 지시를 받았다(마음챙김 상태가 아님). 우리는 양쪽의 공연을 녹음해서 이 실험에 대해 전혀 모르는 청중에게 들려줬고, 모든 연주자에게는 질문지를 주고 스스로 공연을 얼마나 즐겼는지 답하게 했다. 그 결과 청중은 마음챙김 상태에서 연주된 곡을 압도적으로 선호했고, 연주자들도 마음챙김 상태에서 연주하는 쪽을 선호한 것으로 나타났다. 연구보고서를 작성하다가 문득 나는 이 연구 결과가 집단과

정group process을 이해하는 데 얼마나 중요한 의미가 있는지를 깨달았다. 모든 단원이 말 그대로 '자기 나름대로' 연주한다면 결국 난장판이 되어버릴 거라 생각할 수도 있다. (그 단원들이 연주한 것은 재즈가 아니라 클래식이니까.) 그러나 모든 단원이 아주 미묘하게 새로워진 곡을 '자기 나름대로' 연주하는 동안 각 단원은 똑같이 순간순간에 더욱 충실했고, 그 결과 탁월하게 조화를 이룬 연주가 재탄생했다.

우리는 고정관념에 빠져서 다른 사람의 재능을 보지 못할 때가 많다. 그러면 상대방은 스스로가 부족한 사람이라는 기분에 시달리고, 우리 역시 그들이 집단의 성과에 기여할 수 있는 모든 것을 놓치고 만다.

성공한 리더란 구성원 누구에게나 재능이 있음을 인식하고, 자신의 주된 역할은 자신을 따르는 사람들에게 마음챙김을 독려하는 것이라 생각하는 사람일 것이다. 유능한 리더의 특성은 무엇일까? 우리는 한 연구에서 여성과 리더십에 관해 고찰한 적이 있다. 여성 리더는 여성이기 때문에 겪는 문제가 있다. 남성처럼 강하게 행동하면 사람들이 싫어할 수 있고, 그렇다고 전통적인 여성적 방식으로 행동하면 유약해 보일 수 있다는 것이다. 우리는 실험에 참가한 여성들에게 설득연설(청중을 설득하는 것이 목적인 연설-옮긴이) 하나를 확실히 완벽하게(생각 없이도mindlessly) 할 수 있을 때까지 반복시키고, 매번 그들이 연설하는 모습을 비디오로 녹화했다. 실험 참가자들 중 절반은 강력하고 남성적인 분위기로, 나머지 절반은 사려 깊고 여성스러운 분위기로 연설하도록 지시받았다. 우리는 완벽히 숙달된 경지에 이른 마지막 연설 장면(생각 없이도 연설이 가능한^{mindless} 버전)을 한 집단에게 보여주고, 다른 사람들에게는 여성 리더들이 자신의 전달방식에 주의를 기울이던 초기 연설 장면(신경을 쓰는^{mindful} 버전)을 보여줬다. 결과는 뚜렷했다. 중요한 것은 오로지 그 여성 리더가 마음챙김 상태인가 아닌가였다. 사람들은 연설자가 마음챙김 상태이면 태도가 남성적이냐 여성적이냐에 상관없이 연설자를 카리스마 있고 믿을 만하고 진정성 있는 사람, 곧 훌륭한 리더가 갖추어야 할 중요한 특징을 지닌 것으로 평가했다. 간단히 말해 사람들은 우리가 마음챙김 상태일 때 우리에게서 더 매력을 느낀다.

마음챙김과 창의성

보통 우리는 일에서든 예술에서든 창의성과 혁신이 몇몇 소수에게만 허락되는 영역이라고 여긴다. 마음챙김은 결과물이 아니라 과정에 초점을 맞추게 함으로써 창의성을 촉진할 수 있다. 마음놓침 상태였다면 놓칠 수 있었던 혁신의 기회를 마음챙김으로 혁신을 이룬 한 회사를 예로 들어보자. 그 회사는 접착제를 만들려고 했으나 결국 얻은 건 접착력이 떨어지는 물질이었다. 그냥 실패로 치부해버릴 수도 있는 일이었다. 하지만 3M의 기술자들은 그러지 않았다. 그들이 접착제만큼 잘 붙지 않는 그 결과물의 속성을 활용해 포스트잇을 만들었다는 건 이제 유명한 일화다. 마음놓침이 수많은 노력의 발목을 잡는 과정은 전형적으로 이렇게 진행된다. 첫째, 우리는 지나치게 경직된 목표를 세워놓고 노력을 시작한다. 둘째, 노력하는 도중 뭔가 계획대로 되지 않으면 지레 실패했다고 여긴다. 셋째, 그 결과물을 쓸모없는 것이라고 단정해버린다.

우리가 흔히 저지르는 아주 기본적이고 부주의한mindless 실수 중 하나는 어떤 제품이나 물건에 붙인 명칭을 그 물건 자체로 받아들이는 것이다. 한 실험에서 사람들에게 시장에서 실패한 제품들을 줬다. 한 집단에게는 '실패한' 제품을 보여주며 그것을 어떻게 하겠느냐고 물었다. 대다수는 다음 제품으로 넘어가겠다고 답했다. 두 번째 집단에게는 그 실패한 제품(예컨대 잘 붙지 않는 접착제)으로 무엇을 할 수 있겠느냐고 물었다. 이번에는 몇 사람에게서 꽤 혁신적인 대답이 나왔다. 세 번째 집단에게는 그 물건의 원래 목적(명칭)을 언급하지 않은 채 그 물건의 속성들을 소개했는데, 더 많은 사람이 창의적인 제안들을 내놓았다.

마음챙김 상태로 살면 피곤해질까?

어떤 일을 하든지 늘 마음챙김 상태를 유지하려고 노력하는 것이 몹시 피곤하게 보일지도 모른다. 내가 강연하면서 우리가 사실상 늘 마음챙김 상태여야 한다고 말하면 사람들은 몸서리를 친다. 그만큼 힘든 일이라고 생각하는 것이다. 내 생각에는 마음챙김 상태로 있기가 힘든 게 아니라 불안 섞인 자기평가가 더해지기 때문에 힘들어 보일 수 있다. "잘 안 되면 어떡하지?" 불안은 스트레스를 낳고 스트레스는 사람을 지치게 만든다. 마음챙김은 그렇지 않다. 마음챙김 상태일 때 우리는 즐거운 마음으로 지금 여기에서 하는 활동에 빠져든다. 흐르는 시간 속에서 온전히 살아 있음을 느끼는 것이다. 여행을 생각해보자. 여행을 가면 우리는 마음을 열고 새로운 것들을 눈에 담는다. 육체적으로 고될 수는 있지만 동시에 큰 즐거움이기도 하다. 우리는 한 연구에서 사람들을 두 집단으로 나눈 뒤 양쪽 모두에게 똑같이 '만화에 평점 주기'라는 과제를 줬다. 한 집단에게는 그 과제를 일이라고 알려줬고 다른 집단에게는 놀이라고 소개했다. 앞의 집단은 과제를 하는 동안 자꾸 딴생각이 들었고 재미도 전혀 느끼지 못했다. 같은 과제를 게임처럼 접근한 집단의 경우에는 그 경험을 처음부터 끝까지 즐겼다.

여행을 하거나 일을 놀이로서 받아들일 때 우리는 마음챙김이 본질적으로 즐겁고 에너지를 (소모하는 것이 아니라) 만들어 내는 것임을 느낀다. 유머도 같은 효과가 있다. 모두가 내 농담을 재미있어하는 건 아니니까 특정 농담을 예로 들진 않겠다. 대신 여러분이 가장 최근에 농담을 듣고 웃었을 때 왜 웃었는지 생각해보기 바란다. 그 농담의 결정적인 대목을 듣자마자 불현듯 처음 언뜻 들은 것과는 다른 의미가 있음을 깨달았다면, 여러분은 마음챙김의 순간을 경험한 것이다.

마음챙김 상태에서 기분이 좋다는 사실이야말로 특히 강조할 필요가 있을지 모른다. 1977년에 내가 마음놓침과 마음챙김에 관한 글을 썼을 때 몇몇 사람은 그 두 개념을 자동처리automatic process 대 통제처리controlled process와 같은 것으로 간주했고, 이후 그에 관한 글들도 나왔다. 요즘은 시스템1 사고System 1 thinking, fast thinking 대 시스템2 사고System 2 thinking, slow thinking라고도 알려져 있다. 시스템1은 자동처리이고 시스템2는 본질상 통제처리다. 피상적으로 보면 그것들은 내가 오랜 시간 연구한 두 개념과 동일해 보였다. 그러나 통제처리와 마음챙김은 크게 다르다. 심지어 자동처리와 마음놓침도 다르다. 자동처리가 생각 없이 이루어지는 것은 분명하지만, 마음놓침은 과거에 처음 접했던 정보가 원인이 되어 비자동적 방식으로 발생할 수도 있다. 예를 들어 언젠가 친구 집에서 저녁을 먹는데 포크가 접시 옆 '틀린' 쪽에 놓여 있었다. 난 마치 자연의 법칙에 어긋나기라도 한 듯한 느낌을 받왔다. 왜 그런 별것도 아닌 일에 신경이 쓰이는지 자문하던 나는 어릴 적 어머니에게 "포크는 접시 왼쪽으로 가는 거야"라는 말을 들었다는 걸 깨달았다. 어머니가 한 말은 그게 다였는데, 그 말씀이 무려 지금까지도 내 반응을 결정해왔다. 마음챙김은 통제처리가 아니다. 시험을 위해 정보를 암기하는 일이나 세 자리 숫자에 네 자리 숫자를 곱하는 일 같은 통제처리는 대개 사람을 지치게 한다. 암기나 곱하기는 대개 마음챙김이 아니라 마음놓침 활동으로 이루어진다. 새로운 방식으로 해보려고 시도한다면 곱하기와 암기도 마음챙김 활동이 될 수 있지만 그럴 일은 드물다. 어떤 활동을 마음챙김 상태로 하려면 '새로움'이라는 요소가 도입되어야만 한다.

물론 거의 모든 활동은 마음챙김 상태로(마음을 열고 주의를 기울여서 창의적으로─옮긴이) 할 수 있다. 한 연구에서 우리는 실험 참가자들에게 각자가 싫어하는 활동을 하게 했다. 미식축구 보기를 싫어하는 사람들에게는 미식축구를 보게 했고, 클래식이라면 질색하는 사람들에겐 클래식을 듣게 했고, 예술 관람을 내켜 하지 않는 사람들에게는 그림들을 보며 시간을 보내게 했다. 우리는 각 경우마다 사람들을 네 집단으로 나누었다. 한 집단은 단지 그 활동만 했고, 한 집단은 그 활동에서 새로운 것 하나를 알아차리라는 지시를, 한 집단은 새로운 것 세 가지를 알아차리라는 지시를, 마지막 집단은 새로운 것 여섯 가지를 알아차리라는 지시를 받았다. 실험 결과, 사람들은 새로운 것을 많이 알아차릴수록 그 활동이 더 좋아진 것으로 드러났다. 결국 따분함은 마음놓침과 상관관계에 있는 것으로 보인다.

어떤 것이라도 재미있어질 수 있다. 마크 트웨인Mark Twain은 《미시시피강의 추억Life on the Mississippi》에서 미시시피강을 내다보며 이렇게 말한다. "긴 시간이 흐르자 강의 수면은 멋진 책 한 권이 되었다. 그 책은 무지한 승객에게는 사어死語일 뿐이지만, 내게는 마치 목소리를 내어 말하는 것처럼 또렷하게 자신의 가장 소중한 비밀들을 들려주며 자신의 마음을 드러내줬다."

지금 이 순간을 사는 '가능성의 심리학'

내가 이 연구를 시작한 뒤로 마음챙김에 관한 수많은 논문이 학술지와 대중지의 지면을 채워왔다. 최근 연구들 가운데 다수는 사실 갖가지 형태의 명상에 관한 것으로, 스트레스와 부정적 정서 방지에 중점을 둔다. 명상은 명상 이후에 오는 마음챙김에 이르기 위한 수단이다. 어떻게 도달하느냐에 상관없이, 가령 명상을 통해서 도달하든 아니면 좀 더 직접적으로 참신함에 주의를 기울이고 기존의 가정에 의문을 제기함으로써 도달하든 간에, 마음챙김은 바로 앞에 있는데도 몰랐던 모든 경이로운 것들을 알아차리며 현재를 충실히 사는 것이다. 우리가 마음놓침에 빠지고 마는 경우 중 하나는 우리 스스로 범주들을 만들어놓고는 그 안에 갇혀버리는 것이다. 우리는 그 범주들이 우리와는 관계없이 그 자체로 당연하다고 가정한다. 예를 들어 '일과 생활의 균형'에 관한 논의에서 늘 등장하는 일 대 생활이라는 범주를 생각해보자. 나에겐 일과 생활의 통합이 일과 생활의 균형보다 더 나은 목표로 보인다. 균형이라는 말에는 우리 삶이 두 부분으로 나뉘어 있다는 의미가 내포되어 있지 않은가. 마음챙김에 더 가까이 갈수록 우리는 삶에 구획을 덜 짓게 된다.

사회심리학자들에 따르면 우리가 어떤 사람인지는 그 순간 우리가 어떤 맥락 안에 있느냐에 거의 전적으로 달려 있다. 하지만 그 맥락을 누가 만드나? 마음챙김에 가까이 다가갈수록 우리는 자신이 서 있는 맥락을 더 많이 만들 수 있다. 스스로 맥락을 만들 때 우리는 더 진정한 자신이 되기 쉽다. 마음챙김은 사물을 새로운 시각으로 보고 변화의 가능성을 믿도록 우리를 이끌어준다. 엄격한 업무 절차와 규칙에 얽매여 갑갑함을 느낄 때, 그 절차와 규칙이라는 것이 사실 처음에는 몇몇 개인의 결정에 지나지 않았음을 인식할 필요가 있다. 그 사람들이 과거의 특정한 시기에 특정한 편향과 필요를 가지고 살았을 뿐이다. 이 점을 깨닫는다면 좀 더 많은 이가 자신의 일을 능력과 삶에 맞게 다시 설계해야겠다고 마음먹을 것이다. 회사의 정책이라는 것은 단지 한때 누군가의 최선의 노력이 담긴 결과물일 뿐 영원불변의 것인 양 취급할 필요는 없다. 사람이라는 요인을 다시 고려사항에 포함시키고 범주들이란 결국 사람이 만든 것임을 인식할 때, 우리는 거의 모든 것이 변화할 수 있다는 것을 깨닫는다. 일은 좀 더 놀이처럼 느껴지고 놀이가 일만큼 중요하게 여겨지는 것이다. '잔디밭에 들어가지 마시오'라는 팻말을 생각해보자. 대다수 사람들은 아무 생각 없이 그 지시를 따른다. 이제 그 팻말에 '잔디밭에 들어가지 마시오. 엘렌 씀'이라고 쓰여 있다고 생각해보자. 이 경우에 우리는 '엘렌이 누구지? 오늘 내가 이 잔디밭에 앉으면 엘렌이 정말로 싫어할까? 양해를 구할 수는 없을까?' 라는 의문을 가질 수도 있다. (내 경우를 말하자면, 그런 질문에 대한 답은 언제나 '예스'다.) 우리 자신과 다른 사람들에 대한 견해, 그리고 우리의 재능·건강·행복의 한계와 관련하여 당연하게 여겨지는 견해들이 우리가 이전에 생각 없이 받아들인 것들임을 분명히 인식할수록 그것들 역시 바뀔 수 있다는 깨달음에 더 가까워진다. 그리고 이 과정을 시작하기 위해 우리에게 필요한 것은 딱 하나, 마음챙김이다.

2부
—
마음챙김이라는 무기
Mindfulness

유연하면서
휩쓸리지 않는 마음

나는 하나로 고정된 존재를 좋아하지 않는다.

그보다는 톡 치면 작은 색유리 조각들이 새 문양을 만들어내는

만화경 속 유희가 좋다.

__ 롤랑 바르트,《목소리의 결정結晶》

어느 날 코네티컷의 한 요양원에서 그곳에 거주하는 노인들
에게 실내에서 키우고 싶은 화초를 하나씩 고르게 하고, 자신의
일과에 대해서도 여러 가지 소소한 결정을 내리도록 했다. 1년
반 뒤에 관찰해보니 자기가 고른 화초를 책임지고 키워야 했던
노인들은 그런 선택권과 책임이 주어지지 않은 노인들에 비해
더 쾌활하고 활동적이며 정신이 맑았을 뿐 아니라 사망률마저
낮았다. 두 집단 모두 똑같은 요양원에서 지냈는데 말이다. 구체
적으로 들여다보면, 자기가 고른 화초를 스스로 돌본 노인집단
의 사망률은 그렇게 하지 않은 노인집단 사망률의 절반 이하였

다. 이 놀라운 실험 결과는 내가 그 뒤로 '마음챙김mindfulness'(이 것은 나중에 나와 동료들이 붙인 이름이다)과 그 반대 상태인 '마음놓침mindlessness'이 가지는 강력한 효과에 관해 10년이 훌쩍 넘게 걸리는 연구를 시작하는 계기가 되었다.[1]

요즘(초판이 출간된 1989년-옮긴이) 여러 지면에 자주 등장하고 자못 이국적으로 들리기까지 하는 '변형된 의식 상태altered states of consciousness'(수면·피로·질병·최면이나 약물과 같은 심리적 또는 생리적 요인들에서 비롯되는 다양한 의식 상태를 가리키는 정신분석 용어. 엑스터시·비전·관조·합일 등의 형태로 나타난다-옮긴이)와 달리 마음챙김과 마음놓침은 일상 곳곳에 퍼져 있는 탓에 그 중요성을 인식하거나 그 힘을 이용해 삶을 변화시키는 사람이 거의 없다. 이 책에서는 우리 삶 곳곳에 스며 있는 마음놓침 때문에 우리가 치르는 심리적·신체적 대가와 더불어 마음챙김을 통해 얻을 수 있는 통제력과 선택권의 증가 및 한계 초월 같은 이득에 관해 이야기하고자 한다.

비록 내 연구의 결과들을 여러 차례에 걸쳐 학술논문으로 발표하기는 했지만, 나는 그 연구에 담긴 의미를 좀 더 많은 이에게 소개하고 싶다는 생각을 버릴 수 없었다. 내가 보기에 마음챙김이 가져오는 이득은 사회심리학 학술지에 묻혀 있기에는 그 가치가 너무 컸다. 기업체 중역이나 신문기자한테서 논문 사본을 한 부 얻고 싶다는 요청을 받을 때마다 나는 즉석 번역기가 있어서 그 논문에서 전문용어와 통계수치를 싹 지우고 그 뒤에 깔려 있는 현실적이고 일상생활에 가치가 있는 의미만을 보여줄 수 있다면 좋겠다는 생각을 해왔다. 이 책은 그런 소망의 결과물이다. 이 책에서 나는 50건 이상의 실험을 바로 그런 식으로 '번역'해서 그 실험 결과들이 실험실 밖 현실세계에서 어떤 의미를 갖는지를 여러분에게 보여주려고 한다.

내가 마음놓침이 얼마나 위험한지를 처음 경험한 것은 대학원생 시절이었다. 당시 두통으로 고생하시던 우리 할머니는 증상을 묻는 의사들에게 "뱀이 머릿속을 기어다녀서 머리가 아프다"라고 설명했다. 할머니로서는 자신이 할 수 있는 가장 생생한 비유로 본인의 증세를 표현했던 것이다. 하지만 할머니를 담당하던 젊은 의사들은 이민자 출신인 노인네가 하는 말에 별 관심을 두지 않았다. 그들은 간단히 '노망'이라고 진단 내렸다. 나이 많은 노인이 말도 안 되는 이상한 소리를 하니 어찌 보면 그럴 만도 했다. 할머니가 점점 더 정신이 혼미해지고 고통스러워하자 의사들은 전기충격 요법을 권했고, 어머니는 그들을 믿고 그 치료법을 쓰는 데 동의했다.

할머니의 뇌에 종양이 있었음을 알게 된 것은 나중에 할머니가 돌아가신 뒤 부검을 하고 나서였다. 어머니는 깊은 죄책감으로 괴로워했고 나 역시 마찬가지였다. 하지만 우리가 무슨 수로

마음챙김

의사들의 진단에 의문을 품을 수 있었겠는가? 그 뒤로 오랫동안 나는 의사들이 할머니가 증상을 호소할 때 보였던 반응, 그리고 우리가 의사들의 권유에 보였던 반응을 돌이켜봤다. 의사들은 진단 과정에서 정작 환자 본인인 할머니의 말에 귀를 기울이지 않았다. 그들이 노망에 대해 가진 '마인드세트mindset'가 그것을 방해했다. 우리도 의사들의 판단을 의심하지 않았다. 전문가에 대해 가진 마인드세트가 의심하는 것을 방해했다. 나는 그 뒤로 사회심리학을 계속 연구하다가 마침내 우리가 그런 실수를 저지른 이유를 몇 가지 발견했고, 이를 계기로 마음놓침 행동을 본격적으로 연구하게 되었다.

사회심리학자들은 대개 사람의 행동이 맥락에 따라 어떻게 달라지는지를 알아내고자 한다. 하지만 닫힌 마음 상태일 때 사람들은 자신에게 주어진 정보를 맥락과 무관한 것, 다시 말해 어떤 상황에서도 참인 것처럼 취급한다. 예를 들어 다음 문장을 잠깐 살펴보자. '헤로인은 위험하다.' 참을 수 없는 고통 속에서 죽어가는 사람에게도 과연 이 명제가 참이겠는가?

마음놓침의 위험성에 대해, 그리고 요양원 실험에서처럼 정말 간단한 방법으로 마음놓침에서 벗어나 마음챙김 상태로 들어설 수 있다는 사실을 깨닫고 나니 그때부터는 날마다 곳곳에서 이 양날의 칼과 같은 현상이 눈에 들어오기 시작했다. 예를 들어 승객 74명의 목숨을 앗아간 1982년의 에어플로리다 여객기 추

들어가며: 유연하면서 휩쓸리지 않는 마음

락 사고를 떠올려보자. 당시 그 비행기는 평소와 다름없이 워싱턴을 출발해 플로리다로 향했다. 기장과 부기장은 베테랑 조종사였고 그날 몸 상태도 아주 좋았다. 두 사람 중 누구도 피곤하거나 스트레스를 받았거나 술을 마신 상태가 아니었다. 그렇다면 무엇이 문제였을까? 광범위하게 조사한 결과, 조종사들이 이륙 전 조종장치를 점검할 때 문제가 있었다는 게 밝혀졌다. 점검이란 부기장이 큰 소리로 목록에 있는 조종장치를 하나씩 부르면 기장이 각 장치의 스위치가 제자리에 있는지 확인하는 과정이다. 이런 조종장치 가운데 하나가 결빙방지 장치다. 사고가 나던 날 기장과 부기장은 늘 하던 대로 각 조종장치를 점검해나갔고 결빙방지 장치 순서가 되자 '꺼짐' 상태임을 확인했다. 하지만 이날의 비행은 그들이 평소에 경험하던 것과는 달랐다. 이날 비행기가 뚫고 날아야 했던 것은 평소의 따뜻한 남쪽 공기가 아니었다. 바깥은 얼음이 얼 정도로 추운 날씨였다.

평소처럼 조종장치를 차례로 점검하는 동안 기장은 집중하는 듯 보였지만 사실은 아무 생각도 하고 있지 않았다.[2] 기장과 부기장이 이륙 전 점검을 하는 것은 승무원들이 지루해하는 승객들을 앞에 두고 비상 시 행동요령을 시연하는 것과 비슷한 점이 많다. 아무 생각 없이 틀에 박힌 절차를 따르거나 무의식중에 어리석은 지시에 따른다는 것은 그 사람이 자동인형과 같은 상태임을 의미한다. 그리고 그런 상태는 자신과 타인에게 치명적인 결과를 가져올 수 있다.

모든 사람이 자신을 마음놓침 상태가 되도록 방치하지는 않는다. 일부 피아노 연주자들은 건반을 앞에 두지 않은 상태에서 곡을 암기한다. 손가락은 그 곡을 '아는데' 자신은 모르는 그런 곤란한 상황이 생기지 않도록 하기 위해서다. 한마디로 말해서 이들은 연주회를 위해서 스스로를 마음챙김 상태로 유지한다.

다음 장에서부터는 마음놓침이 어떻게, 왜 생기는지, 그리고 어떻게 하면 마음챙김을 더 잘할 수 있는지에 대해 이야기할 것이다. 먼저 1장에서는 마음놓침의 속성을 살펴보고 그와 유사한 개념인 습관이나 무의식과의 관계에 대해서도 알아볼 것이다. 2장에서는 마음놓침이 생기는 원인을 찾아보며, 맥락의 역할과 어렸을 때 받은 교육의 영향에 대해 생각해볼 것이다. 3장에서는 마음놓침으로 인해 우리가 어떤 대가를 치르는지, 이를테면 마음놓침 상태일 때 우리의 능력과 기대, 잠재력이 얼마나 제약을 받는지 살펴볼 것이다. 4장에서는 마음챙김의 속성에 관해 논의하며 동양철학에 나오는 유사한 개념과도 비교해볼 것이다. 5장부터 9장까지 다섯 개 장에서는 마음챙김을 노화·창의성·일·편견·건강이라는 삶의 중요한 다섯 가지 분야에 적용해볼 것이다.

내가 연구를 하며 특히 흥미를 느꼈던 주제는 일터에서 나타나는 불확실성에 대한 태도, 그리고 마음놓침과 심신이원론이라는 케케묵은 함정 사이의 연관성이다. 그 둘에 대해서는 각각 그와 관련된 장인 7장(일)과 9장(건강)에서 다루었다. 하지만 이 책에 나온 다른 많은 것과 마찬가지로 이 두 가지 문제는 다른 여러 영역과 연관지어서도 생각해볼 가치가 있다. 이반 일리치 Ivan Illich가 기술문명과 인간의 무력화를 비판하기 위해 교육·교통·의료라는 분야를 선택한 이유를 설명하면서 사용한 표현으로 살짝 바꿔 말하면, 이 책에서 우체국이나 정치판을 선택해 논의했더라도 전혀 문제가 없었을 것이다.[3]

정해진 규칙을 완고하게 따르는 것과 마음챙김 상태는 그 정의상 양립할 수 없기에 이 책에서는 딱 떨어진 처방을 내놓지 않는다. 이 책의 집필 단계에서 원고를 읽었거나 나와 연구를 함께 했던 많은 이들은, 내가 그랬던 것처럼, 마음챙김과 마음놓침의 차이를 깨닫고부터 세상을 보는 시각이 바뀌었다고들 말한다. 어떤 이는 실패에 대한 두려움이 줄고 변화를 더 쉽게 받아들이게 되었다. 또 어떤 이들은 예전에 스스로 무력하다고 느꼈던 부분에서 통제감을 느끼거나 구속되어 있다고 느끼던 부분에서 좀 더 자유로워졌다. 독자들이 우리의 연구를 잠시 들여다보고 그 결론에 대해 열린 마음으로 판단하고 그 가치를 자신의 삶에서 직접 검증해봤으면 하는 바람이다.

1부
마음을 놓쳐버린 삶

Mindlessness

MIND
FUL
NESS

1장

내가 왜 그 생각을
못했을까?

When the Light's On and
Nobody's Home

우리는 시간에서 '낮'과 '밤', '여름'과 '겨울'을 잘라낸다. 우리는 감각의
대상이 되는 연속체continuum의 각 부분이 '무엇'인지를 정하는데,
이 모든 추상적인 무엇들이란 결국 개념들이다. 인간의 지적 활동이란
자기 경험의 원천인 지각체계를 개념체계로 대체하는 것이 거의 전부다.

__ 윌리엄 제임스, 《우리가 사는 세상》

지금은 새벽 두 시인데, 당신의 집 초인종이 울린다. 놀라서
잠을 깬 당신이 현관으로 나간다. 문을 열어보니 어떤 남자가
서 있다. 이 남자는 다이아몬드 반지를 두 개나 끼고 모피 코트
를 입었으며 뒤에는 롤스로이스가 서 있다. 남자가 야심한 시간
에 난데없이 깨워서 죄송하지만 물건 찾아오기 내기를 하는 중
이라고 말한다. 자신의 전처도 이 내기에 참가하고 있기 때문에
꼭 이겨야 한다는 것이다. 이 남자가 찾아야 하는 것은 가로 90
센티미터, 세로 210센티미터 정도 되는 나무판이다. 남자는 당
신이 도와준다면 보답으로 1만 달러를 주겠다고 하는데, 어쩐지

그 말에 믿음이 간다. 이 남자는 척 보기에도 돈이 많아 보이니까. 그래서 당신은 속으로 생각한다. 도대체 어디서 그런 나무판을 구해 주지? 목재소를 떠올려보지만 주인이 누구인지 모른다. 사실 목재소가 정확히 어디에 있는지도 모른다. 어쨌거나 새벽 두 시인 지금은 문을 열지도 않았을 것이다. 아무리 머리를 쥐어짜봐도 도무지 방법이 떠오르지 않는다. 결국 별수 없이 그 남자에게 말한다. "이거 참, 도움이 못 돼 미안합니다."

이튿날 당신이 친구 집 근처의 공사장 옆을 지나가는데 딱 그 정도 크기, 곧 가로 90센티미터, 세로 210센티미터가량의 나무판이 눈에 들어온다. 다름 아닌 문짝이다. 어젯밤에 문짝 하나만 떼어내서 그 남자에게 줬더라면 1만 달러를 받을 수 있었던 것이다.

'도대체 왜 그 생각이 안 났던 거야?'라고 당신은 자문한다. 그 생각이 떠오르지 않았던 이유는 어제 당신 집의 문은 당신에겐 나무판이 '아니었기' 때문이다. 가로 90센티미터, 세로 210센티미터의 그 나무판은 '문'이라는 범주에 묶여 당신 눈에 띄지 않았던 것이다.

이런 유형의 마음놓침은 '내가 왜 제인 생각을 못했지? 걔가 싱크대 배수관을 뚫을 줄 아는데'와 같은 식으로 대개 좀 더 일상적인 모습으로 나타난다. '범주라는 틀에 갇힌 상태'라 부를 수 있는 이것은 마음놓침의 속성을 이해하는 데 도움이 될 세 가

43

지 특성 중 하나다. 나머지 두 가지는 '자동 행동'과 '한 가지 관점에서만 비롯된 행동'으로, 이 두 가지에 대해서도 이번 장에서 설명할 것이다.

틀에 갇힌 마음 때문에

우리는 범주를 만들어내고 그 범주들 간에 구별을 지으며 세상을 경험한다. "이건 일본 도자기가 아니라 중국 도자기야." "아니, 걔는 이제 겨우 대학교 1학년이야." "화이트 오키드는 멸종 일보 직전이야." "이제는 그 여자가 그 남자의 상사야." 이런 식으로 우리는 세상과 자신에 대한 이미지를 그린다. 범주가 없다면 세상은 파악하기 힘든 것으로 느껴질지도 모른다. 티베트불교에서는 이런 마음의 습관을 '언어라는 지배자Lord of Speech'라고 부른다.

우리는 수많은 범주를 사용하는데 이 범주들은 현상을 다루는 수단으로 기능한다. 이런 경향성이 가장 정교한 형태로 발달한 것이 바로 이데올로기, 곧 우리 삶을 합리화하고 정당화하고 거룩하게 해주는 관념체계다. 민족주의·공산주의·실존주의·기독교·불교, 이 모두가 우리에게 정체성, 행위의 규칙, 세상에서 일

어나는 일들의 원리와 이유에 대한 해석을 제공한다.[1]

새로운 범주를 만들어내는 것은 마음챙김 행위다. 마음놓침은 우리가 과거에 만들어진 범주나 구별(남성적/여성적, 늙음/젊음, 성공/실패)에 지나치게 고지식하게 의존할 때 생겨난다. 한번 구별이 지어지면 이 구별은 그 자체로 생명력을 지닌다. 다음을 생각해보라. (1) 처음에 땅이 있었다. (2) 그다음에 육지와 바다, 하늘이 있었다. (3) 그다음에 나라들이 있었다. (4) 그다음에 독일이 있었다. (5) 이제 동독 대 서독이 있다. 한번 만들어진 범주는 이런 식으로 계속 강화되므로 폐기하기가 몹시 어렵다. 우리는 자신의 실재와 남들과 공유하는 실재를 구축해놓고는 그것의 제물이 된다. 그 실재라는 것들이 사람이 만든 개념이라는 사실을 망각한 채 말이다.

과거의 한 시대에 확고히 정착되어 사용되었던 범주들을 살펴보면 왜 새로운 범주가 필요해지는지 쉽게 이해할 수 있다. 아르헨티나의 작가 보르헤스Jorge Luis Borges는 고대 중국의 백과사전에 나온 다음과 같은 동물분류법을 인용한 적이 있다. "(a) 황제 소유의 동물, (b) 방부 처리해서 미라로 만든 동물, (c) 길들인 동물, (d) 젖먹이 돼지, (e) 인어, (f) 주인 없는 개, (g) 현 분류체계에 포함된 동물, (h) 미쳐 날뛰는 동물, (i) 너무 많아 수를 셀 수 없는 동물, (j) 아주 섬세한 낙타털 붓으로 그린 동물, (k) 기타,

(l) 방금 물병을 깨뜨린 동물, (m) 멀리서 보면 파리처럼 보이는 동물."[2] '닫힌 마음mindless'이라는 것은 어떤 생물은 언제나 황제의 것이고, 기독교는 늘 좋은 쪽이고, 어떤 사람은 영원히 건드릴 수 없는 사람이고, 문은 단지 문일 뿐인 경직된 세계에 갇혀 있다는 의미다.

아무 생각 없이 기계적으로 반응하기

옷가게에 있는 마네킹한테 "실례합니다"라고 말하거나 1월에 일기를 쓰면서 전년도 날짜를 쓴 적이 있는가? 이런 행동은 우리가 주위로부터 한정된 신호(여자 모양, 익숙한 일기장)만을 받아들이고 나머지(부동자세, 달력)에는 주의를 기울이지 않을 때 나타난다.

한번은 이런 일이 있었다. 작은 백화점 계산대에서 새 신용카드를 내밀자 계산원이 카드에 서명이 안 되어 있다며 서명을 하라고 나에게 다시 건네는 것이었다. 내가 서명을 하자 계산원은 카드를 받아서 기계에 통과시킨 다음 영수증을 나에게 주며 서명해달라고 했다. 내가 서명을 했더니 글쎄 계산원은 그 영수증을 조금 전에 서명한 카드 옆에 놓고 서명이 일치하나 확인하는 것이었다!

현대 심리학에서는 얼마나 많은 복잡한 행위가 자동으로 행해질 수 있는지에 그다지 관심을 기울이지 않아왔지만, 일찍이 1896년에 레온 솔로몬스^{Leon Solomons}와 거트루드 스타인^{Gertrude Stein}이 이 문제를 연구한 바 있다. (거트루드 스타인은 1893년에서 1898년까지 하버드대학원에서 윌리엄 제임스의 지도 아래 실험심리학을 공부했다.) 이들은 당시에 '이중인격'이라고 부르던 것(나중에는 '인격 분열'이라 불렸다)을 연구하며 제2 인격이 자동반응으로 행하는 행동들은 보통 사람들이 마음놓침 상태로 하는 행동과 본질적으로 유사하다는 의견을 내놓았다. 보통 사람들 역시 의식적으로 주의를 기울이지 않은 상태에서도 수많은 복잡한 행동을 할 수 있다. 솔로몬스와 스타인은 자신들을 실험 참가자로 삼아 몇 가지 실험을 했는데, 그 실험을 통해서 읽기와 쓰기 두 가지 다 자동으로 행해질 수 있음을 증명했다. 이들은 흥미진진한 이야기 읽기에 푹 빠진 상태에서 이야기와는 상관없이 던져진 영어 단어를 받아쓰는 데 성공했다. 연습을 많이 한 뒤에는 심지어 글을 읽으면서 자동으로 받아쓰기도 할 수 있었다. 이들은 실험이 끝난 뒤 자기가 무슨 단어들을 썼는지 전혀 기억해내지 못했지만, 그럼에도 뭔가 썼다는 것은 분명히 알고 있었다. 또한 이들은 읽기도 자동으로 행해질 수 있다는 걸 증명하기 위해 실험 참가자에게 옆에서 읽어주는 아주 재미있는 이야기를 들으면서 동시에 어떤 책을 소리 내어 읽도록 했다. 이 실험에서도 마찬가지로 연습을 많이 하면 옆에서 읽어주는 이야기에 완전히 몰두한 상태에서 아무 지장 없이 책을 소리 내어 읽을 수 있었다.

솔로몬스와 스타인은 읽기나 쓰기와 같이 우리가 지적 행위라고 여기는 것 중 상당 부분이 완전히 자동으로 이루어질 수 있다는 결론을 내렸다. "우리의 연구는 보통 사람들이 명확한 욕구나 의식적인 의지 없이 기존의 습관대로 행동하는 경향이 있음을 보여줬다."[3]

1978년에 나는 동료 심리학자 벤지온 채노위츠Benzion Chanowitz, 아서 블랭크Arthur Blank와 함께 이런 종류의 마음놓침을 알아보기 위한 실험을 했다.[4] 실험 장소는 뉴욕시립대학교의 대학원 건물이었다. 우리는 복사기를 쓰고 있는 사람들에게 다가가서 상식적인 이유 또는 말이 안 되는 이유를 대며 그 복사기를 먼저 써도 될지 물어봤다. 실험 참가자들이 상식적인 요청과 말이 안 되는 요청 양쪽에 똑같은 반응을 보인다면 그것은 그들이 자기가 들은 말에 대해 생각하지 않는다는 의미일 것이다. 우리가 요청한 방식은 다음 세 가지 중 하나였다. "실례합니다. 그 복사기 좀 써도 될까요?" "실례합니다. 그 복사기 좀 써도 될까요? 복사를 하고 싶어서요." "실례합니다. 그 복사기 좀 써도 될까요? 제가 지금 급해서요."

첫 번째와 두 번째 요청은 내용상 같은 것이다. 복사기를 가지고 복사 말고 무슨 일을 하겠는가? 그러므로 만약 사람들이 자기가 실제로 들은 말에 주의를 기울인다면 첫 번째와 두 번째 요청은 효과가 같아야 할 것이다. 하지만 구조적으로는 두 요청이 다르다. 길게 늘인 요청("실례합니다. 그 복사기 좀 써도 될까요? 복사를 하고 싶어서요")은 요청에 이유를 붙였다는 점에서 세 번째 요청("실례합니다. 그 복사기 좀 써도 될까요? 제가 지금 급해서요")과 더 유사하다. 따라서 만약 사람들이 두 번째와 세 번째 요청에 응하는 비율이 같다면 그것은 곧 사람들이 말의 내용보다는 말의 형식에 더 주의를 기울인다는 뜻이다. 실제로 우리가 얻은 결과도 바로 그것이었다. 사람들은 상대방이 이유를 댈 때 더 잘 응했다. 그 이유가 합리적이든 불합리하든 간에 말이다. 사람들은 내용을 주의해서 듣기보다는 익숙한 형식에 기계적으로 반응했다.

물론 여기에도 한계는 있다. 상대방이 엄청나게 큰 부탁을 하거나 부탁의 이유가 지나치게 말이 안 되면("코끼리가 쫓아와서요") 사람들은 자기가 무슨 말을 들었는지 생각해볼 가능성이 높다. 그 밖의 경우라 해도 사람들이 요청 내용을 제대로 듣지 않는 건 아니다. 단지 그 요청 내용을 주의 깊게 생각하지 않을 뿐이다.

이와 유사한 실험에서 우리는 발신처를 기재한 부서 간 회람문을 대학교 내 다른 사무실들에 보냈다. 거기에는 그 회람문을 발신한 방으로 도로 갖다달라는 부탁이나 지시만 달랑 적혀 있었다.[5] ("이것을 즉시 247호실로 반납해주시기 바랍니다" 또는 "이 문서를 247호실로 반납 요함") 이 내용을 주의 깊게 읽은 사람이라면 '이걸 보낸 사람이 자기에게 필요한 것을 애초에 왜 보냈겠어?'라는 의문이 들 것이고, 따라서 그 회람문을 되돌려주지 않을 것이다. 실험에 사용된 회람문의 절반은 평소 부서 간에 주고받는 것과 똑같은 모양으로, 나머지 절반은 어딘가 다르게 보이도록 만들어졌다. 익숙한 모양의 회람문을 받은 실험 참가자의 90퍼센트는 진짜로 그것을 반납했다. 평소와 모양이 다를 때는 반납률이 60퍼센트로 줄어들었다.

나중에 내가 한 대학교 세미나에서 이 연구들에 대해 발표했더니 청중 한 사람이 그와 유사한 방식으로 벌어졌던 소규모 사기극 이야기를 해줬다. 어떤 사람이 로스앤젤레스에서 발행되는 한 신문에 "○○○에게 1달러를 보내기에는 지금도 늦지 않았습니다"라는 광고를 내고 자신의 이름과 주소를 밝혔다. 대가로 뭔가를 받을 수 있다는 약속은 전혀 없었다. 수많은 사람이 1달러를 동봉해서 편지를 보냈고, 광고를 낸 사람은 상당한 돈을 벌었다.

이 사례들에서 확연히 드러나는 자동 행동은 여러 면에서 습관과 유사하다.[6] 습관, 다시 말해 오랫동안 반복해온 행동을 계속하려는 경향에는 근본적으로 마음놓침이 내포되어 있다. 하

지만 다음 장에서는 우리가 오랜 반복을 통해 습관화된 상황이
아니어도 언제든지 마음놓침 상태가 될 수 있다는 것 또한 볼 것
이다.

좁은 시야가 새로운 신호를 거부할 때

우리는 살면서 종종 한 가지 방법 말고는 다른 방법이 없는 것
처럼 행동한다. 예를 들어 요리할 때 우리는 조리법을 정확하고
충실하게 따르려는 경향이 있다. 재료를 넣을 때도 마치 법령을
따르듯이 조리법을 지킨다. 조리법에서 소금 한 줌을 넣으라고
했는데 두 줌이 들어갔으면 그릇이 당장 폭발이라도 할 듯 기겁
을 한다. 이렇듯 조리법을 깨뜨릴 수 없는 유일무이한 규칙으로
생각하기 때문에 우리는 사람들의 입맛이 얼마나 다양한지를 간
과하거나 나만의 새로운 요리를 만들어내는 것이 얼마나 즐거울
지 생각도 못해보기 십상이다.

내가 대학원에서 처음으로 한 실험이 바로 이런 단일 관점의
문제에 관한 것이었다. 그 실험은 각기 다른 방식으로 도움을 요
청했을 때의 효과를 검증하기 위한 예비 연구로, 다음과 같이 진
행되었다. 동료 연구자 하나가 사람이 많은 인도에 서서 지나가
는 사람들에게 자기가 무릎을 삐어서 도움이 필요하다고 말했

다. 누군가가 멈춰 서면 이 동료는 그 사람에게 저기 보이는 약국에서 압박붕대 좀 사다달라고 부탁했다. 나는 약국 안에 서서 도와주려는 사람이 약사에게 하는 말을 들었다. 약사는 압박붕대가 다 떨어졌다고 말하기로 사전에 약속이 되어 있었다. 약사가 그렇게 말했을 때 그럼 다른 방법이 없는지 물어볼 생각을 한 사람은 우리가 관찰한 25명 중 한 사람도 없었다. 사람들은 빈손으로 '부상자'에게 돌아가서 압박붕대가 없더라고 말했다. 우리는 이 동료가 좀 덜 구체적으로 도움을 요청했다면 도움을 받을 수도 있었을 것이라 추측했다. 하지만 '무릎을 삐었으니까 압박붕대'라는 한 가지 생각에만 근거해서 행동하다 보니 누구도 달리 도와줄 방법을 찾으려 하지 않았다.

좁은 시야가 우리의 사고를 어떻게 지배할 수 있는지 보여주는 간단한 테스트가 있다. 다음 문장을 읽어보라.

FINAL FOLIOS SEEM TO RESULT FROM YEARS
OF DUTIFUL STUDY OF TEXTS ALONG WITH
YEARS OF SCIENTIFIC EXPERIENCE.

이제 위 문장을 한 번만 다시 읽으며 F가 몇 개 있는지 세어보기 바란다.

만약 문장에 실제로 있는 것보다 적게 찾았다면 그것은 아마도 문장의 처음 두 단어가 F로 시작한 것에 영향을 받았기 때문일 것이다. 이럴 때 우리의 마음은 이 단서, 달리 말해 단일 관점에 집착해서 단어의 중간이나 끝에 숨어 있는 F를 놓치는 경향이 있다(정답은 주석에 나와 있다[7]).

압박붕대를 사다 달라는 요청이나 위 테스트에서처럼 아주 구체적인 지시를 받을 때 우리는 마음놓침 상태에 빠지기 쉽다. 그리고 일단 그렇게 되면 우리의 마음은 얼음통에 들어간 조개처럼 굳게 닫혀서 새로운 신호를 받아들이지 않는다. 다음 장에서는 우리의 마음이 경직되고 폐쇄적인 상태에 갇히고 마는 몇 가지 이유를 살펴보자.

마음놓침은
어디에서 비롯되는가

The Roots of Mindlessness

우리는 혼돈에 질서를 부여하는 보편적 원리, 규칙, 법칙들을 발견하는 것이

우리가 사는 세상을 이해해나가는 첫 단계임을 안다.

그런 정신의 활동을 통해 우리는 세상의 현상들을 단순화하지만,

그 과정에서 왜곡이 일어나는 것은 불가피하다.

특히 발달과 변화의 과정을 다룰 때에는 더욱 그렇다.

_ 지그문트 프로이트, 《끝이 있는 분석과 끝이 없는 분석》

프로이트가 지적했듯이 우리는 처음에 세상을 이해하기 위해 규칙과 법칙들을 습득하지만 나중에는 그로 인해 왜곡된 시각을 갖게 된다. 그런데도 우리는 계속해서 자동적인 방식으로 이 법칙들, 그리고 그로부터 만들어낸 범주들을 고수하는 경향이 있다. 그 이유로는 반복, 연습, 그리고 좀 더 미묘하지만 강력한 영향력을 지니는 것으로 심리학자들이 이른바 '선입견premature cognitive commitment'이라고 부르는 것 등이 있다. 이번 장에서는 이 과정들을 하나씩 차례로 살펴보면서, 더불어 그것들을 지속시키는 몇 가지 마인드세트도 살펴볼 것이다.

숙련되었으나 생각이 없는 '전문가'

텔레비전을 보면서 뜨개질을 하거나 라디오를 들으며 운전할 수 있는 사람이라면 몸에 익은 일을 할 때 그 일의 절차가 어떻게 머릿속에서 자취를 감추는지 알 것이다. 우리가 반복을 통해 어떤 일에 숙달될수록 그 일의 개별 요소들은 우리의 의식에서 빠져나간다. 그러다가 나중에는 더 이상 자신이 그 일을 '어떻게' 하는지 모르면서도 어쨌든 '할 수 있다'는 사실을 당연하게 여기게 된다. 하지만 일의 과정을 구체적으로 떠올려야 하는 상황이 되면 뜻밖의 결과가 빚어질 수 있다. 뭔가 또는 누군가를 보고 불현듯 자신이 제법 잘 알지만 완전히 숙달되지는 않은 어떤 일을 얼마나 잘 해낼 수 있을지 의문이 생긴다면, 우리는 머릿속을 뒤져서 그 일을 어떤 절차에 따라 하는지 찾아낼 수 있다. 그러면 자신이 그 일을 할 능력이 '없지는 않다'고 결론 내릴 수 있다. 하지만 어떤 일을 워낙 잘 알아서 '능숙하게' 수행하는 경우에는 그런 절차를 이미 의식적으로 떠올리지 못하기 쉽고, 따라서 자신의 능력을 의심할 수도 있다.

예전에 내 연구실에 자판을 아주 빨리 치는 타이피스트가 있었다. 정말이지 귀신같은 속도로 타이핑을 할 뿐만 아니라 자기가 치는 글을 꼼꼼히 읽으며 앞에 타이핑한 문장들을 기억할 수 있는 사람이었다. 그는 이런 고급 기량을 오랜 시간에 걸쳐 개발

해왔을 것이다. 하루는 신나게 자판을 쳐 내려가고 있는 그를 보며 내게도 그 기량을 전수해달라고 부탁한 적이 있다. 그런데 각각의 기술을 하나씩 떼어 설명하기 시작하자 날아다니던 그의 손가락 움직임이 확연히 느려졌고, 자신이 어떻게 무엇을 쳤는지도 잘 기억하지 못했다. 어떻게 일하고 있는지 의식하는 상태, 달리 말해 마음챙김 상태가 되자 오히려 옴짝달싹 못하게 된 것이다.

이런 종류의 마음놓침이 다른 종류의 행동에도 포함되어 있는지 알아보기 위해 나와 내 동료 신시아 와인먼Cynthia Weinman은 다음과 같은 실험을 실시했다.[1] 우리는 보스턴의 한 구직자 행렬에 서 있는 사람들에게 다가가 '음성의 질적 특성에 관한 언어학 연구'를 위한 실험에 참가해달라고 부탁했다. 우리는 실험 참가에 동의한 사람들에게 녹음기에 대고 의견을 이야기해달라고 요청했다. 실험 참가자 절반은 보스턴에서 직장을 구하기 힘든 이유가 뭐라고 생각하느냐는 질문을 받았다. 나머지 절반은 '알래스카에서 직장 구하기'라는, 아마도 이전에 거의 생각해본 적이 없을 문제에 대한 의견을 말해달라고 요청받았다. 그리고 이 두 집단을 각각 절반으로 나누어 한쪽 절반의 실험 참가자에게만 주어진 주제에 관해 미리 생각해보게 했다. 결과는 명확했다. 친숙하지 않은 주제(알래스카에서 직장 구하기)에 관해서 말할 때는 미리 생각해볼 시간이 주어진 사람들이 더 유창하게 자기 의

건을 피력했고, 친숙한 주제(보스턴에서 직장 구하기)에 관해 말해야 할 때는 생각해볼 시간 없이 바로 말해야 했던 사람들이 더 유창했다. 다시 말해 주제가 아주 친숙한 것일 때에는 생각이 오히려 말하는 데 방해가 되었다.

반복의 결과로 마음놓침이 생기는 것은 어느 직업에서나 거의 마찬가지다. 만약 숙련된 타이피스트와 초보 타이피스트에게 "해양생물전반에걸쳐……"와 같이 띄어쓰기를 하지 말고 한 문단을 치게 한다면 덜 숙련된 사람이 더 빠를 가능성이 높다. 어떤 일을 수없이 반복해온 사람은 그 일이 익숙한 방식과 조금이라도 다르게 변형되면 초보자보다도 못할 수 있다.

우리는 익숙한 구조나 규칙적으로 반복되는 대상을 접하면 그 대상에 주의를 기울일 필요가 없다는 신호로 받아들이고는 정신적 나태함에 빠지는 경향이 있다. 익숙한 대상이 규칙적으로 반복될 때 우리는 마음놓침 상태로 끌려들어간다.

Q. 닭장에는 뭐가 살지?

A. 닭.

Q. 오리장에는 뭐가 살지?

A. 오리.

Q. 모기장에는 뭐가 살지?

A. 모기.[2]

이런 말장난들은 대개 반복이라는 함정을 이용한 것인데, 아이들은 이렇게 마음놓침을 겨냥한 말장난을 아주 좋아한다.

'크로모신토시스'에 감염되셨습니다

우리가 마음놓침 상태에 빠지는 또 다른 경로가 있다. 어떤 대상을 처음 접했을 때 형성한 마인드세트를 나중에 그 대상을 다시 만났을 때에도 고수하는 것이다. 이런 마인드세트는 우리가 깊이 생각해보기 전에 형성되기 때문에 '선입견'이라고 부른다. 우리가 일단 어떤 대상에 대한 인상이나 정보를 비판적으로 평가할 아무런 이유가 없어서(예를 들면 자신과 전혀 관련이 없어 보인다든지) 액면 그대로 받아들이고 나면 그 인상이나 정보는 어느새 조용히 우리 머릿속에 자리를 잡는다. 그러다가 외부세계로부터 비슷한 신호(장면이나 냄새, 소리 같은)가 들어오면 그 인상이나 정보가 다시 표면으로 떠오른다. 같은 대상이라도 다음번에 접했을 때는 예전과 같지 않을 수 있지만 대다수 사람은 이전에 생각 없이 받아들였던 것을 다시 검토하지 않는다. 특히 아동기에 형성된 이런 마인드세트는 미성숙할 수밖에 없는데, 왜냐하면 우리는 어떤 정보가 나중에 어떻게 해석되거나 활용될 수 있을지 미리 알 수 없기 때문이다. 마음놓침 상태인 사람은 정보를 미리 정해진 한 가지 방식으로만 사용하며, 달리 어떻게 사용하거나 응용할 수 있을지 궁리해보지 않는다.

입안을 침으로 축여보라. 이의 뒷면, 혀끝 등을 말이다. 상쾌한 기분이 들 것이다. 이제 깨끗한 유리잔에 침을 뱉은 다음 그 액체의 일부를 다시 입안으로 삼켜보라. 역겨울 것이다. 왜일까? 우리는 어렸을 때 여러 가지 이유로 인해 침을 뱉는 것은 불결하다는 생각을 배운다. 그래서 침에 대해 불쾌감을 느낄 타당한 이유가 없을 때조차도 이 오래된 마인드세트는 영향력을 발휘한다.

이런 식으로 조기에 형성된 마인드세트의 극단적인 예가 있다. 내 친구 한 명은 주민의 대부분이 폴란드계 가톨릭 신자인 작은 마을에서 자랐다. 이 친구는 그 동네에서 몇 안 되는 비가톨릭 신자였기 때문에 자의반 타의반으로 외부인의 관점을 가질 수 있었다. 그래서 그 마을 사람들은 익숙하게 여기지만 객관적으로 보면 특이한 모습들을 발견하고 관찰할 수 있었다. 이 마을의 신부님은 늘 멋진 회색 푸들을 데리고 다녔는데, 훈련이 잘된 이 커다란 개는 신문이나 신부님의 우산을 물고 가는 모습을 종종 보여주었다. 그러던 어느 일요일, 이 고결한 신부님이 미사를 마친 뒤 경치를 감상하며 집으로 걸어가고 있었다. 옆에서 신부님의 개도 즐겁고 평화롭게 걸어갔는데, 주중에 신문을 물고 다닐 때와 똑같은 모습으로 신부님의 기도서를 물고 있었다. 이 개는 온순해서 그 책에 아무런 손상도 입히지 않았다. 하지만 이날 신부님과 푸들을 본 수녀님들은 신부님을 맹렬히 비난했다. 수녀님들이 보기에 개의 입은 불결한 것이고, 따라서 이런 행위는 기도서에 대한 모독이었던 것이다. 신부님의 독실한 신앙과 훌륭한 평판, 그리고 그 푸들이 품성 좋은 개라는 사실을 알면서도 수녀님들 눈에는 오로지 개의 입에 물려 있는 하느님밖에 보이지 않았다.

벤지온 채노위츠와 나는 '선입견'의 효과를 검증하기 위해 한 가지 방법을 고안했다.[3] 이 실험을 위해 우리는 '크로모신토시스'라는 가상의 질병을 만들어냈다. 우리는 이 질병이 청각장애의 일종으로, 이 병에 걸리면 특정한 소리들을 구별하는 데 어려움을 겪는 증상이 나타난다고 설정했다. 우리는 실험 참가자들에게 이 질병에 걸렸는지를 검사할 것이라고 말한 뒤 크로모신토시스의 증상이 설명되어 있는 소책자를 나눠주었다. 그 책자에는 이 장애가 있어도 색맹처럼 스스로 장애가 있는지 모를 수 있다고 쓰여 있었다. 이 실험의 핵심은, 만약 사람들이 이 가상의 질병을 별 생각 없이 받아들인다면, 책자를 보고 형성된 인상이 과제 수행에 영향을 줄 것인가 하는 것이었다.

모든 실험 참가자가 같은 책자를 받은 것은 아니었다. 첫 번째 집단의 참가자들이 받은 책자에는 인구의 80퍼센트가 이 장애를 가지고 있다고 쓰여 있었다. 참가자 자신에게도 그 장애가 있을 가능성이 높다는 암시를 주기 위해서였다. 아마 첫 번째 집단 참가자들에게는 책자의 정보가 자신과 꽤 상관 있게 보였을 것이다. 우리는 이들에게 만약 자신이 크로모신토시스 환자로 판명된다면 어떻게 대처할지 생각해보라고 지시했다. 두 번째 참가자 집단이 받은 책자에는 인구의 10퍼센트만 이 장애를 가지고 있다고 쓰여 있었다. 참가자 자신에게 그 장애가 있을 확률이 낮음을 암시한 것이다. 게다가 이들에게는 장애에 어떻게 대처할 것인지 생각해보라고 지시하지 않았으므로 이들은 그 질병에 대해 시간을 들여 생각해야 할 뚜렷한 이유가 없었다.[4]

그다음 모든 참가자가 테이프에 녹음된 60초 분량의 평범한 대화 두 개를 들으며 a 소리가 몇 번 들렸는지 적는 과제를 수행했다. 각자의 결과를 채점한 뒤에 모든 참가자에게 그들이 크로모신토시스 환자라고 알려줬다. 그런 뒤 우리는 특정한 능력을 테스트하는 사후검사를 실시했는데, 실험 참가자들이 앞서 받은 책자에는 이 장애를 가진 사람은 그 능력이 떨어진다는 얘기가 쓰여 있었다.

검사 결과 두 번째 유형의 참가자, 곧 그 질병이 자신과는 상관없을 것이라는 암시를 받고 실제로도 그 질병에 대해 생각할 기회가 없었던 참가자들이 그 진단에 더 큰 영향을 받은 것으로 나타났다. 이들은 자신이 크로모신토시스에 걸렸다는 것을 안 뒤에 사후검사에서 아주 낮은 점수를 받았다. 이들 두 번째 집

2장. 마음놓침은 어디에서 비롯되는가

단은 첫 번째 집단, 그러니까 자신에게 그 장애가 있을 가능성을 처음부터 염두에 두고 장애 증상을 보완할 방법을 궁리해본 사람들에 비해 검사점수를 절반밖에 받지 못했다. 이 실험 결과를 통해 우리의 가설이 입증되었다. 처음에 정보를 받아들이는 방식(비판적으로 아니면 무비판적으로)에 따라 나중에 그 정보를 어떻게 사용할 것인지가 결정된다. 뒤에 나오는 장들에서 이런 종류의 선입견이 노화나 알코올의존증 등과 어떤 관계가 있는지 살펴볼 것이다.

마음놓침은 무의식과 어떻게 다른가?

무심코 하는 행동 중 일부(예를 들어 말실수)는 그 원인이 '무의식'이라고 여겨지기도 한다. 하지만 우리가 이 책에서 이야기하는 우리 삶에 널리 퍼져 있는 마음놓침은 그 기원이 다른 만큼 잠시 본론에서 벗어나 둘의 차이점 몇 가지를 짚어볼 필요가 있다. 프로이트(또는 훨씬 이전으로 거슬러 올라가 플라톤이나 불교 및 힌두교 철학자들)의 정의에 따르면, 무의식 과정은 역동적이면서 동시에 접근하기 힘들다. 우리의 생각과 활동에 끊임없이 영향을 끼친다는 점에서 무의식은 역동적인 한편, 정신분석 또는 다양한 영적 훈련 등을 통해 엄청나게 노력하지 않고서는 무의식의 영향을 인식하거나 변화시킬 수 없다는 점에서 접근하기 힘들다.

> 무의식의 산물을 의식으로 끌어내는 일이 불가능한 것은 아니다. 하지만 그러기 위해서는 어느 정도 노력이 필요하다. 우리 자신의 내면에서 그 작업을 시도할 때에는 뚜렷한 '거부감repulsion'이 생기는 것을 깨닫게 되고, 환자에게 시도하도록 할 때에는 의심할 나위 없이 명백하게 '저항resistance'의 신호가 드러난다. 그러므로 무의식적인 생각은, 그것을 받아들이기를 거부하는 동시에 살아 움직이는 힘living forces에 의해 의식에서 배제된다는 걸 알 수 있다.[5]

프로이트가 여기서 지적하듯이 우리는 무의식적 사고에 대해 '모르고자 하는 동기'를 가지고 있다. 용납할 수 없는 생각과 욕망들은 꿈속에 슬며시 나타나 무의식이 우리의 삶에 영향을 끼친다는 단서를 주기도 하지만, 그 밖의 상황에서는 무의식에 다가가기 어렵다. 플라톤은 이렇게 썼다. "우리 모두에게는, 심지어 선한 사람에게도 무도한 야수의 본성이 있는데, 이 본성은 우리가 잠들었을 때 모습을 나타낸다." '이성'과 '수치심'은 뒤로 밀려나고 "우리 안의 야수가 (…) 욕망을 충족하기 위해 전면에 나선다."[6]

그에 비하면 이 책에서 말하는 마음놓침은 전혀 극적인 개념이 아니다. 마음놓침은 내적 동기와 관련이 없다. 무언가를 무비판적으로 머릿속에 받아들일 때는 나중에 다시 생각해봐야겠다는 생각이 들지 않는다. 그것이 용납할 수 있는 생각인지 아닌지 여부와는 아무런 관계가 없다. 그저 생각 자체가 들지 않을 뿐이다. 그러므로 무의식 속의 생각들은 애초부터 접근이 불가능했던 반면, 마음놓침 상태에서 받아들인 생각들은 애초에 마음챙김 상태로 처리했다면 접근할 수 있는 것들이었다.

무심코 받아들인 생각들을 자각하기 위해 마음속 깊숙이 자리잡은 내면의 갈등까지 분석할 필요는 없다. 그렇다고 우리가 재고할 수 있도록 그런 생각들이 저절로 떠올라주는 것도 아니다. 그런 생각들은 무의식과 마찬가지로 그런 식으로는 접근이 불가능하다. 하지만 우리가 문짝의 새로운 용도를 깨닫거나 노년을 새로운 시선으로 보면 그런 오래된 마인드세트를 어렵지 않게 제거할 수 있다.

자원이 한정되어 있다는 굳은 믿음

우리는 세상을 역동적이고 연속적인 것으로 받아들이기보다는 우리가 만들어낸(또는 누군가에게서 주입받은) 절대적인 범주의 틀에 갇혀 세상을 바라보기 쉽다. 주요한 한 가지 이유는 우리가 자원이 한정되어 있다고 믿기 때문이다. 명백하고 변치 않는 범주들이 있다면 우리는 그것을 가지고 이 한정된 자원들을 분배하는 규칙을 만들 수 있다. 만약 자원이 그렇게 한정되어 있지 않다면, 또는 그 한정성이 심하게 과장되어 있는 것이라면 그렇게 경직된 범주들을 사용할 필요가 없을 것이다.

대학 입학을 예로 들어보자. 대학 입학 정원은 한정되어 있는 것처럼 보인다. 만약 우리가 지능을 단일하고 고정된 속성처럼 취급한다면 누가 대학에 가야 할지는 지능에 근거해서 결정할 수 있을 것이다. 하지만 지능이 다른 모든 것과 마찬가지로 여러 측면을 동시에 지니며 각 측면은 상황에 따라 성장하기도 쇠퇴하기도 한다는 사실을 깨달으면 더 이상 지능을 가지고 대학에 가야 할 사람과 가지 말아야 할 사람을 단정할 수 없게 된다. 게다가 어떤 이는 대학 정원이 한정되어 있다면 교육이 더 필요한, 이른바 덜 똑똑한 학생들이 가야 하지 않겠느냐고 주장하며 상황을 더 혼란스럽게 만들 수도 있다. 대학 입학을 거절당한 사람들이라면 이런 논리를 근거로 삼아, 원칙적으로는 대학교육의 기회도 초등교육의 기회와 마찬가지로 모두에게 공평하게 제공되어야 한다고 주장할 수 있다.

다른 예로 이혼하면서 친권 문제로 다투는 부부에 대해 생각해보자. 누가 아이를 '가질' 것인가? 이 질문부터가 잘못된 것일지 모른다. 진짜로 문제가 되는 것은 무엇인가? 부모가 원하는 것은 물리적으로 아이와 함께 지내는 것인가, 아니면 아이와의 관계인가? 그들이 얻고자 하는 것은 아이의 몸인가, 아니면 아이의 끝없는 사랑인가? 그것도 아니면 상대방과의 관계에서 받았던 상처에 대한 복수인가? 지금 실제로 얻고자 하는 것이 무엇인지 주의 깊게 검토해본다면 한정된 자원이라 여겼던 것이 사실은 모두에게 돌아갈 만큼 충분하다는 사실을 발견할 수도 있다. 아이의 사랑은 총량이 한정되어 있어서 누군가가 더 가지면 누군가는 덜 가지게 되는 제로섬$^{zero-sum}$ 재화가 아니다. 두 사람이 한 아이를 사랑하고 또 사랑받는 것이 가능하다. 감정은 한정된 자원이 아닌데도 우리는 종종 그 사실을 잊는다. 왜냐하면 감정 자체가 아니라 분명히 한정되어 있는 듯이 보이는 하위요소에 초점을 맞추기 때문이다.

사람들이 자원이 한정되어 있다는 편협한 믿음을 고수하는 한 수능점수 같은 임의적인(하지만 완고한) 규칙에 따라 운 좋게 승자가 된 사람들에게는 현상이 유지되는 것이 유리하다. 그러나 원하는 것을 얻지 못하는 사람들은 문득 멈춰 서서 자신이 누군가가 구축한, 많은 희생이 따르는 현실의 일부일 수도 있다는 생각을 할지도 모른다.

한정된 자원에 대해 얘기하다 보면 반드시 누구는 돈이라는 문제를 꺼내게 마련이다. 대다수 사람은 돈이 한정된 자원이라고 느낀다. 하지만 여기에서조차도 과연 돈이 문제의 핵심인지 의심해볼 필요가 있다. 왜 돈이 많아야 더 좋은가? 부자들은 권력이 있고 존경받으며 가고 싶은 곳에 가서 즐길 수 있고 또 그럴 여가도 있다. 더 빠른 자동차와 더 좋은 음식도 살 수 있다. 하지만 인간의 기본적인 몇몇 욕구가 충족되고 나면 그다음에 추구하는 것은 정신적인 것 아닌가?

우리의 욕망 뒤에 있는 것이 무엇인지 곰곰이 따져본다면 대다수 경우에는 우리가 원하는 것, 그러니까 사랑·보살핌·신뢰·품위·즐거움 같은 것들을 타협 없이도 얻을 수 있다. 타협은 우리가 원하는 대상이 충분하지 못할 때에만 필요하다. 만약 우리가 인생에서 귀중한 것들이 한정되어 있다고 인식하지 않는다면 아마도 현재의 경직된 범주들을 그렇게 고집스레 고수하지는 않을 것이다. 또한 다름 아닌 우리 자신이 그런 경직된 범주들을 만들어놓고 마음을 닫은 채 그 틀에 갇혀 있다는 사실을 깨닫는다면, 우리는 그런 범주에 덜 얽매일 수 있을 것이다.

천연자원은 확실히 한정되어 있는 것처럼 보인다. 그 예로 석탄을 들 수 있는데, 석탄은 열을 생성하는 기능이 있어서 자원이다. 사용 가능한 석탄의 양이 한정되어 있을지는 모르지만 그 기능만으로 보자면 석탄을 대체할 방법은 수두룩하다. 이런 자원들이 궁극적으로는 한정되어 있을지도 모르지만 대다수 사람들이 생각하는 것만큼은 아니다.

한정된 자원에 관해 생각할 때 우리는 흔히 자신의 능력을 떠올린다. 여기에서도 마찬가지로 한계가 존재한다는 생각이 우리에게 족쇄로 작용하고 있을지도 모른다. 우리는 수영이나 대중연설, 수학 같은 것에서 자신의 한계라고 믿는 선에 도달하기 위해 스스로를 채찍질하기도 한다. 하지만 그것이 진정한 한계인지는 단정할 수 없다.[7]

우리의 능력들에는 한계가 없을 수도 있으며, 따라서 늘 향상의 여지가 있다고 여기며 사는 것이 유익할 수 있다. 그래야 적어도 거짓 한계에 발목 잡히는 일이 없을 것이기 때문이다. 인간은 1마일(약 1.6킬로미터)을 5분 안에 뛸 수 없다고 여기던 적이 있었다. 1922년에는 1마일을 4분 안에 뛰는 것이 '인간으로선 불가능'하다고들 말했다. 그 한계는 1952년에 3분 59초 4를 기록한 로저 배니스터Roger Bannister가 깼다. 매번 기록이 깨질 때마다 가상의 한계선은 물러난다. 그런데도 우리는 여전히 한계가 존재한다는 생각을 버리지 않는다.

'쿨리지 효과Coolidge Effect'라고 알려져 있는 한계 초월에 관한 흥미로운 예를 살펴보자. 예로부터 쥐·햄스터·고양이·양, 그밖의 여러 동물을 관찰하는 사람들은 수컷이 성욕을 충분히 만족시키고 교미를 끝낸 뒤에는 휴식기가 필요하다고 보고해왔다. 하지만 새로운 암컷을 데려다주면 그 수컷은 즉시 교미를 재개할 힘을 되찾는다.[8]

캠프 지도사들 또한 한계라는 것이 얼마나 주관적인지 잘 안다. 뉴햄프셔에서 캠프 지도사를 하는 내 친구는 해마다 여름이면 열두 살짜리 남자아이 여섯 명을 데리고 초코루아산이라 불리는 작은 봉우리를 오른다. 다년간의 경험으로 그는 그 산을 잘 알고, 또 아이들이 정확히 언제 힘이 빠지기 시작하는지도 안다. 아이들이 숨이 턱에 차서 "얼마나 남았어요?"라고 물으면 그는 잘 모르겠다고 대답한다. 이 등반의 마지막 구간은 정상이 보이기 시작하는 산등성이로, 거친 바위들이 하늘을 배경으로 불쑥불쑥 솟아 있다. 인디언 추장 초코루아Chocorua가 그 부족의 땅을 탐낸 백인들의 총구에 쫓기던 곳이기도 하다.

땀에 흠뻑 젖어 산을 오르던 아이들은 이 산등성이에 이르면 대개 털썩 주저앉아 무거운 배낭을 벗어버린다. 바로 이 시점에서 캠프 지도사는 초코루아 추장 이야기를 들려주며 아이들의 관심을 사로잡고는 이 마지막 구간이 특별한 도전이 될 것이라고 독려한다. 이야기를 들으며 아이들은 남은 산행을 새로운 과제로 보게 된다. 마침내 초코루아산의 바위투성이 정상에 올라 거대한 화이트산맥에서 불어오는 바람을 맞는 순간, 아이들은 예외 없이 기쁨에 들뜬다. 피로도 거의 느끼지 않는다. 피로 역시 하나의 선입견일 수 있다.

2장. 마음놓침은 어디에서 비롯되는가

시야를 좁히는 시간관

자원이 한정되어 있다는 믿음은 엔트로피entropy 개념과도 관련이 있다. 엔트로피란 닫힌 체계 안에서는 조직화되어 있던 요소들이 시간이 흐를수록 점진적으로 해체 또는 붕괴된다는 개념이다. 겉으로 보기에 엔트로피란 사람들에게 통제감을 느끼게 하는 개념이다. 왜냐하면 사물이 늘 똑같은 상태를 유지하거나 스스로 향상되는 체계보다는 서서히 닳아 없어지고 악화되는 체계 안에 있을 때 사람이 관여할 여지가 더 많기 때문이다. 엔트로피 개념은 세계가 수명이 다해가는 하나의 커다란 기계라는 이미지를 연상시킨다. 많은 이가 그런 이미지를 제대로 생각해보지도 않고 받아들여 머릿속에 가지고 있는데, 그 이미지 역시 우리가 어떤 일의 가능성을 실제보다 낮춰 판단하게 만드는 불필요하고도 바람직하지 못한 마인드세트일 수 있다. 세상에 대해 다른 시각, 예를 들어 우리를 둘러싼 현실 중 많은 부분이 사회적으로 구성된 것임을 인식하는 시각을 가진다면 실제로 개인의 통제력이 늘어날 수 있다.

고정된 한계가 있다는 믿음은 많은 물리학자의 견해와 양립하지 못한다. 예를 들어 영국의 천체물리학자 제임스 진스James Jeans와 아서 에딩턴 경Sir Arthur Eddington에 따르면, 세계를 가장 잘 묘사하는 방법은 그것을 하나의 훌륭한 아이디어에 비유하는 것이다. 그런 세계에는 계속해서 개선할 여지가 있다. 어떤 체계가 거의 완성된 듯이 보이는 순간, 지금으로서는 예측할 수 없는 새로운 무언가가 발견될 것이다.

선형적 시간 개념 또한 우리의 사고를 불필요하게 제한하는 데 한몫하고 있을지 모른다. 시간을 바라보는 시각이 문화와 시대에 따라 어떻게 변해왔는지 살펴보고 나면 이런 제한적인 시각에 더 쉽게 의문을 제기할 수 있을 것이다.

몇몇 문화권에서는 시간에 대해 우리와 아주 다른 개념을 가지고 있다. 그들은 시간이 과거와 현재와 미래로 나뉘는 것이 아니라 현재가 동시에 과거가 될 수도, 미래가 될 수도 있다고 여긴다. 예를 들어 파푸아뉴기니의 트로브리안드제도에서는 과거가 현재의 이전 단계라고 생각하지 않는다. 호피족 인디언들도 트로브리안드 사람들과 마찬가지로 우리식의 선형적 시간 개념을 갖지 않는다. 다만 이들도 선형적 시간 개념과 기능이 비슷한 개념들(변모, 가상 대 실제)을 많이 갖고 있기는 하다. 존 에드워드 옴John Edward Orme에 따르면, 원시시대 사람들은 시간을 "모든 것이 한꺼번에 일어나는" 현상이라 여겼다.[9] 폴리네시아인들은 어떠한 새로운 일을 체험하더라도 그것을 새로운 것으로 받아들이지 않으려고 주의한다. 그 대신 전설상의 탐험가가 거쳐갔던 여정을 자신들이 되풀이하고 있을 뿐이라고 생각한다.

시간을 바라보는 또 다른 관점은 시간이 순환한다고 보는 것이다. 피타고라스는 시간이 모든 세부사항을 포함해서 그대로 반복된다고 생각했다. 동양의 많은 종교에서 나타나는 환생 개념 역시 순환적 관점을 내포한다. 니체Friedrich Nietzsche 또한 우주는 주기적으로 순환하며 그 안에서 일어난 일들이 반복될 수 있다고 주장했다. 이런 관점에서 본다면 예지라는 것은 미래를•언뜻 내다보는 것이라기보다는 과거라는 다른 주기에서 일어났던 일을 보는 것이다. 시간이 순환하는 세계에서는 미래와 과거가 구분되지 않는다.

시간을 일차원적인 것으로 간주하는 입장에서 본다 하더라도 모든 것이 한쪽 방향으로 움직인다고 단정할 수는 없다. 미래가 과거만큼이나 현재의 원인으로 작용하고 있을 수도 있다. 나중에 볼 시험에 대비해 지금 무엇을 공부해야 하는가? 아우구스티누스Aurelius Augustinus는 이렇게 말했다. "그러므로 현재에는 몇 개의 차원이 있다. (…) 지나간 것들의 현재, 지금 존재하는 것들의 현재, 다가올 것들의 현재가 그것이다."

칸트Immanuel Kant는 시간이란 지각 경험을 조직화하는 수단이라고 생각했다. 세상으로부터 '주어진' 것도 아니고 세상에 '투영된' 것도 아니라는 것이다. 이러한 개념으로부터 그는 수학에서의 '선험적 종합판단synthetic a priori' 개념, 곧 경험을 통하지 않고도 알 수 있는 진리가 있다는 생각을 발전시켰다.

시간에 대한 마인드세트를 바꾸는 일은 지적 단련 이상의 것일 수 있다. 예를 들어 이 책 9장에서는 마음챙김과 건강의 관계에 대해 생각해보면서 질병을 치유하는 데는 늘 일정량의 시간이 필요하다는 믿음에 의문을 제기할 것이다. 시간을 다른 관점에서 보게 되면 그런 의문 제기가 좀 더 타당해 보인다. 실제로 시간의 의미에 관해 확신하는 것은 어리석은 일인 듯하다. 저명한 물리학자 에른스트 마흐Ernst Mach에 따르면, "사상事象(관찰할 수 있는 사물과 현상-옮긴이)을 시간에 맞춰 판단하는 것은 완전히 우리 능력 밖의 일이다. 사실은 정반대로, 시간이란 우리가 사상의 변화를 통해 도달하는 추상적 개념이다."[10]

결과만 생각하는 교육

우리가 걸핏하면 마음놓침 상태가 되는 이유를 어렸을 때 받은 교육과 관련지어 설명할 수도 있다. 지금까지 설명한 것과는 관점이 무척 다르지만 그렇다고 양립할 수 없는 것은 아니다. 유치원부터 교육의 초점은 대개 목표에 도달하는 과정이 아니라 목표 자체에 맞춰진다. 신발 끈 묶기부터 하버드 들어가기에 이르기까지 이런저런 목표를 달성하기 위해 매진하다 보면 삶에 대해 마음챙김 태도를 가지기 어려워진다.

결과지향적 태도를 가진 아이들은 새로운 일을 시작할 때 '할 수 있을까?'나 '못하면 어떡하지?' 같은 생각에 사로잡히기 쉽고, 그로 인해 전전긍긍하며 성패 여부에만 관심을 쏟느라 선천적으로 타고난 풍부한 탐구욕을 제대로 발현하지 못한다. 크레용의 색깔, 종이의 모양, 도중에 만들어지는 다양한 모양을 즐기는 대신 A자를 '정확하게' 쓰는 데에만 몰두하는 것이다.

사회적 상황에서 결과지향적 태도를 갖는 사람은 마음놓침에 빠지기 쉽다. 어떤 상황을 어떻게 다루어야 하는지 알고 있다고 생각할 때 우리는 주의를 기울일 필요를 느끼지 않는다. 그 상황에 아주 익숙하게(예를 들어 완전히 숙달될 정도로 익힌 것이라서) 반응할 때 우리는 적절한 각본대로 행동하는 데 필요한 최소한의 단서만을 감지한다. 반면에 낯선 상황과 만나면 실패할지 모른다는 생각('제대로 못해서 웃음거리가 되면 어떡하지?')에 사로잡힌 나머지 자신과 타인의 행동을 섬세하게 감지하지 못하기도 한다. 그런 의미에서 보면 우리는 바로 눈앞의 상황에 대해서 무심하다. 아직 오지도 않은 결과에 대해서는 꽤 열심히 생각하면서 말이다.

이와는 대조적으로 과정지향적 태도를 가진 사람은 '내가 할 수 있을까?'가 아니라 '어떻게 할 것인가?'를 생각하기 때문에 그 일을 하려면 어떤 단계를 밟아야 하는지에 주의를 집중한다(이에 대해서는 6장에서 창의성과 더불어 다시 살펴볼 것이다). 이런 과정지향적 태도에 깔려 있는 원칙을 한마디로 표현하면

'실패란 없으며, 그저 효과적이지 못한 해결책이 있을 뿐'이라는 것이다.

아이들이 컴퓨터 프로그래밍 수업 때 주로 하는 작업은 '버그 수정', 곧 제대로 작동하지 않는 부분에 매달리는 대신 새로운 해결책을 찾아내는 일이다. 잠정적인 목표는 작업이 진행되면서 계속 바뀐다. 과정지향적인 사람은 상황이 바뀔 때 방심하고 있다가 당황할 확률이 더 낮다.

결과에 집중하는 교육에서는 대개 학생들에게 어떤 사실이 무조건적인 진실이라는 식으로 가르친다. 이런 식의 접근은 마음놓침을 부추긴다. 학생들에게 어떤 사실을 가르칠 때 그것이 공인된 진리인 양 소개한다면 학생들은 다른 관점에서 생각해 볼 필요조차 느끼지 않을 것이다. 세상을 이렇게 한쪽으로 치우치게 보는 시각은 사실상 모든 일에 일반화될 수 있다. 절대적인 사실들을 가르침으로써 우리는 다음 세대로 문화를 전수한다. 그리고 그 덕분에 안정을 유지한다. 그러나 나중에 보겠지만 이를 위해 치러야 하는 대가는 상상 이상이다.

맥락은 힘이 세다

어떤 상황에서든 우리의 행동은 맥락의 영향을 크게 받는다.

우리는 병원에 가면 소곤소곤 말하고, 경찰서에서는 불안한 기분을, 묘지에서는 슬픔을 느끼며, 학교에서는 고분고분한 사람이, 파티에 가면 아주 쾌활한 사람이 된다. 맥락은 우리의 행동을 지배하고, 우리가 가진 마인드세트는 각각의 맥락을 어떻게 해석할지를 좌우한다.

우리에게 가장 깊은 영향을 주는 맥락 중에는 아동기 때 배운 것들이 많다. 예를 들어 어렸을 때 시각적으로 어떤 세계에 노출되었는지에 따라 실제로 이후의 시각적 경험이 달라질 수 있다. 한 연구에서는 도시에서 직각으로 이루어진 건물들에 둘러싸여 자라난 유럽계 캐나다인들과 다양한 모양과 각도로 이루어진 텐트와 오두막집에 둘러싸여 자라난 크리족Cree 인디언의 비교를 통해 어렸을 때 경험한 시각적 맥락이 평생에 걸쳐 영향을 줄 수 있다는 결론을 내놓아 논쟁의 대상이 되었다. 이 연구에 따르면, 성인이 된 유럽계 캐나다인들은 다른 형태의 선에 비해 직각이 더 보기 좋다고 느꼈다. 더불어 그들은 비스듬한 각도를 볼 때 크리족 인디언에 비해 덜 예민한 것으로 나타났다. 크리족 인디언들은 처음부터 이들과 다른 풍경의 심상을 가지고 있었기 때문에 훨씬 다양한 시각적 단서를 받아들일 수 있었던 것으로 보인다.[11]

맥락의 위력을 보여주는 고전적인 사례가 바로 미운 오리 새끼 이야기다. 알에서 나왔을 때 미운 오리 새끼는 첫 번째의 선입견을 형성한다. 가장 가까이 있고 가장 큰 오리를 보고는 자기 엄마라고 '결정'해버린 것이다. 그 뒤로 다른 오리들과 형제들이 자신을 괴롭히자 미운 오리 새끼는 두 번째의 선입견을 형성한다. 자기는 남들과 다르며, 심지어 못생겼다고 판단한 것이다. 그래서 미운 오리 새끼는 부끄러움과 소외감을 느꼈다.

결국 미운 오리 새끼는 자기를 놀리고 괴롭히던 무리에게서 도망친 뒤 일련의 모험을 하게 된다. 한번은 어느 추운 습지에서 사냥개 한 마리가 다가오더니 미운 오리 새끼를 뛰어넘어 그냥 가버렸다. 난생처음 미운 오리 새끼는 자기 외모에 고마워한다. "내가 너무 못생겨서 개마저도 나를 잡아먹지 않는구나." 이 뒤의 이야기는 모두들 알 것이다. 새로운 맥락, 곧 백조들의 세상에서 미운 오리 새끼는 자기가 아름답다고 느끼며 자부심을 가진다. 자신처럼 긴 목과 커다란 날개를 가진 새들과 어울리면서 어느새 예전에 가졌던 마인드세트가 사라진 것이다.

맥락에 대해 생각할 때 우리는 흔히 그것이 '저기 어딘가'에 있긴 있다고 믿는 실수를 범한다. 어떤 문장을 '맥락과 상관없이' 끄집어내도 책에는 그 맥락이 남아 있다고 생각하는 것이다. 하지만 맥락은 우리와 상관없이 별개로 존재하는 것이 아니다. 우리는 그 새끼 백조가 자신과 어미 오리의 관계를 인식한 것과 똑같은 방식으로 한 문장과 다음 문장의 관계를 인식한다. 곧 맥락은 일종의 선입견이자 마인드세트다.

맥락은 우리가 오늘 어떤 사람인지, 어제 어떤 사람이었는지, 그리고 사물을 어떤 관점에서 보는지에 따라 달라진다. 때로는 이것들이 상충되기도 한다. 수녀들이 성당 운영을 위해 '일일 도박장'을 연다면 어떤 생각이 들까? 어떤 사람이 어머니가 부당한 진료를 받았다며 병원에서 고함을 지른다면 다른 사람들은 놀란 눈으로 그를 바라볼 것이다. 고함을 지르는 행동은 병원에서 통용되는 규칙에서 벗어나기 때문이다. 장소가 병원이라 할지라도 경우에 따라서는 발을 구르며 소리 지르는 것이 적절한 행동일 때도 있다. 그런데도 우리는 그럴 생각을 하지 않는다. 바로 맥락 때문이다.

버나드 쇼George Bernard Shaw의 희곡 〈피그말리온Pygmalion〉에 나오는 히긴스 교수는 아름다움에 대한 우리의 인식이 맥락에 따라 극적으로 바뀐다는 것을 생생하게 보여줬다. 이야기 초반에 일라이자 둘리틀은 런던 거리에서 꽃을 파는 초라하고 런던 사투리가 심한 소녀로 등장한다. 히긴스 교수는 일라이자를 완전히 바꾸어놓기로 결심한다. 맥락이 모든 것을 결정한다는 사실을 깨달은 그는 일라이자의 목소리, 발음, 의상, 습관을 모두 바꾸어놓는다. 보석 세공사가 반지의 보석을 새로 세팅하듯이 그녀를 새로운 배경 안에 집어넣은 것이다. 일라이자는 아름다운 외국의 왕녀로 칭송받으며 런던 사교계의 꽃이 된다. 이 이야기를 더욱 재미있게 만드는 것은 바로 맥락의 극적인 변화가 일라이자에게 끼친 영향이다. 맥락이 변하자 그녀의 자존감, 더 나아가 그녀 '자신'에게도 똑같이 극적인 변화가 일어난다.

심리학자 데이비드 홈스David Holmes와 켄트 휴스턴B. Kent Houston 의 실험은 우리가 사물을 지각할 때 맥락이 어떠한 영향을 주는지 생생하게 보여준다.[12] 이들은 실험 참가자들의 동의 아래 참가자들에게 가벼운 전기충격을 가했다. 이때 절반의 참가자는 전기충격을 새로운 '생리적 감각'으로 생각하라는 지시를 들었다. 전기충격을 이런 식으로 받아들인 사람들은 사전에 지시를 받지 않은 사람들에 비해 덜 불안해했고 맥박수도 더 낮았다.

같은 상황, 같은 자극인데도 다른 이름으로 불리면 다른 자극이 되기도 한다. 롤러코스터는 신나지만 난기류를 만나 덜컹거리는 비행기는 그렇지 않다. 다음 장면을 상상해보라. 한 여자가 시골길을 걷다가 갑자기 벌떼에 둘러싸인다. 대다수 사람처럼 여자도 겁에 질린다. 혈압이 오르고 맥박도 빨라진다. 아마도 여자는 공포로 그 자리에 얼어붙거나 도망치거나 할 것이다. 이번에는 같은 여자가 어린아이를 데리고 같은 길을 걷고 있다고 상상해보자. 이 경우에는 벌떼의 존재가 전혀 다른 행동을 불러일으킨다. 이번 맥락에서 여자는 겁에 질리는 대신 용감하게 아이를 보호한다. 똑같은 벌떼가 다른 자극이 된 것이다.

맥락은 가치를 결정하기도 한다. 《보스턴 글로브Boston Globe》에 이런 기사가 실린 적이 있다. 한 우체국 직원이 수전 앤서니 1달러 주화(1979년 발행된 1달러짜리 동전으로 여성인권운동가인 수전 B. 앤서니의 초상이 들어 있다. 인물 도안이 사람들의 호응을 얻지 못한 데다가 외형상 25센트 주화와 혼동의 소지가 있어 제대로 유통되지 않았다–옮긴이) 판매를 '일인당 두 개로 제한'한다고 손님들에게 말하고부터 그전까지만 해도 호응을 얻지 못하던 그 동전이 갑자기 인기를 끌기 시작했다는 것이다.[13] 장사꾼들에게는 새로울 것 없는 이야기다.

맥락은 우리가 가장 정밀하고 구체적인 판단을 내리려 할 때조차도 영향을 끼친다. 이를 잘 보여주는 예가 도널드 브라운 Donald Brown의 실험이다. 그는 이 실험에서 참가자들에게 여러 가지 무게의 추를 들어보고 가볍다, 보통이다, 무겁다, 아주 무겁다로 평가하게 했다.[14] 이 중에는 (다른 것들과 무게가 다른) 기준추가 한 개 포함되었다. 가설은 이러했다. 기준추의 무게가 현재 평가 중인 무게와 얼마나 차이가 나느냐에 따라 무게 판단이 달라지리라는 것이었다. 실험 결과도 정확히 가설과 일치했다. 사람들은 똑같은 무게를 들더라도 무거운 기준추를 들어보기 전보다 들어본 뒤에 더 가볍다고 느꼈다.

브라운은 이 실험에서 한 가지 흥미로운 변형을 시도했다. 그는 몇몇 참가자에게 연구자를 도와 추가 담긴 쟁반을 들어서 옮겨달라고 말했다. 만약 무게 판단이 다른 무게의 영향을 받는다면 참가자가 쟁반을 옮기면서 느낀 무게에서도 영향을 받을 것인가? 여기서 두 가지 예상이 가능했다. 첫 번째 예상은 참가자의 입장에서 그 쟁반은 과제와 상관없는 물건이므로 심리적으로 아무 영향을 주지 않으리라는 것이다. 두 번째 예상은 쟁반이 공식적으로 실험의 일부는 아니지만 그래도 뭔가 무거운 것을 들었다는 점에서는 마찬가지이므로 쟁반의 무게가 참가자에게 영향을 끼치리라는 것이다. 하지만 위에서 말한 것처럼 만약 우리의 지각을 결정하는 것이 이른바 물리적 실제가 아니라 맥락이라면 그 쟁반은 아무 영향을 끼치지 않아야 한다.

이 기발한 실험의 결과는 무게 판단이 쟁반의 무게에서 영향을 받지 않았음을 보여준다. 마치 참가자들이 실험이라는 맥락에 들어와 다양한 무게에 영향을 받다가 그 맥락에서 빠져나와 쟁반을 옮긴 듯했다. 그런 뒤에 이들은 다시 무게 판단 상황에 자신을 집어넣었다. 어떤 의미에서 그 쟁반은 이들에게 아무 무게가 없는 물건이었다.

가치관이 맥락을 만들어내고 그 맥락이 지각에 영향을 준다는 사실은 오래전부터 알려져왔다. 1948년에 레오 포스트먼Leo Postman과 제롬 브루너Jerome Bruner, 엘리엇 맥기니스Eliot McGinnies는 실험에서 타키스토스코프(순간노출기)라는 기계를 사용해 화면에 단어들이 순간적으로 나타났다 사라지도록 했다.[15] 이 단어들은 여러 가지 가치와 관련된 것이었다. 예를 들어 통치·시민·정치와 같은 정치적 단어, 기도·신성함·예배와 같은 종교적 단어, 시·예술가·아름다움 같은 미학적 단어들이 실험 참가자에게 제시되었다. 제시어는 '올포트-버논 가치척도Allport-Vernon Study of Values'로[16] 측정 가능한 여섯 가지 가치를 표현하는 단어들로 이루어졌고, 참가자에게 무작위로 제시되었다. 제시어로 사용된 단어들은 똑같이 익숙한 것이었지만, 참가자가 단어를 인식하는 속도는 사전에 올포트-버논 가치척도로 측정한 가치관에 따라 달랐다. 참가자가 특정 가치 영역에서 받은 점수가 높을수록 그 가치와 관련된 단어를 인식하는 속도도 더 빨랐다. 예를 들어 정치를 중시하는 참가자는 예술을 중시하는 참가자에 비해 정치적 단어를 더 빨리 알아봤다. 참가자의 가치관에 따라 만들어진 맥락이 그 사람의 시각적 능력에 영향을 주는 것으로 보였다.

이렇듯 맥락은 우리의 반응과 해석에 크나큰 영향을 끼치는데, 우리는 또한 그로 인해 맥락을 혼동하는 우를 범하기 쉽다. 맥락을 혼동한다는 것은 곧 상대의 행동을 지배하는 맥락과 자신의 행동을 지배하는 맥락을 혼동하는 것을 말한다. 대다수 사람들은 타인의 동기나 의도가 자신의 것과 같으리라고 지레짐작한다. 똑같은 행동이 전혀 다른 의미를 가질 수도 있는데 말이다. 만약 내가 밖에서 조깅을 하다가 활기차게 걸어가는 누군가를 본다면, 나는 그가 계속 달리고 싶지만 뛸 수가 없는 상태라고 추측한다. 다시 말해 뛸 수만 있다면 뛰었을 텐데 그럴 수가 없으니 그저 빨리 걷는다고 여기는 것이다. 하지만 그는 걷기를 운동방법으로 선택해서 즐겁게 걷고 있는지도 모를 일이다. 그가 차선책으로 걷기를 선택했다고 생각한다는 것은 곧 맥락을 혼동했다는 걸 뜻한다. 지금 걷고 있다는 것이 꼭 달리기를 할 수 없다는 말은 아니니까. 운동을 위해서는 뛸 수도 있고 빨리 걸을 수도 있다. 그러나 만일 오랜 세월에 걸쳐 사회에서 달리기를 더 중시한다면 그는 자기 자신을 '걷기를 선택한 사람'이 아니라 '달리지 않는 사람'으로 여길지 모른다. 걷기에서 느꼈던 즐거움을 잊어버린 채 스스로를 달릴 능력이 없는 사람으로 단정지을 수 있다는 얘기다.

이런 맥락의 혼동은 우리가(또는 비주류 집단 스스로가) 비주류 집단의 행동을 유심히 들여다볼 때 흔히 일어난다. 그들은 억울하게도 자신들이 애초에 가졌던 의도나 목적과 전혀 상관이 없는 기준에 따라 평가받는 경향이 있다. 그들은 자신이 어떤 행동에 처음 발을 들여놓은 이유가 무엇이었는지 모를 수도 있는데, 그로 인해 더 크고 힘 있는 집단의 견해, 그러니까 그들이 제대로 못하고 있다는 견해를 그대로 받아들여 믿기 쉽다. 주류 집단은 스스로 의식하지 못한 채 '비주류' 집단 구성원들의 행동 맥락을 재정의해왔다. 이 문제는 8장에서 편견과 관련해서 더 자세히 살펴볼 것이다.

지금까지 논의한 마음놓침의 다양한 원인, 곧 반복, 선입견, 자원이 한정되어 있다는 믿음, 선형적 시간 개념, 결과지향적 교육, 맥락의 효과는 하루하루의 삶에 영향을 끼친다. 그것들에 대해 '마음챙김'의 시각을 가지고 대처하는 방법을 논의하기 전에 먼저 마음놓침 상태로 지낼 때 우리가 잃는 것이 무엇인지부터 살펴보자.

마음을 놓칠 때
일어나는 일

The Costs of Mindlessness

세 할머니가 공원 벤치에 앉아 있다.

한 할머니가 끙 소리를 냈다.

그 옆에 앉아 있던 두 번째 할머니가 한숨을 쉬었다.

세 번째 할머니가 두 사람을 바라보며 말했다.

"자식들 얘기는 안 하기로 한 거 아녔어?"

마음놓침은 우리 생활에 깊이 스며들어 있다. 우리는 익숙한 대본에 따라 생활한다. 틀에 박힌 일상생활에서 우리는 특별히 문제가 생기지 않는 한 자신이 무엇을 하고 있는지 의식하지 않는다. 차에 열쇠를 꽂아놓고 문을 닫았다든지 양말을 세탁물 바구니가 아니라 쓰레기통에 던져넣었다든지 할 때 우리는 정신이 번쩍 든다. '의식의 흐름'이라는 용어를 최초로 사용한 심리학자 윌리엄 제임스William James는 언젠가 자신이 파티에 가려고 옷을 벗고 씻은 다음 침대에 누운 적이 있다고 이야기한다. 두 가지 일상적인 행동이 똑같은 방식으로 시작되다 보니 혼동이 일어났고, 그러자 자동으로 더 익숙한 쪽을 따른 것이다.

내 친구가 들려준 3대에 걸친 마음놓침에 관한 이야기도 쉽게 와닿는다. 한 여자가 오븐에 고기를 구우려 하고 있었다. 고깃덩어리를 오븐용 그릇에 넣기 전에 여자는 한 조각을 가늘게 잘라냈다. 누군가가 그 이유를 묻자 여자는 잠시 조금 당황해하다가 자기 어머니가 늘 그랬기 때문이라고 대답했다. 스스로도 궁금해진 여자는 어머니에게 전화를 걸어 왜 오븐에 고기를 굽기 전에 늘 끄트머리를 살짝 잘라내는지 물었다. 어머니는 이렇게 대답했다. "네 외할머니께서 그렇게 하셨거든." 마지막으로 좀 더 확실하게 알아보려고 외할머니에게 왜 오븐에 고기를 구울 때 늘 끄트머리를 살짝 잘라냈는지 물었다. 할머니는 조금도 주저하지 않고 대답했다. "그렇게 하지 않으면 고깃덩어리가 오븐용 그릇에 안 들어갔거든."

마음놓침이 가져오는 결과는 사소한 것에서 대참사에 이르기까지 그 범위가 넓다. 지금 이야기할 한 젊은이의 사례는 그중 극단적으로 끔찍한 쪽에 속한다. 한 젊은이가 뉴햄프셔의 숲속에 자리한 으리으리한 저택에서 열린 파티에 갔다. 그는 밤늦게 한 아가씨와 정원으로 나갔는데, 어둠 속에서 커다란 풀장을 발견했다. 장난기가 발동한 그는 속옷만 남기고 옷가지를 훌훌 벗어던지더니 타잔 소리를 내며 가슴을 탕탕 두드린 다음 다이빙대에서 뛰어내렸다. 하지만 풀장에는 물이 없었고, 그 젊은이는 목이 부러졌다.

마음놓침이 영향을 끼치는 범위는 매우 넓어서 위에서 예로 든 비극만큼은 아니지만 꽤 심각한 것들이 많다. 여기에는 스스로를 제한하는 자기상, 의도치 않은 잔인함, 통제력 상실, 잠재력 위축 같은 것이 포함된다.

편협한 자기상이라는 족쇄

개인이든 기업이든 간에 한쪽으로 치우친 자기상을 가지고 있으면 상황이 바뀌었을 때 위기를 겪기 쉽다. 주부를 예로 들어 보자. 많은 주부가 모든 일에서 자신을 편협하게 정의한다. 이런 사람은 사람들을 만날 때 자신을 '누구의 아내'로 소개한다. 그리고 자신이 '남편의 집' 살림을 하고 '남편이 좋아하는' 옷을 사고 '남편을 위해' 음식을 만든다고 생각한다. 지금은 그런 틀에 갇힌 역할에 만족할지 모르지만 만약 남편이 짐을 싸서 나가는 일이 생긴다면 어떻게 될까? 상황이 바뀐 뒤에도 한 개인으로서 제대로 기능할 수 있을까? 모든 주부는 '주부' 외에도 딸, 언니나 누나 또는 여동생, 친구, 수리공, 아마추어 화가 등 여러 가지 역할을 수행한다. 이런 역할들의 존재를 열린 마음으로 깨닫는다면 이 주부는 남편이 없는 상황이 오더라도 위기를 덜 겪을 것이다. 만약 이 주부가 이 역할들을 모두 또는 일부라도 포함시켜 자신의 정의를 넓혀나간다면 남편에게 무슨 일이 생기더라도 자기 인생을 끄떡없이 살아나갈 수 있을 것이다.

기업 역시 한쪽으로 치우친 자기상을 가지고 있으면 똑같이 혹독한 대가를 치른다. 기업들은 자신의 사업을 특정 시장에서의 활동으로 정의해놓고는 그로 인해 스스로 만든 범주의 틀에 갇히기도 한다. 1975년에 《하버드비즈니스리뷰Harvard Business Review》에 실린 〈근시안적 마케팅〉이라는 고전적인 논문에서 시어도어 레빗Theodore Levitt은 이렇게 썼다.[1]

> 철도회사들이 성장을 멈춘 것은 승객과 화물의 운송 수요가 감소했기 때문이 아니다. 수요는 증가했다. 철도회사들이 현재 어려움에 처한 이유는 다른 업체들(자동차, 트럭, 비행기, 전화)이 그 수요를 충족시켰기 때문이 아니라 철도회사들 자신이 그 수요를 충족시키지 못했기 때문이다. 그들은 다른 업체들이 고객을 빼가도록 놔두었다. 왜냐하면 그들은 스스로를 운송업계가 아니라 철도업계에 속한 것으로 여겼기 때문이다.

다면적이고 진화하는 자기상 또는 기업 이미지를 가지면 어떤 이점이 있는지는 이 책의 나머지 장들 모두에서 볼 수 있다.

2장에서 살펴봤던 결과지향적 태도는 자기상에도 부정적인 영향을 끼친다. 우리가 다른 사람의 장점이나 성과, 개성을 부러워하는 것은 대개 잘못된 비교에서 비롯된다. 이를테면 그 사람이 거쳐온 과정이 아니라 그 사람이 들인 노력의 결과만을 보기 때문일지도 모른다. 예를 들어 당신이 어느 교수의 연구실에서 그 교수와 이야기하고 있는데 그 교수가 당신이 모르는 어휘를 사용했다고 치자. 당신은 아마 스스로가 무식하게 느껴지고 위축될 것이다. 이번에는 같은 교수가 사전을 펴놓고 책상에 앉아 있다고 상상해보라. 그럼 아마 당신은 그 교수가 그런 생소한 어휘를 아는 것은 사전에서 이런저런 단어를 찾아보고 책이나 다른 곳에서 배우는 데 많은 시간을 보내기 때문이라고 결론 내릴 것이다. 당신도 하고자 했다면 사전에서 단어들을 찾아볼 수 있었다. 전문가가 되려면 누구나 밟아야 하는 단계인 '과정'에 초점을 맞추고 남들을 바라보면 자신을 비하하지 않을 수 있다.

과거의 성과에 근거를 둔 자기상 역시 우리를 옭아매는 족쇄가 될 수 있다. 번번이 다이어트를 이틀 만에 포기했던 사람이나 1킬로미터를 넘겨서 뛰어본 적이 한 번도 없는 사람, 주말마다 회사 일을 집으로 가져와서 해야 하는 사람, 절약하는 방법을 몰라 저축이라고는 한 번도 해보지 못한 사람, 이런 사람들은 그것이 자신의 영구적인 특성이라고 여길지도 모른다. 이런 사람은 마인드세트를 바꾸지 않는 한 현재에도 미래에도 같은 실패를 경험할 것이다. 그러나 앞 장에서 봤듯이 우리가 현실로 받아들이는 한계 중 많은 것이 사실은 환영에 지나지 않는다. 이것에 관해 나와 내 동료 두 사람이 한 가지 간단한 실험을 했다. 우리는 한 집단에게 여러 가지 일상적인 문제(예컨대 '난방기구가 없는데 몸을 따뜻하게 하고 싶다' '차가운 음료수를 마시고 싶은데 병따개가 없다')를 제시한 뒤 해결책을 가능한 한 많이 내놓도록 지시했다. 실험 참가자들이 생각나는 해결책을 모두 쓴 뒤에 우리는 그중에서 해결책을 가장 많이 쓴 사람을 찾아 그 사람이 내놓은 해결책 개수를 셌다. 그러고는 또 다른 실험 참가자 집단에게 앞서 나온 해결책의 최대 개수보다 다섯 개 더 많은 해결책을 내놓도록 지시했다. 두 번째 집단에서 이 목표를 달성하는 데 어려움을 겪은 사람은 아무도 없었다.[2]

자신의 능력에 자신감이 큰 사람들조차도 자신을 특정하게 묘사하는 꼬리표를 별 생각 없이 받아들이고 나면 그 자신감을 잃을 수 있다. 앤은 결혼 전에는 생활비를 스스로 관리할 수 있었다. 결혼 뒤에는 그 일을 남편에게 넘겨줬다. 이혼한 지금 앤은 더 이상 생활비를 스스로 관리하지 못할 것만 같다. 제인은 자신감 넘치는 변호사였는데 아이를 낳고 한동안 휴직했다. 이제 그녀는 다시 일을 시작하고 싶지만 자신이 없다.

이런 친숙한 상황들은 '자기유도적 의존self-induced dependence'이라 부르는 현상을 잘 보여준다. 나와 당시 대학원생이던 앤 베네벤토Ann Benevento는 그런 현상이 어떻게 생겨나는지 알아보기 위해 몇 가지 실험을 고안했다.[3] 우리는 여행하는 사람들은 어느 정도 독립적이고 자신감이 있으리라는 가정 아래 공항에서 실험을 하기로 했다. 그 사람들에게 자기유도적 의존이 생길 수 있다면 다른 사람들도 그럴 가능성이 클 것으로 보았다. 실험 중 하나는 다음과 같이 진행되었다. 첫 번째 단계에서 우리는 실험 참가자들에게 난이도가 낮은 산수문제들을 풀게 했다. 두 번째 단계에서는 어떤 참가자들에게는 '조수'라는 칭호를, 다른 참가자들에게는 '감독자'라는 칭호를 주어 자신의 능력에 의문을 품도록 유도한 뒤 각자 자신의 역할에 맞게 과제를 수행하도록 지시했다. 세 번째 단계에서, 모든 참가자는 첫 번째 단계에서 풀었던 것과 같은 수준의 쉬운 산수문제를 다시 풀었다. '조수'가 되었던 참가자들은 첫 번째 단계에서 받았던 점수의 절반밖에 받지 못했다. 실험을 시작할 때에는 똑같은 능력을 가지고 있었지만 꼬리표를 받아들이자 수행능력이 저하된 것이다.

의도하지 않은 피해

미음놓침으로 인한 피해가 언제나 본인에게만 국한되는 것은 아니다. 스탠리 밀그램Stanley Milgram의 복종에 관한 유명한 연구를 보면 마음놓침이 어떤 식으로 타인에게 피해를 줄 수 있는지 알 수 있다.[4] 이 실험은 다음과 같이 진행되었다. 먼저 밀그램은 처벌이 학습에 끼치는 영향에 관한 실험을 한다며 참가자를 모집했다. 그러고는 '학생'이 질문에 대답하지 못할 때마다 '교사' 역할을 맡은 참가자가 전기충격을 가하도록 했다. 교사가 스위치를 누른다고 학생이 실제로 전기충격을 받는 것은 아니었지만 교사 역할을 맡은 참가자는 그 사실을 알지 못했다. 학생이 있는 방에서 끙끙대거나 괴로워하는 소리가 진짜처럼 났기 때문이다. 참가자들은 학생이 틀릴 때마다 전기충격의 강도를 높이라는 지시를 받았다. 그러자 놀랍게도 이 선량하고 정상적인 사람들 중 65퍼센트가 연구자, 곧 권위 있는 인물의 지시에 따라 학생을 죽일 정도의 전기충격을 가했다.

위 설명은 밀그램의 실험을 아주 간단하게 요약한 것으로, 실제 실험은 상당히 복잡하고 논쟁의 여지가 많다. 여기서 중요한 것은 참가자들의 행동 강도가 점차로 세졌다는 점이다. 만약 연구자가 처음부터 거의 최대치의 전기충격을 가하도록 지시했다면 복종하는 참가자는 훨씬 적었을 것이다. 우리는 여러 세부 단계에 따라 어떤 일을 할 때 처음 한 발짝 내딛고 나면 자신의 행동에 의문을 가져볼 생각을 하지 않는 것처럼 보인다. 그러다가 나중에 뒤돌아보고서야 자기도 모르는 새에 멀리까지 왔음을 깨닫는다. 누군가를 속여 500원을 가로챘다면 다음번에 1,000원, 그다음 번에 2,000원이나 5,000원을 가로채는 것이 뭐 대수겠는가? 어떤 계기가 생겨 자기가 좋지 않은 행동을 해왔음을 깨닫기 전까지는 계속 그런 식일 것이다. 매번 새롭게 결정을 내리는 대신 기계적으로 반응하며 타성에 빠지고 만다면, 타인의 부추김에 생각 없이 넘어가 다른 상황에서라면 하지 않았을 일들을 할 수 있다.

한편 마음놓침은 우리 머릿속의 거북한 생각들을 구분해서 차단해주는 역할도 한다. 예전에 네 살, 다섯 살짜리 조카 둘을 데리고 그 아이들의 집 근처에 있는 연못에 가서 오리들에게 먹이를 준 적이 있다. 아이들은 처음에 무서워하다가 나중에는 이 매력적인 생물과 친해졌다. 그날 저녁에 온가족이 외식을 하러 나갔다. 내가 오리 요리를 주문하자 조카 한 명이 겁에 질린 얼굴로 물었다. "엘리 고모, 그거 아까 그거랑 같은……?" 나는 살아 있는 오리들의 모습을 떠올린 채 오리 고기를 씹을 자신이 없었으므로 재빨리 주문을 바꿨다(다행히 그날 농장 전체를 둘러보지는 않았기에 망정이지 그랬더라면 우리는 그날 아무것도 못 먹을 뻔했다).

'반려동물'을 하나의 범주에 가둬넣고 '가축'을 또 다른 범주에 가둬넣음으로써 우리는 꺼림칙한 기분을 느끼지 않고 고기를 먹을 수 있다. 이 책에서 우리는 생각들을 융통성이라고는 전혀 없는 범주들 안에 가둬놓음으로써 잃는 것이 얼마나 많은지 볼 것이다. 물론 우리 집 식탁에서 그런 범주화의 대가를 치르는 쪽은 오리들이긴 하지만 말이다.

미국의 많은 요양원에서 '현실치료reality therapy'가 인기인데, 알고 보면 오용되는 경우가 적지 않다. 현실치료를 적용하는 요양원에서는 직원이 정기적으로 원내 방송을 통해 그날의 중요한 정보, 이를테면 바깥의 기온, 그날 일어난 정치적 사건, 그날이 무슨 요일인지 등을 알려준다. 그러고는 나중에 원내 노인들에게 "오늘 기온이 몇 도예요?"라든가 "오늘이 무슨 요일이에요?" 같은 질문을 해서 그들의 현실 파악 수준을 검사한다. 대답하지 못하는 노인은 정신이 맑지 않은 것으로 간주된다.

하지만 그것은 누구의 현실인가? 하루 종일 실내에서 지내는 사람에게 바깥의 기온이란 단순한 호기심의 대상에 지나지 않는다. 그리고 하루하루를 사실상 똑같이 보낸다면 오늘이 화요일인지 목요일인지, 1일인지 31일인지는 별로 중요하지 않다. 직원들이 편협한 시각으로 '현실'을 바라봄으로써 노인들의 건강이나 의식 상태를 잘못 해석하고, 그 결과 해로운 꼬리표를 붙일 수도 있는 것이다. '현실'이나 '정상'에 대한 경직된 정의로 인해 노인과 '비정상인'들이 입는 피해는 5장과 8장에서 다룰 것이다.

3장. 마음을 놓칠 때 일어나는 일

선택의 폭을 좁히면 통제력도 줄어든다

우리는 마음놓침 상태일 때 현명한 선택을 못하게 되고, 그로 인해 통제력이 제한된다. 광고업자들은 마음놓침을 광고에 효과적으로 이용한다. 언젠가 맨해튼 시내를 걷다가 한 가게 유리창에 붙어 있는 커다란 포스터에 눈길이 끌린 적이 있다. 그 가게는 거의 20년째 '점포정리 중'인 곳이었는데, 포스터에는 "불타는 양초!"라고 쓰여 있었다. 뭔가 특별한 양초라면 선물용으로 좋겠다고 생각하며 이 진기한 상품을 사러 막 들어가려던 찰나에 생각이 났다. 양초는 모두 탄다는 사실이!

광고업자들만 우리를 마음놓침 상태로 만드는 것은 아니다. 우리 스스로 자신의 선택을 제한하는 일도 매우 흔하다. 우리가 자신의 선택을 제한하는 한 가지 강력한 방식은 바로 자신의 모든 문제를 한 가지 원인 탓으로 돌리는 것이다. 그렇게 닫힌 마음으로 원인을 단정하고 나면 찾아볼 수 있는 해결책의 범위가 몹시 좁아진다. 심리학자 헬렌 뉴먼Helen Newman과 나는 이혼에 관한 연구를 하며 결혼 실패를 전 배우자 탓으로 돌리는 사람들이 현재 상황에 대해 여러 가지로 설명할 수 있다고 보는 사람들보다 더 오래 고통을 겪는다는 사실을 발견했다.[5]

이와 유사하게 자신의 문제가 전적으로 유전 때문이라고 생각하는 알코올의존자들은 자기통제를 포기함으로써 회복을 어럽게 만드는 경향이 있다. 어떤 일을 한쪽으로 치우쳐 해석할 때 우리는 대개 그것과 어긋나는 정보에 주의를 기울이지 않는다. 경험 많은 치료사가 준 정보일 때조차도 마찬가지다. 나와 동료 세 명은 선입견과 알코올의존증에 관한 연구에서 그 증거를 발견했다.[6] 우리는 어렸을 때 주변에 알코올의존자가 한 명만 있었던 사람과 이런저런 알코올의존자 여러 명이 있었던 사람, 이렇게 두 부류의 알코올의존자를 조사했다. 후자의 집단이 자신의 선택권에 대해 덜 치우친 시각을 갖고 있으리라는 것이 우리의 가설이었다. 예를 들어 어떤 아이 주변에 알코올의존자가 한 명밖에 없는데 그 사람이 시끄럽고 난폭하다면, 이 아이는 알코올의존자는 원래 그렇게 행동한다고 여기며 자랄 확률이 높다. 이 아이가 나중에 알코올의존자가 된다면 그때 이 아이는 아마 자신이 다르게 행동할 수 있다는 생각조차 하지 못할 것이다. 하지만 이 아이가 어렸을 때 다양한 성격을 가진 알코올의존자 여러 사람을 만났다면 자신이 어떤 행동을 할 수 있는지, 어떤 변화의 가능성이 있는지에 대해 더 유연한 시각을 가질 수 있을 것이다.

우선 우리는 한 종합병원의 알코올의존증 클리닉에 다니는 환자 42명을 면담하며 특별히 그들의 아동기 경험에 주의를 기울였다(치료사들과 면담을 맡은 연구보조자들은 우리의 가설을 알지 못했다). 그런 뒤 면담 결과와 치료사가 평가한 환자의 호전 정도를 비교했다. 치료 결과가 성공적인 환자들은 실제로 모두 역할모델이 여러 명인 집단에 속했던 사람이었다. 한 명의 알코올의존자 모델만을 접해본 환자들은 몹시 경직된 마인드세트를 키운 탓에 치료사가 제안하는 대안들이 자신에게 해당되지 않는다고 여기는 듯했다.

이처럼 우리가 처음에 받아들인 본보기를 계속해서 경직되게 사용하려는 경향이 있다는 사실은 훨씬 간단한 방법으로도 증명할 수 있다. 심리학자 에이브러햄 루친스Abraham Luchins와 이디스 허시 루친스Edith Hirsch Luchins는 '아인슈텔룽 효과Einstellung effect'(마음갖춤새 효과mental set effect라고도 한다)에 관한 고전적인 연구를 통해 실험 참가자들이 특정 방식으로 수학문제를 쉽게 풀고 나면 그다음에 문제를 풀 때 더 간단한 방법이 있어도 이전의 방법을 고수하는 경향이 있음을 알아냈다.[7]

이 실험에서 참가자들에게 주어진 문제는 크기가 다른 물병 세 개를 사용해서 지정된 양의 물을 만드는 것이었다. 예를 들어 참가자는 21리터들이 물병A와 127리터들이 물병B, 3리터들이 물병C를 사용해 물 100리터를 만들라는 지시를 받았다. 이 문제를 푸는 한 가지 방법은 물병B에서 물병A를 뺀 다음 물병C를 두 번 더 빼는 것이다(127−21−3−3=100). 이 방법은 '물병B−물병A−(물병C×2)'라는 공식으로 표현될 수 있다. 참가자들은 이와 똑같은 공식으로 풀 수 있는 문제들을 잇달아 받았다.

참가자들이 이 문제 풀이법을 완전히 터득했다 싶은 시점에 연구자는 물병A=23, 물병B=49, 물병C=3일 때 20리터를 만들라는 문제를 냈다.

첫 번째 문제에서 사용했던 공식이 여기서도 통하기는 한다(49−23−3−3=20). 하지만 이번 문제에는 더 간단하게 풀 수 있는 방법이 있다. 물병A에서 물병C를 빼는 것이다(23−3=20). 실험 결과 참가자의 81퍼센트가 더 간단한 방법을 깨닫지 못하고 더 번거로운 공식을 사용한 것으로 나타났다. 흥미로운 것은, 몇몇 참가자의 답안지에는 "생각 없이 풀지 마십시오"나 "아래의 문제들을 푸는 동안 어리석은 판단을 내리지 않도록 주의하십시오"와 같은 구체적인 지시가 쓰여 있었는데도 이들의 63퍼센트가 융통성 없이 문제를 풀었으며 더 복잡한 해결책을 사용했다는 점이다.

포기를 낳는 학습된 무기력

실패 경험의 반복은 더욱 치명적인 선택과 통제력의 상실을 불러온다. 노력이 수포로 돌아가는 경험을 수없이 거듭하다 보면 그만큼 포기하기가 쉬워질 것이다. 심리학자 마틴 셀리그먼Martin Seligman 연구팀은 유명한 연구를 통해 이렇게 생겨난 '학습된 무기력learned helplessness'이 자신이 통제력을 행사할 수 있는 상황에까지 일반화됨을 보여줬다.[8] 무기력을 학습한 사람은 해결책을 사용할 수 있을 때조차 노력해봤자 소용없다는 고정된 생각 때문에 상황을 재고하지 못한다. 이런 사람은 그다지 어렵지 않게 처리할 수 있는 상황을 만나도 계속 수동적인 자세를 취한다. 과거의 경험에 의해 현재의 반응이 결정되고 통제력이 상실되는 것이다. 그러나 자신이 처한 상황에서 새로운 측면을 찾는다면 학습된 무기력을 예방할 수 있을 것이다.

학습된 무기력은 쥐를 대상으로 한 연구에서 처음 증명되었다.[9] 쥐를 차가운 물에 집어넣으면 40~60시간은 어렵지 않게 헤엄쳐 다닌다. 하지만 물에 바로 집어넣지 않고 쥐가 버둥거림을 멈출 때까지 붙잡고 있다가 물에 집어넣으면 전혀 다른 일이 벌어진다. 쥐가 헤엄을 치는 대신 바로 포기하고는 익사해버리는 것이다.

만성질환자들을 수용하는 병원에서는 종종 의도치 않게 이와 유사한 무기력을 학습시킨다. 특히 정신병원에서 보고된 사례 중에 안타까운 경우가 많다.[10] 한 환자는 그 병원 사람들이 비공식적으로 '가망 없는 병동'이라 부르는 곳에서 지내고 있었다. 그러던 중 병원을 개축하느라 이 병동의 환자들이 한동안 다른 병동에 가시 지내게 되었는데, 그 병동은 대다수 환자들이 증세가 호전되어 사회로 돌아가곤 하는 곳이었다. 이 환자는 그 병동에서 증세에 호전을 보이며 잘 지냈다. 그러나 공사가 끝나면서 환자들은 가망 없는 병동으로 돌아가야 했고, 이 환자는 얼마 뒤에 사망했다. 특별한 신체적 원인은 발견되지 않았다. 그 병동의 이름이 그에게 단테의 지옥문 위에 쓰인 다음의 메시지를 주입시켰던 것이다. "이곳에 들어서는 자, 모든 희망을 버릴지어다."

잠재력이 위축되고 방치된 삶

윌리엄 제임스는 거의 모든 사람이 자기 잠재력의 극히 작은 부분만을 사용한다고 주장했다.[11] 우리는 건설적인 스트레스를 받는 특정 상황이나 상태(예를 들어 위대한 사랑이나 종교적 열정, 전투에 필요한 용기가 솟아날 때)에서만 자신이 가진 풍부한 창조적 자원이나 자기 안에 잠들어 있는 어마어마한 양의 생명 에너지를 사용하기 시작한다. 마음놓침은 우리의 자기상을 축소하고 선택의 범위를 좁히며 한쪽으로 치우친 태도를 가지게 만든다는 점에서 제대로 쓰이지 못하는 잠재력과도 관계가 깊다. 도입 부분에서 말했듯이, 내가 이런 잠재력의 방치라는 문제를 특히 생생하게 느낀 것은 노인들을 대상으로 연구하면서부터였다. 동료들과 함께 노인문제를 개선하기 위해 노력하는 과정에서 우리가 극복해야 했던 가장 큰 장애물은 노인들 자신과 그들을 돌보는 사람들 양쪽이 모두 가지고 있는, 어렸을 때 생긴 노인에 대한 선입견이었다.

선입견은 사진과도 비슷하다. 동작이 아닌 의미가 고정된 채 남는다는 차이가 있을 뿐이다. 어린아이가 꼬장꼬장하고 성미 고약한 노인들 이야기를 들을 때 이 아이의 머릿속에서는 그 사진이 그대로 현상된다. 이 아이로서는 그런 문제가 자신과 거의 상관이 없다. 나중에 노인이 된 뒤에도 이 아이는 아마 그 이미지에 의문을 품지 않을 것이다. 처음에 머릿속에 어떤 사진이 저장되면 그 뒤에 알게 되는 노년기에 관한 모든 정보를 그 사진의 토대 위에 쌓아올리기 쉽다. 나중에 그것이 잘못된 생각이었다는 사실을 깨닫더라도 이미 너무나 많은 것이 그 토대 위에 쌓인 뒤라 새로운 태도를 형성하기 어렵다.

어렸을 때의 경험이 어떻게 영향을 끼치는지 검증하기 위해 우리는 두 노인 집단을 비교했다. 한 집단은 두 살 이전에 조부모와 함께 살았던 노인들이었고, 다른 한 집단은 열세 살 이후에 조부모와 함께 살았던 노인들이었다.[12] 우리의 가정은 이러했다. 두 살짜리 손자손녀를 둔 조부모들은 손자손녀가 열세 살 이상인 경우에 비해 더 젊고 강하고 '커' 보였을 것이다. 그렇다면 조부모와 함께 지내던 때의 나이가 어릴수록 노인에 대한 선입견이 긍정적일 것이다. 결과적으로 이런 사람은 자신이 노인이 되었을 때 더 긍정적인 쪽으로 적응할 것이다.

이 연구의 참가자들은 보스턴과 그 주변 지역에 있는 요양원 또는 노인 전용 아파트에 거주하는 노인들이었고, 평균 연령은 79세였다. 우리는 옛일을 떠올리도록 참가자들을 유도한 다음 면담을 하면서 어렸을 때 조부모와 함께 살았는지, 만약 그랬다면 몇 살 때부터였는지 물어봤다.

그런 뒤에 간호사들이 우리의 가설을 모르는 상태에서 이 참가자들을 개별적으로 평가했다. 그 결과 애초에 노인에 대해 젊은 이미지를 형성한 사람일수록 더 기민하다는 평가를 받았다. 또한 그런 노인은 더 활동적이고 자립적인 경향이 있었다.[13]

물론 이 결과에 대해 다른 방식으로 설명하는 것이 가능할 수도 있다. 그렇다 하더라도 이 결과가 시사하는 점, 그러니까 우리 자신이 어떻게 늙어가라고 배워왔는지 한번 곰곰이 짚어볼 필요가 있다는 점에는 변함이 없다.

심리학자들은 소설가들이 먼저 지나간 길을 뒤따라가는 경향이 있다. 편협하고 위축된 삶이 치르는 끔찍한 대가를 가장 생생하게 묘사한 작품 중 하나가 찰스 디킨스Charles Dickens의 《위대한 유산Great Expectations》이다. 여기 나오는 허비섬이라는 여인은 결혼식날 버림받은 이후로 마음과 시간이 멈춰 있다. 독자는 핍이라는 소년의 눈을 통해 이 여인을 바라보는데, 핍은 이 여인이 어떤 불행과 안타까운 마인드세트 때문에 이 상태에 이르렀는지 알지 못한다.

여인은 안락의자에 앉아 팔꿈치 한쪽을 화장대에 얹고 머리를
그 손에 기대고 있었다. 그처럼 기이한 여인은 지금껏 본 적이 없
고 앞으로도 보지 못할 것 같았다.

여인은 화려한 옷을 입고 있었다. 공단과 레이스, 그리고 비단 옷
감은 모두 흰색이었다. 구두도 흰색이었다. 기다란 흰색 베일을
머리에서부터 늘어뜨리고 머리에 신부용 꽃장식을 하고 있었지
만 머리카락은 백발이었다. 보석 몇 개가 여인의 목과 손에서 반
짝이고 있었고, 화장대 위에도 반짝이는 보석들이 놓여 있었다.

(…)

그러나 나는 그곳에 있는 모든 것이 본래의 광채를 잃고 누렇게
바랬다는 걸 알 수 있었다. 신부 역시 자신이 입은 신부 드레스나
꽃장식처럼 시들어 움푹 꺼진 두 눈에서 뿜어져나오는 빛 외에
는 어떠한 빛도 남아 있지 않았다.

(…)

할 수만 있었다면, 나는 비명을 질렀을 것이다.[14]

마음챙김이라는 무기

Mindfulness

MIND
FUL
NESS

4장

마음챙김이란
무엇인가?

The Nature of Mindfulness

우리 인생은 우리의 생각이 만드는 것이다.

__ 마르쿠스 아우렐리우스, 《명상록》

나폴레옹이 러시아를 침공했을 때, 그는 거인을 향해 진격을 감행함으로써 자신이 천재 전략가임을 다시 한번 증명하는 빛나는 영웅인 듯 보였다. 그러나 그 영광스러운 진격의 깃발 뒤에는 그 대가로 어떠한 인명 피해를 치르더라도 반드시 러시아를 정복하고야 말겠다는 나폴레옹의 위험한 마인드세트가 도사리고 있었다. 톨스토이가 《전쟁과 평화》에서 묘사하듯이 나폴레옹은 대안 따위는 고려하지 않았다. 그의 결심은 확고부동했다.

러시아 쪽에서 나폴레옹을 상대한 사람은 나이 지긋한 장군 미하일 쿠투조프Mikhail Kutuzov였는데, 그는 원숙하고 노련한 군인으로 보드카를 좋아하고 공식행사 때 조는 버릇이 있었다. 승패가 빤한 싸움이었다. 적어도 당시에는 그렇게 보였다.

나폴레옹군이 진군해오자 쿠투조프는 러시아군을 후퇴시켰고, 그다음 조금 더 후퇴시켰다. 나폴레옹은 계속해서 러시아 안으로 밀고 들어갔고, 따라서 병참선에서 점점 멀어졌다. 결국 쿠투조프가 예상했던 대로 나폴레옹은 러시아의 강력한 동맹군과 마주쳤다. 당시 러시아는 겨울이었다. 프랑스군은 이제 추위와 바람, 눈과 얼음을 상대로 싸워야 했다.

나폴레옹이 마침내 모스크바 점령이라는, 그가 사로잡혀 있던 유일한 목표를 달성했을 때 그곳에는 정복할 대상이 한 명도 남아 있지 않았다. 침략군을 맞이한 것은 불에 탄 도시였다. 러시아인들이 그들의 신성한 도시에 불을 지르고 떠난 것이다. 쿠투조프는 다시 한번 패배자 역할을 맡은 듯 보였다.

그는 사과가 파랄 때는 따지 말아야 한다는 것을 알고 있었다. 다 익으면 저절로 떨어질 터인데, 덜 익은 것을 억지로 따면 사과도 버리고 나무도 상하고 신맛에 입도 불쾌해진다. (…) 그는 그 짐승이 러시아의 온 힘을 다한 공격을 받고 상처를 입었다는 것을 알았지만, 그 짐승이 입은 상처가 치명적이었는지 아닌지는 아직 두고 볼 문제였다.[1]

바로 그때, 나폴레옹이 불에 탄 도시와 혹독한 겨울로부터 퇴각하는 것 말고는 달리 도리가 없었던 그때에 이 노련한 늙은 장군이 공격을 개시했다. 그는 나중에 스탈린이 그랬던 것처럼 '어머니 러시아Mother Russia'(조국 러시아를 인격화한 러시아 고유의 표현-옮긴이)에게 호소하는 데 성공했다. 그는 사람들에게 국토를 지키자고 호소했고, 그 호소는 모든 러시아인의 애국심을 되살렸다. 이제 프랑스군은 겨울이면 시베리아 스텝 지역을 따라 쳐들어오는 코사크족을 포함해 악재란 악재는 다 안고 있었다. 어머니 러시아가 힘을 드러냈다. 그리고 그 힘은 뒷날 히틀러가 나폴레옹의 실수를 되풀이할 때 다시 위용을 발휘한다.

쿠투조프라는 인물에게서 우리는 다음과 같은 마음챙김 상태의 핵심적 특성을 발견할 수 있다.

- 새로운 범주를 만든다.
- 새로운 정보에 대해 개방적이다.
- 상황을 한 가지 관점만이 아니라 다른 관점으로도 볼 수 있다.

그와 반대로 나폴레옹의 맹목적 집착은 모든 면에서 마음놓침의 특성을 여실히 보여준다. 우선, 쿠투조프는 융통성이 있었던 반면 나폴레옹은 없었다. 일반적으로 도시 하나를 소개疏開하는 일은 패배의 범주에 들지만 쿠투조프에게 그것은 한 가지 계략이었다. 두 번째로, 쿠투조프는 나폴레옹의 진군 상황에 맞춰 전략을 세웠지만 나폴레옹은 상대편의 움직임에 신경 쓰지 않는 듯한 모습을 보였다. 마지막으로, 나폴레옹이 프랑스군의 신속한 진군과 모스크바 점령을 적지 정복이라는 관점에서만 바라본 반면, 쿠투조프는 시기적으로 겨울이고 병참선에서 멀리 떨어진 상황에서의 '침공'은 비참한 패배로 끝날 수 있다는 점 또한 염두에 두었다.

새 범주를 만들어내는 능력

마음놓침 상태의 사람이 완고하게 기존의 범주에 의지하는 반면, 마음챙김 상태의 사람은 계속해서 새로운 범주를 만들어낸다. 아이들은 세상에 숙달되어감에 따라 범주화와 재범주화를 거듭하고 사물에 어떤 명칭을 붙였다가 다시 새로 붙이는 일을 자연스럽게 해낸다. 이런 과정은 세상을 살아가기 위한 적응 행동이자 없어서는 안 될 부분이다.[2] 프로이트는 아동기에 이루어지는 창조와 숙달의 중요성을 알고 있었다.

상상력을 발휘하는 행위의 첫 번째 흔적은 아동기에서 찾아야 하지 않을까? 어린이가 가장 좋아하고 가장 열심히 하는 일이 바로 놀이이기 때문이다. 자기 자신의 세계를 창조하거나 자기 마음에 들게 자신의 세계를 재구성한다는 점에서 놀이를 할 때는 모든 아이가 창조적인 작가처럼 행동한다고 말할 수 있지 않을까?[3]

아이의 진지한 재창조re-creation가 어른에겐 재미난 레크리에이션recreation이 될 수도 있다.

그러나 우리는 성인이 되면 새로운 범주 만들기를 꺼린다. 어른들은 결과지향적 태도 때문에 아이처럼 사물에 장난스럽게 접근하지 못하는 경향이 있다. 내가 당신에게 어제 한 일의 목록을 만들라고 한다면 뭘 쓰겠는가? 잠시 대답을 생각해본 다음, 만약 어제 한 일 하나하나에 대해 돈을 준다면 어떤 대답을 쓸지 생각해보라. 어제 하루를 '아침 먹고, 일하고, 점심 먹고, 전화했다'와 같이 큰 덩어리로 나누었는가? 아마도 대다수 사람이 "토스트 한 조각을 깨물고, 씹은 다음, 삼켰다"라고 말하기보다는 "아침을 먹었다"라고 말할 것이다. 한 일의 목록이 길수록 돈을 더 준다고 해도 말이다.

심리치료를 받거나 위기를 계기로 동기가 생기지 않는 한 과거를 재범주화하는 일은 극히 드물다. 우리는 때때로 현재의 상황이나 불만을 정당화하기 위해 과거의 일을 떠올리기는 하지만 그 과거의 사건이나 인상이 처음 저장된 방식을 바꿀 생각은 거의 하지 않는다.

예를 들어 이웃에 앨리스와 프레드라는 평범한 부부가 살고 있다고 생각해보자. 가끔 이들이 싸우는 것을 보기도 하지만 당신은 그것에 특별히 의미를 두지 않을 것이다. 안 싸우는 부부가 어디 있겠는가? 그러다가 그 부부가 이혼한다는 소식을 듣게 되었다고 하자. 당신은 이 결과에 부합하는 모든 증거를 떠올릴 것이다. '그럴 줄 알았어. 평소에 싸우던 거 생각나? 서로 잡아먹을 것 같았잖아.' 반대로 그 부부가 이번에 은혼식을 맞았다는 소식을 들었다고 하자. 아마도 당신은 이렇게 말할 것이다. "그렇게 금슬 좋게 살다니 참 멋있지 않아? 그 사람들은 부부싸움도 거의 안 했고, 어쩌다 싸우더라도 늘 기분 좋게 화해하더라고." 우리가 머릿속에 저장된 기억 속에서 어떤 것을 골라 끄집어낼 때 그 기억은 맨 처음에 범주화된 상태 그대로다. 위의 사례에서 우리는 특정 행동을 싸움으로 기억한다. 악의에 찬 싸움으로 떠올릴 수도 있고 장난스러운 싸움으로 떠올릴 수도 있지만 어쨌든 싸움으로 생각한다는 점에는 변함이 없다. 애초의 행동을 재범주화하면 그것이 싸움이라기보다는 전희나 게임, 또는 연극 연습이었을 거라고 생각할 수도 있지만, 우리는 그렇게 하지 않는다. 우리가 '싸움'이라고 꼬리표를 붙인 그 행동이 원래는 여러 가지로 해석될 수 있는 행동이었을 수도 있다. 하지만 일단 그것이 싸움으로 기억 속에 저장되고 나면 나중에 어떤 일과 관련해서 다시 떠올린다 하더라도 재범주화되는 일은 거의 없다.

열린 마음으로 새로운 범주를 만들 때 우리는 상황과 맥락을 고려한다. 만약 천장 수리를 도와줄 사람이 필요한 경우라면 키가 큰 사람이 최적일지도 모른다. 그런데 키가 155센티미터인 사람이 더 나을 수도 있다. 그 사람이 등산가이고, 사다리 위에서 불안해하지 않는다면 말이다. 인사담당자라면 어떤 직무에 필요한 기술에 대해 범주에 얽매이지 않고 좀 더 정확하게 정의하는 편이 도움이 된다. 소음이 심한 업무환경이라면 청각장애가 있는 유능한 프로그래머가 청각장애가 없고 똑같이 유능한 사람보다 더 적임자일 수 있다. 또 오랜 시간 앉아 있어야 하는 일이라면 휠체어에 의지하는 사람이 그러지 않는 사람보다 덜 갑갑해할 것이다. 맥락을 염두에 두지 않고 단순히 일반적인 기술만 고려하면 이런 세세한 측면을 놓치고 만다.

대다수 강경한 견해들은 포괄적인 범주에 기반한다. 자신이 몹시 싫어하는 사람을 묘사할 때는 한 문장으로 끝내는 것이 보통이다. 하지만 만약 아주 상세히 묘사해야 하는 상황에서 그 사람을 설명하다 보면 결국 몇 가지 장점이 있음을 인정하게 될 것이다. 사람이 아닌 사물이나 상황에 대해서도 마찬가지다. 이는 참을 수 없는 상황을 바꾸는 한 가지 방법이기도 하다. 다시 말해 나쁜 것을 빼고 좋은 것을 취하는 방법이 될 수 있는 것이다. 예를 들어 뉴잉글랜드의 겨울을 싫어하는 사람이 있다고 하자.

만약 그가 생각을 좀 더 세분화해서 각 요소를 구분한다면 자기가 진짜로 싫어하는 것은 두툼한 겨울옷에 갇혀서 갑갑함을 느끼는 것이라는 사실을 발견할 수도 있을 것이다. 얇고 보온이 잘 되는 외투를 입거나 자동차에 더 성능 좋은 히터를 단다면 이 사람의 시각이 바뀔지도 모른다. 또 다른 예로 에어컨을 설치하는 문제로 다투는 부부를 생각해보자. 아내는 더위를 참지 못하지만 남편은 자신이 사무실에서 냉방병을 달고 산다며 강하게 반대한다. 어쩌면 남편의 사무실이 너무 건조하거나, 그 집 다락방에 환기 팬이 없는 탓일 수도 있는데 말이다. 열린 태도를 지녔다고 해서 모든 상황에서 타협이 필요 없지는 않을 것이다. 하지만 갈등의 소지가 줄어드는 것은 확실하다. 가정 안에서, 그리고 나중에 살펴보겠지만 직장이나 편견 등의 문제에서 열린 마음으로 새로운 범주를 만들고 대상의 특성을 세분화하면 많은 문제를 예방할 수 있다.

새 정보를 받아들이는 균형감

마음챙김 상태라는 것은 곧 새로운 정보에 개방적인 상태라는 의미이기도 하다. 범주 만들기와 마찬가지로 새로운 정보의 수용은 살아 있는 생물의 기본적인 활동이다. 실제로 새로운 정

보가 결핍되는 것은 생물에게 해롭다. '감각 차단sensory deprivation'
에 관한 연구 결과에 따르면, 잠수함이라든지 인공적으로 어떤
자극도 못 느끼도록 만든 방과 같이 아무 자극을 주지 않는 환경
에 오래 갇혀 있으면 갖가지 심리적 문제가 발생한다. 또한 자극
이 있다 하더라도 그 양상이 반복적이고 변화가 없는 것으로 지
각되는 경우에는 감각체계가 활동을 중단한다. 새로운 무언가
를 '받아들이고 있지' 않아서다.

　개방적 수용을 보여주는 한 가지 예로 요즘 항공기에서 사용
하는 관성항법장치를 들 수 있다. 이 장치는 끊임없이 새로운 정
보를 받아들여서 조종사에게 비행기의 상황을 알려준다. 우리
가 어떤 동작을 하며 균형을 잡을 때면 신체 내부에서도 유사한
기제가 작동한다. 그러나 우리의 마음은 기존의 것에 일치하지
않는 소소한 신호들을 거부하는 경향이 있다.

　예를 들어 유명한 인용구를 엉터리로 바꿔 쓰되 문장의 구조
는 여전히 익숙하게 느껴질 정도로 남겨둔다면 그것을 소리 내
어 읽는 사람은 원래의 인용구를 읽을 가능성이 높다. 눈앞에 쓰
여 있는 글과 다르게 읽었는데도 이 사람은 자신이 그 글을 정확
하게 읽었다고 확신하기 쉽다.[4] 이와 대조적으로 열린 태도를 가
진 사람은 신호의 변화에 능동적으로 관심을 기울일 것이다. 진
지하게 듣고 관찰한 결과 나온 행동, 계속해서 세분화되는 정보
를 토대로 나온 행동이 더 효과적임은 당연하다.

동업자 관계인 X와 Y의 경우를 생각해보자. 이들은 사업이 커가고 있기는 하지만 그만큼 오해도 커지고 있다고 느낀다. X는 Y가 자신을 완고한 사람으로 치부하고 있다는 것을 알아차린다. X는 미묘한 단서들을 토대로 자신이 인정받지 못한다는 느낌을 받는다. 자신과 Y는 아주 다르다는 사실, 하지만 Y는 그의 방식을 다르다기보다 부적절하다고 볼지도 모른다는 사실을 깨달고 나서 X는 자신의 행동을 자신의 관점에서 설명하며 자기가 일관성과 신뢰성을 유지하기 위해 얼마나 애쓰는지를 말한다. Y는 X의 설명을 받아들이고 X가 믿음직스러운 동업자임을 깨닫는다. 똑같은 특성을 두고 예전에는 완고하다고 여겼지만 이제는 그렇게 보지 않는 것이다. Y가 이렇게 마인드세트를 바꿀 수 있었던 것은 그 역시 외부의 신호, 곧 다른 관점에 대해 열린 태도를 가지고 있었기 때문이다. 동업자나 부부 또는 팀과 같이 결속이 강한 관계에서는 이렇게 늘 새로운 정보를 받아들여야 지속적으로 피드백을 주고받음으로써 항공기처럼 균형을 유지할 수 있다.

다양한 관점은 곧 변화의 가능성

마음챙김이 몸에 배어 있는 사람의 또 다른 중요한 특성은 새로운 정보뿐만 아니라 다양한 관점을 대하는 태도가 개방적이라는 점이다. 사회심리학자들은 오래전부터 행위자와 관찰자 간의 시각차에 관심을 가져왔다.[5] 예를 들어 우리는 자신의 부정적인 행동을 상황 탓으로 돌리는 경향이 있다. "지하철 때문에 맨날 늦는다니까." 그러나 똑같은 행동을 남이 하면 우리는 그 사람을 탓하기 쉽다. "그 사람 늦는 건 아주 고질적이야."

자신의 시각과 다른 시각들을 열린 태도로 인식하기 시작하면 관찰자의 수만큼이나 다양한 시각이 있음을 깨닫는다. 그리고 그런 인식을 통해 우리는 좀 더 자유로워질 수 있다. 예를 들어 방금 어떤 사람한테서 당신이 무례하다는 말을 들었다고 상상해보라. 당신 생각에는 솔직하게 말했을 뿐인데 말이다. 만약이 경우에 한 가지 관점밖에 없다면 두 사람 중 한 명은 틀렸을 수밖에 없다. 하지만 여러 관점이 존재함을 알고 있다면 두 사람다 옳다는 사실을 받아들이고는 당신이 한 말이 실제로 원했던효과를 거두었는지 여부에 초점을 맞출 수 있다. 자신의 관점만고수하다 보면 자신의 행동을 다른 사람들이 어떻게 받아들이는지 까맣게 모를 수도 있다. 반면에 자신의 행동에 대한 다른 사람들의 시각에 지나치게 휘둘리다 보면 자신감이 떨어질 수도 있다. 관찰자는 행위자에 대해 행위자 본인보다 좀 더 냉정하게 평가하는 법이기 때문이다. 사람들이 서로 주고받는 말이나 몸짓, 행동 하나하나가 적어도 두 가지 의미로 해석될 수 있음은 분명하다. 자발적이다 대 충동적이다, 한결같다 대 완고하다, 사람이 좋다 대 사람이 무르다, 열정적이다 대 너무 감정적이다 등등.

그렇다고 해서 모든 행위에 이쪽 극단 아니면 저쪽 극단, 두 가지 해석만이 정해져 있다는 뜻은 아니다. 앞에서 말했듯이 관찰자가 다양한 만큼이나 가능한 해석도 다양하다. 똑같은 생각, 똑같은 사람, 똑같은 사물이라 하더라도 어느 관점에서 보느냐에 따라 다른 것이 될 수 있다. 농장 주인에게는 소가 스테이크 재료지만 힌두교도에게는 성물이고 분자생물학자에게는 유전자와 단백질의 집합체다. 그렇다고 해서 마음챙김이 다른 사람들과의 상호작용에서 특정한 결과를 얻는 특정한 방법을 미리 알 수 있음을 의미하지는 않는다. 그보다는 언제나 다양한 시각이 존재한다는 사실을 잊지 않음을 의미한다. 우리는 이 사실을 아주 대규모의 사건에서도, 그리고 매우 일상적인 상황에서도 볼 수 있다. 체르노빌 핵발전소 사고는 "인류의 이익을 위해 치러진 영웅적 희생"에서 "한심하고 파괴적인 부주의"에 이르기까지 다양한 색채로 묘사되었다.[6]

한 가지 상황을 두고 어떻게 한 가지 이상의 시각이 생기는지는 일상적인 사례에서도 볼 수 있다. "나는 정기적으로 어머니를 뵈러 가요. 몇 년째 한 주도 거르지 않고 매주요"라고 한 남자가 말한다. 그런데 그의 연로한 어머니는 상황을 다르게 본다. "개는 도대체 예측할 수가 없어요. 무슨 요일에 올 건지 미리 알

121

려주는 법이 없다니까요. 어떤 때는 월요일에 오다가 어떤 때는 금요일이 돼서야 오고, 그게 몇 년째예요. 도무지 알 길이 없어."[7]

또는 우디 앨런Woody Allen의 영화 〈애니 홀Annie Hall〉에 나오는 커플을 보자. 이 커플이 각각 다른 상담자한테서 얼마나 자주 성관계를 가지는지 질문을 받는 장면이 있다. "거의 안 해요. 일주일에 세 번을 넘기지 않아요"라고 남자가 대답한다. 여자는 이렇게 대답한다. "아주 자주요. 일주일에 적어도 세 번은 해요."

우리는 관찰자로서 다른 사람의 행동을 판단할 때 자신이 행위자라면 그것을 할 수 있을지 또는 할 것인지의 여부를 기준으로 삼는다. 만약 내가 3점슛 라인에서 농구공을 던진다면(그리고 골이 성공한다면) 다른 사람 눈에는 내가 모험을 한 것처럼 보일 것이다. 이 얘기는 곧 (겉으로) '인지된' 내 역량이 다른 사람이 추정한 그 사람 본인의 역량을 넘어섰다는 뜻이다. 그 사람이 나만큼 자신이 있다면 내가 그 사람보다 더 많은 위험을 감수했다고는 얘기할 수 없다. 나는 골을 넣을 수 있겠다고 생각했기 때문에 공을 던졌다. 하지만 그 관찰자는 자기라면 그 거리에서 공을 던지는 모험을 하지 않았을 것인 데다가 내가 내 능력을 어떤 수준으로 지각하는지도 모르기 때문에 나를 '위험을 무릅쓰는 과감한 사람'이라고 생각한다. 물론 그 사람이 나를 그렇게 평가한다면 굳이 반박하지 않고 칭찬으로 받아들이고 넘길 것이다. 그렇긴 해도 내가 3점슛 라인에서 공을 던진 내적인 이유, 그리고 그걸 보는 사람들이 나를 어떻게 평가할 것이며 그 이유는 무엇인지와 같은 모든 요소를 인식하는 것이 마음챙김의 한 부분이다.

마음의 유연성을 키우려 할 때 도움이 되는 것이 있다. 바로 사람들이 어떤 행동을 할 때 그것이 다른 사람 눈에 부정적으로 보인다 하더라도 그 사람으로서는 충분한 이유가 있을 수 있다는 점을 기억하는 것이다. 관찰자 입장에서 그 행동의 이유를 파악하기 어려운 경우라 할지라도 행위자가 의도적으로 인색하게, 또는 냉혹하게, 까다롭게, 고집스럽게, 칠칠치 못하게, 경솔하게, 무모하게 행동하는 일은 거의 없다. 불쾌한 자질을 애써 키우려는 사람은 아무도 없다. 앞에 나온 특성들이 당신 자신에게 적용될 수도 있는 상황을 상상해보라. 예를 들어 당신이 할인 판매하는 물건을 사서 누군가에게 선물했다면 그때 당신 자신을 인색하다고 보겠는가, 아니면 알뜰하다고 보겠는가? 날씨 화창한 금요일에 자녀를 학교에서 일찍 데리고 나왔다면 자신을 무책임한 부모라고 보겠는가, 아니면 자녀와 함께 놀기를 좋아하는 부모라고 보겠는가? 사실상 모든 행동이 관점에 따라서 부정적으로 보일 수도, 그런대로 참아줄 만하거나 정당화될 수 있는 행동으로 보일 수도 있다.[8]

여러 관점을 시험해보는 것은 결과적으로 유익하다. 우선, 선택할 수 있는 반응의 가짓수가 늘어난다. 한쪽으로 치우쳐 사고할 때에는 꼬리표에 대해 기계적으로 반응하게 되고, 그로 인해 선택의 범위가 줄어들기 때문이다. 또 다른 사람들도 우리 자신과 크게 다르지 않을 수 있다는 점을 깨닫고 나면 다른 사람에게 공감하는 것이 가능해지고 반응의 폭도 커진다. 따라서 극과 극이 대립하는 상황에 갇힌 기분을 느낄 일이 줄어든다.

두 번째로, 이런 열린 태도를 우리 자신의 행동에 적용하면 자신을 변화시키기가 좀 더 쉬워진다. 예전에 환자들을 상담하던 때에 종종 이상하게 느낀 것이 있었다. 많은 사람이 자신의 행동을 바꾸려는 강한 동기를 가지고 심리치료를 받으러 나를 찾아오지만, 사실 그들이 바라는 행동은 이미 그들의 현재 행동목록에 들어 있었다는 점이다. 그들을 가로막는 것은 무엇이었을까? 지금 와서 되돌아보니 답을 알 것 같다. 그들은 행동(예를 들어 '충동적으로 행동하는 것')을 바꾸고자 했지만 많은 경우에 그 행동을 다른 관점에서('마음 가는 대로 행동하는 것') 즐기고 있었던 것이다. 그렇게 생각하면 행동을 변화시킨다는 것을 어떤 부정적인 행동을 바꾸는 것이 아니라 두 가지 긍정적인 대안 중에서 하나를 취하는 것으로 볼 수도 있다(예를 들어 '신중한 것' 대 '마음 가는 대로 행동하는 것').

나와 내 제자 로랠린 톰슨Loralyn Thompson은 한 가지 가설을 검증해봤다. 어떤 사람들은 자신의 행동을 바꾸기 위해 몹시 노력하는 것 같은데도 성공하지 못하는데, 그 이유는 그들이 사실은 다른 이름 아래 그 행동에 가치를 두기 때문이라는 것이 우리의 가설이었다.[9] 우리는 완고함, 엄숙함, 잘 속음 등 성격의 부정적인 특성 목록을 가지고 사람들에게 그 특성을 바꾸려고 한 적이 있는지, 있다면 성공했는지 실패했는지, 또는 그 특성들이 자신에게 해당되지 않는다고 생각하는지를 질문했다. 나중에 우리는 사람들에게 한결같음, 진지함, 신뢰 등과 같이 이전에 썼던 부정적인 특성들을 정반대로 표현한 성격의 특성들을 제시하고 각 특성을 얼마나 높이 평가하는지 질문했다. 우리의 가설은 입증되었다. 사람들은 자신이 가장 바꾸고 싶지만 바꾸는 데 실패한 바로 그 특성을 (다른 이름이 붙었을 때) 높이 평가했다. 이런 이중적 시각을 이해할 때 우리는 통제감을 키우고 행동을 변화시킬 가능성도 높일 수 있다(여전히 그 행동이 바람직하지 않다고 느끼는 경우라면 말이다). 10장에서는 유연한 관점이 중증 질환의 치료와 중독 치료에 얼마나 큰 힘을 발휘하는지 살펴볼 것이다.

맥락 장악력: 앨커트래즈의 조류학자 이야기

마음챙김에 의해 통제력이 커지면 맥락을 변화시키는 데에도 도움이 된다. 나는 어빙 재니스Irving Janis, 존 울퍼John Wolfer와 함께 병원에 대한 한쪽으로 치우친 시각이 통증에 어떤 영향을 주는지 조사했다.[10] 환자들은 대개 병원에서 통증은 피할 수 없는 것이라고 확신하는 마인드세트에 갇힌 채 의약의 도움을 받지 않고서는 통증을 다스릴 수 없다고 생각한다. 우리는 실험을 통해 사람들이 통증을 다른 맥락, 그러니까 좀 더 낙관적인 맥락에서 받아들이면 그 통증에 통제력을 행사할 수 있는지 알아봤다.

우리는 큰 수술을 받기 직전의 환자들에게 자신이 미식축구를 하고 있는 상황이나 파티 음식을 준비하고 있는 상황 두 가지 중 하나를 골라 상상하게 했다. 미식축구장에서 거친 몸싸움을 벌이고 있는 사람은 긁히고 멍드는 것을 거의 알아차리지 못한다. 그와 비슷하게 손님 열 명이 곧 들이닥칠 상황에서 정신없이 음식을 준비하는 사람은 칼에 손을 베여도 통증을 거의 느끼지 못한다. 반대로 지루한 잡지를 읽다가 종이에 베이면 이내 그것에 신경이 집중된다. 우리는 이런 종류의 예를 들며 참가자들에게 통증의 많은 부분은 피할 수 없는 것이 아니라 상황에 따라 다르게 느끼는 것이라고 가르쳤다.

의사와 간호사들은 우리의 가설을 모르는 상태에서 실험집단과 통제집단의 투약량과 입원 기간을 관찰했다. 그 결과 우리의 지도를 받고 병원에서의 경험을 비위협적인 것으로 재해석한 환자들이 그런 지도를 받지 않은 환자에 비해 진통제와 진정제를 덜 사용했고 더 빨리 퇴원한 것으로 나타났다. 병원에서 똑같은 경험을 하더라도 심리적으로 다르게 받아들이면 다른 경험이 된다. 그리고 그 차이는 투약량과 회복 속도에서 확인된다. 이런 재평가 기법을 터득한 환자들은 병원에 대한 마인드세트에서 효과적으로 벗어났고, 통증이 절대적이지 않음을 알게 됨으로써 자신의 회복에 더 많은 통제력을 행사할 수 있었다.

손쓸 여지가 없어 보이는 확고부동한 상황조차도 유연한 시각으로 바라보면 통제의 가능성이 열릴 수 있다. '앨커트래즈의 조류학자'로 잘 알려진 로버트 스트라우드Robert Stroud는 무기징역형을 선고받고 사면의 희망도 없이 복역 중인 죄수였다. 그는 세상으로부터 완전히 차단되어 있었다. 창밖에서 날아다니는 새들을 바라보며 보내는 공허하고 가혹한 나날이 계속되었다. 어느 날 아침, 다리를 다친 참새 한 마리가 우연히 그의 독방에 들어왔다. 그는 그 참새를 정성껏 보살펴 완치시켰다. 그 새는 이제 그냥 새가 아니었다. 그에게 그 새는 특별한 참새가 된 것이다. 다른 죄수들이며 간수들, 방문객들이 그에게 새를 가져다주기 시작했고, 그는 새에 관해 점점 더 많은 것을 배워나갔다. 얼마 지나지 않아 그는 감방 안에 진짜 새장을 갖게 되었다. 그는 새의 질병에 관한 권위자로 명성을 얻었고, 새에 관해 점점 더 많은 지식과 기술을 쌓아갔다. 그는 모든 것을 독학으로 터득했고, 또 모든 면에서 독창적이었다.

이 앨커트래즈의 조류학자는 40여 년 동안 감옥에서 지루하고 맥빠진 삶을 살 수도 있었다. 하지만 그는 지루함이란 단지 머릿속에서 만들어지는 개념 중 하나일 뿐이고, 그 점에서는 자유도 마찬가지라는 사실을 발견했다. 주변을 둘러보면 관심을 가질 만한 새로운 뭔가가 늘 있게 마련이다. 그렇게 해서 그는 완전히 지옥이 될 수도 있었던 상황을 적어도 매혹적이고 유연한 연옥 정도는 되는 상황으로 바꾸었다.

과정지향적 태도

2장에서 봤듯이 결과에만 집착하다 보면 폐쇄적이 될 수 있다. 앞에서 마음놓침의 정의 각각에 대해 했듯이 이 점을 뒤집어 생각해보면 마음챙김이 과정지향적 태도임을 알 수 있다. 지금 동료들이 학술지에 실린 논문을 두고 열띤 토론을 벌이고 있는데, 한 과학자가 그 논문을 읽지 않은 것 때문에 스스로 한심한 기분을 느끼고 있다고 생각해보자. 그가 이렇게 느끼는 것은 상황을 폐쇄적으로 돌이켜봤기 때문이다. 그는 자신이 그 중요한 논문을 읽을 것인지 읽지 않을 것인지 두 가지 중 하나를 선택할 수 있었는데 어리석게도 잘못된 선택을 했다고 생각한다. 하지만 그가 그 선택의 결과에 좀 덜 집착했다면 사실은 자신이 논문을 읽는 것과 아무것도 하지 않는 것 사이에서 선택한 것이 아니라, 논문을 읽는 것과 연구실에서 실험을 하는 것 또는 꼭 필요한 휴식을 취하거나 딸에게 책을 읽어주는 것 사이에서 선택했음을 깨달았을 것이다. 이것이 이전 장에서 설명했던 '잘못된 비교'의 또 다른 예다. 어떤 일의 과정에서 자신이 실제로 어떤 선택들을 했는지 인식하면 나중에 되돌아보며 죄책감을 느낄 가능성이 낮아진다. 결국 마음챙김에 기반한 유연한 선택에는 뭔가 이점이 있어 보인다. 그렇지 않고서야 왜 우리가 의도적으로 그런 선택을 하려 들겠는가? 때로는 선택의 결과를 알고 나서 다른 선택을 했어야 했다고 생각할 때가 있다. 그런 경우라 하더라도 자신이 그것을 선택한 이유를 알고 있으면 스스로를 덜 나무라는 경향이 있다.

진정한 과정지향적 태도에는 모든 결과는 과정 다음에 온다는 사실을 인식한다는 의미도 포함된다. 대학원생들은 이 점을 번번이 잊곤 한다. 그들은 번듯하게 완성된 다른 사람의 논문만 읽은 상태에서 그것을 시작 단계인 자신의 엉성한 논문과 비교하는 실수를 저지르고는 지나친 불안에 휩싸여서 학위논문에 착수한다. 자료 더미와 불완전한 가설들에 파묻힌 채 그들은 아무개 박사의 책을 보며 그 책이 마치 아무 노력이나 시행착오 없이, 머릿속의 생각이 바로 인쇄되기라도 한 것처럼 경외심을 느낀다. 어떤 사람이 지금의 성공에 이르기까지 밟아온 과정을 알고 나면 그 과정을 모를 때에 비해 그의 성공을 노력의 산물로 보기 쉽고, 또 자기 자신의 가능성도 좀 더 높이 평가하게 된다.

다른 사람의 지능을 평가할 때에도 그 사람의 성과가 강조되면 판단이 왜곡될 수 있다. 나는 제자들과 함께 비공식 조사를 통해 사람들에게 '굉장한' 지적 성과를 이룬 과학자들(예를 들어 새로운 행성을 발견한 사람이나 신약을 발명한 사람)의 지능을 평가해달라고 요청했다. 단순히 ○○○의 발견이나 ○○○의 발명이라는 식으로 언급한 경우보다 그 업적을 일련의 단계로 묘사한 경우에(그리고 사실상 모든 업적은 이런 식으로 작게 나눌 수 있다) 사람들은 그 과학자를 덜 똑똑하다고 평가했다. 사람들은 자신이 한 단계씩 과정을 밟아나가는 모습을 상상할 수 있으면서도 자신이 위대한 성취를 이루는 것은 불가능하다고 여긴다.

과정지향적 사고를 하면 판단이 정확해질 뿐만 아니라 기분도 더 좋아진다. 순전히 결과지향적으로만 사고하면 인생의 즐거움이 사라진다. 골프를 예로 들어보자. 먼저 우리는 머리를 낮추고 팔을 구부리지 않는 자세를 배운다. 그리고 연습을 계속하며 타수를 줄여나간다. 그런데 타수를 3분의 2로 줄여주는 골프채가 있다는 글을 읽었다고 상상해보라. 당연히 사지 않겠는가? 여섯 타가 아니라 네 타 만에 4번 홀에 공을 넣으니 절로 신이 난다. 이제 더 좋은 골프공을 쓸 차례다. 아, 세 타로 줄였다. 마침내 한 번 치면 홀로 알아서 들어가는 새로운 공이 개발된다. 매번 칠 때마다 홀인원이라니, 참 재밌기도 하겠다. 그런데 그게 게임이기나 하겠는가?

우리는 게임에서 정말(어쩌면 유일하게) 중요한 것은 과정이라는 것을 안다. 그런데 우리 삶의 다른 모든 영역에서도 그 점은 마찬가지일 수 있다. 사업을 할 때마다 성공을 보장받는다면 좋을까? 장애물이나 성가신 일 없이 사업계획이 모두 이루어진다면 어떨까? 처음에는 매력적으로 보일지도 모른다. 미다스의 손처럼 말이다. 하지만 그렇게 산다면 어떤 인생이 되겠는가? 모든 일을 보살펴주고 보호해주는 요양원에서의 삶과 다를 바 없지 않을까? 일본인들은 대기업이 유치원 아이들에게서 배워야 할 점이 많다고 생각한다. 몇몇 일본 회사에서는 연구와 혁신을 담당하는 사람들에게 과정지향적 자세를 특별히 권장한다. 결과는 그다음의 일이라는 것이다.[11] 벨 연구소Bell Labs도 연구 자체에 초점을 맞추기 때문에 상품 개발의 압박에 쫓기지 않는 곳으로 알려져 있었다. 적어도 AT&T에서 분리되기 전까지는.

동양과 서양의 마음챙김

이 장에 나온 마음챙김의 정의들, 특히 방금 나왔던 과정지향적 자세에 대한 부분을 보고 많은 독자가 동양 종교에서 말하는 마음챙김의 다양한 개념을 떠올렸을 것이다. 내 수업을 듣는 학생 중에도 그 분야에 박식한 학생들이 있어서 늘 그 둘을 비교하곤 한다. 동양의 마음챙김과 서양의 마음챙김 사이에 유사점이 많은 것은 사실이지만 그 두 개념이 생겨난 역사적·문화적 배경의 차이, 그리고 동양에서 마음챙김 상태에 이르기 위해 사용하는 명상과 같은 좀 더 정교한 기법의 차이를 생각한다면 이 둘을 비교하는 데 신중할 필요가 있다.

마음챙김에 관한 나의 연구는 거의 전적으로 서구과학의 관점에서 이루어졌다. 처음에 내 관심의 초점은 마음놓침과 그것이 일상생활 곳곳에서 드러내는 모습이었다. 이전 장들의 순서를 보면 알 수 있듯이, 마음챙김의 개념은 마음놓침이 가지는 측면들을 살펴본 뒤 그 동전의 뒷면을 살펴보는 과정을 통해 점차 구체화된다. 실제로 내가 노화·건강·창의성·일 등의 영역에서 마음챙김이 주는 엄청난 잠재적 이득을 연구하기 시작한 것도 일련의 실험을 통해 경직된 마인드세트와 한쪽으로 치우친 관점으로 인해 치르는 대가를 증명한 다음이었다.

동양에서 가르치는 마음챙김 개념 뒤에는 오랜 세월에 걸쳐 구체화되고 다듬어진 정교한 우주론이 깔려 있다. 마음챙김의 도덕적 측면(명상을 통해 마음챙김 상태에 이르면 마음 가는 대로 행하더라도 옳은 행위를 하게 된다는 생각[12])이 이런 철학들의 핵심 중 하나다. 그런 식의 접근은 매우 복잡한 문제까지 파고들어야 하기 때문에 이 책의 범위를 벗어난다. 하지만 동양의 마음챙김 개념과 이 책에서 말하는 마음챙김 개념 사이에는 놀랍도록 비슷한 특성이 여럿 발견된다. 그래서 우리는 동양의 마음챙김 수련이 추구하는 중요한 도덕적 가치의 일부를 서양의 틀과 맥락에서 이해한 마음챙김을 통해서도 얻을 수 있으리라고 기대한다.

마음챙김 상태에 대한 동양과 서양의 시각을 비교할 때 생기는 의미론적·철학적 충돌의 한 예로 새로운 범주를 만드는 행위를 들어보자. 우리가 정의한 바로는 이것이 마음챙김의 한 형태이지만 동양적 관점에서는 이것을 명상 중에 하는 일의 정반대 행위로 본다.[13] 명상을 할 때 사람의 마음은 점점 차분히 가라앉고 적극적인 사고가 억제된다. 몇몇 명상법에서는 머릿속에 떠오르는 생각과 심상을 중요하지 않은 것으로 여기고 그 존재를 깨닫는 즉시 머릿속에서 몰아낸다. 하지만 그와 동시에 동양의 여러 관점에서는 올바른 명상법을 통해 '탈자동화de-automatization'라고 불리는 상태에 이른다고 말한다.[14] 이 상태가 되면 기존의 범주들이 허물어지며 더 이상 고정관념에 얽매이지 않는다. 경직된 범주의 틀에서 자유로운 이러한 상태는 이 책에서 말하는 마음챙김과 매우 비슷하다. 이 한 가지 예만 보아도 동양사상을 완전히 습득하지 못한 내가 동서양의 마음챙김 간의 유사점과 차이점을 캐내는 작업을 다른 이들의 몫으로 남기는 이유를 알수 있을 것이다. 혹시 특정한 동양식 수련에 친숙한 독자라면 기법과 결과 양쪽 측면에서 둘을 비교하며 재미를 느낄 수도 있을 것이다.

5장

마음챙김과 함께 나이 들기

Mindful Aging

새로운 신체적 장애가 찾아오면 나는 죽음이 다가왔나 싶어

주위를 둘러보고는 조용히 물어본다.

"죽음이여, 당신인가요? 거기 와 있는 건가요?"

여태까지는 죽음이 아니라 장애가 답해왔다.

"바보 같은 소리 하지 마시게. 날세."

— 플로리다 스콧맥스웰, 《늙음, 열정과 상실 사이》

나이란 너무나 강력한 지표여서 우리는 인생의 후반에 우리 몸과 정신에 일어나는 모든 일을 노화의 결과로 받아들인다. 그 래서 노인들이 아주 조금이라도 별난 행동을 하면 그것에 기행 또는 노망이라는 꼬리표를 붙인다. 그들이 평생 동안 그런 행동 을 해왔을지라도 말이다. 그렇게 정신을 구속하는 마인드세트 를 가지고 있으면 꼭 끼는 갑옷을 입었을 때와 마찬가지로 성장 과 유연성, 모험이 불가능하다. 게다가 삶의 질뿐만 아니라 그 길이도 영향을 받을 수 있다.

요양원 실험: '내가 선택한 삶'의 힘

내가 마음놓침으로 인해 치르는 대가와 마음챙김을 높임으로써 얻는 잠재적 이득을 특히 명확하게 인식한 것은 노인에 관해 연구하던 때였다. 1976년에 나는 예일대학교의 주디스 로딘 Judith Rodin과 함께 의사결정과 책임이 요양원 거주자들에게 어떤 영향을 끼치는지 조사했다.[1] 우리는 요양원의 노인들을 실험집단과 통제집단으로 나눈 다음 실험집단의 노인들에게 자신과 관련된 일에서 더 많은 선택을 하도록 적극 권장했다. 우리는 중요하지만 요양원 직원들에게 부담이 되지 않을 만한 선택사항들을 생각해냈다. 예를 들어 우리는 이 노인들에게 방문객이 찾아올 경우 요양원 실내나 바깥, 자신의 방, 식당, 라운지 등의 장소 중 어디에서 손님을 맞을 것인지를 선택하도록 했다. 또 요양원에서 다음 주 목요일과 금요일에 상영할 영화를 볼 것인지 보지 않을 것인지, 본다면 언제 볼 것인지도 결정하게 했다. 실험집단의 노인들은 이런 것들을 결정하는 일과 더불어 각자 화초를 하나씩 받아 키우는 일을 맡았다. 그러고는 그 화초에 물을 언제 얼마나 줄 것인지, 창가에 둘지 햇빛을 너무 많이 받지 않게 할지 등도 스스로 알아서 하라는 지시를 받았다.

이 집단과 비교하기 위해 우리는 다른 한 집단의 노인들에게 똑같이 화초를 주고는 간호사가 그 화초를 돌볼 것이라고 말했다. 통제집단의 노인들은 스스로 결정을 내리도록 격려받는 대신 직원들이 모든 면에서 최대한 도와줄 것이라는 말을 들었다. 예를 들어 이들은 요양원 실내나 바깥, 또는 자기 방이나 식당, 라운지 등에서 사람들과 이야기를 나누고 싶을 때에는 직원에게 말하면 조처해줄 것이라는 말을 들었다. 우리는 이 두 집단 간에 책임과 통제력 측면에서의 차이 말고는 다른 조건의 차이가 생기지 않도록 최대한 신경 썼다.

우리는 이런 책임과 통제력의 효과를 평가하기 위해 실험 시작 전, 그리고 실험이 끝난 뒤 3주에 걸쳐 여러 가지 척도로 행동평가와 정서평가를 실시했다. 행동평가(원내활동 참가 수준 같은 것), 자기보고(스스로 어느 정도로 행복하게 느끼는가), 직원의 평가(그 노인이 어느 정도로 기민하고 활동적이라고 생각하는가) 등 모든 평가 결과에서 더 많은 선택권과 책임을 부여받은 실험집단이 통제집단에 비해서 분명히, 그리고 극적으로 호전되었음이 드러났다.

18개월 뒤에 우리는 그 요양원을 다시 찾아가서 지난번과 똑같은 평가를 실시했다. 그 결과 실험 기간 동안 더 많은 책임을 맡았던 노인들이 여전히 더 적극적인 것으로 평가되었고, 훨씬 더 활동적이고 정력적이며 사교적이었다. 주디스 로딘이 그 요양원에서 강연했을 때 적극적인 자세로 들은 사람들도 이 실험집단이었고, 질문의 대부분도 이들에게서 나왔다. 우리는 노인들의 신체적 건강상태도 평가했다. 실험 시작 전에 이들의 의료 기록을 토대로 건강상태를 평가했을 때 두 집단 간에는 차이가 없었다. 그런데 18개월 뒤에 보니 실험집단은 건강이 호전되어 있었고 통제집단은 악화되어 있었다. 무엇보다 충격적인 결과는 우리가 이 노인들에게서 이끌어낸 태도 변화가 사망률 저하를 가져왔다는 점이었다. 18개월 동안 44명의 통제집단 노인 중 13명이 사망한 데 반해 실험집단에서는 47명 중 7명만이 사망했다(30퍼센트 대 15퍼센트).

이런 결과에 깜짝 놀란 우리는 혹시 다른 요인이 사망률에 영향을 준 것은 아닌지 조사했다. 아쉽게도 실험 이전에 그 노인들에게 있었던 일들을 우리가 모두 알 수는 없었다. 하지만 사망한 노인들과 살아 있는 노인들이 그 요양원에서 지낸 기간이나 실험 직전의 전반적 건강상태에서 별다른 차이가 없었다는 것은 분명하다. 두 집단 모두 의료기록상의 사인死因은 저마다 달랐다. 그러므로 통제집단 노인들이 특정 질병에 더 많이 걸렸기 때문에 더 많이 사망한 것은 아니다. 실험으로 인해 생긴 삶의 변화 덕분에 노인들이 더 오래 살게 되었음이 분명했다. 우리의 '치료'(스스로 선택하고 결정하도록 권장하고, 책임지고 돌봐야 할 대상을 주는 것)는 결국 마음챙김을 증진하는 한 가지 방법으로 볼 수 있다. 이 실험의 결과는 이후로 많은 연구에서 재검증되었다.

마음챙김의 증진은 다른 여러 효과에 더불어 노령과 관련된 우울증을 완화하는 효과가 있는 듯하다. 나와 래리 펄뮤터Larry Perlmuter는 행동 모니터링 기법이 우울증을 완화하고 동시에 자각 수준과 기억력을 높일 수 있을지 알아봤다.[2] 행동 모니터링이란 하루하루 일상생활을 하며 자기가 선택한 것들을 날마다 기록하는 기법으로서 이미 마음챙김 증진에 효과가 있는 것으로 증명된 방법이었다.[3] 이 기법은 '사람은 선택의 기회가 있으면 동기가 높아진다'는 가정을 토대로 하고 있다. 그러나 우리는 보통 살아가면서 처음에는 여러 가지 선택지를 고려하지만 나중에는 다른 선택이 가능했다는 사실을 완전히 잊어버린다. 만약 내가 여러 가지 다른 음료를 마실 수 있는데도 아침마다 오렌지 주스를 마신다면 현재 나는 의미 있는 선택을 하고 있지 않을 가능성이 크다. 의미 있는 선택을 하려면 선택하지 않은 대안들이 무엇인지 인식하고 있어야 한다. 이런 인식을 통해 우리는 자기 자신에 대해, 그리고 자신의 취향과 기호에 대해 어느 정도 깨달음을 얻는다. 예를 들어 내가 어느 날, 왜 오렌지 주스 대신 자몽이나 토마토 주스를 마시지 않는지 스스로에게 질문했다고 하자. 세 가지 다 시원한 음료이므로 단지 시원한 것을 원해서 오렌지 주스를 택한 것은 아니다. 또한 감귤류 특유의 맛 때문도 아니다. 그 점에서는 자몽도 오렌지와 마찬가지니까. 어쩌면 나는 그저 달콤하면서 신맛이 나는 걸 원했는지도 모른다. 사소한 일, 또는 더 중요한 일에서 이런 식으로 선택지 간의 차이를 밝혀보면 자신이 하루하루를 어떻게 만들어가는지 알 수 있다.

이 예비연구에는 퇴직자와 요양원 거주자, 두 부류의 노인들이 참여했다. 우리는 이들에게 자신이 날마다 선택한 것들을 장기간 동안 모니터하기 위한 네 가지 방법 중 하나씩을 소개했다. 모니터링의 유형은 요구되는 사고의 복잡도와 실험 참가자가 행사하는 통제력의 양에 따라 나뉘었다. 우리는 더 복잡한 사고를 하고 스스로 더 많은 통제력을 행사할수록 마음챙김 수준이 높아질 것이라고 가설을 세웠다.

첫 번째(가장 낮은 마음챙김 수준) 집단은 미리 정해진 한 가지 일을 일주일 동안 날마다 모니터하라는 간단한 지시를 받았다(예를 들어 그날 처음 선택한 음료 기록하기). 두 번째 집단은 날마다 다른 행동을 모니터했다. 세 번째 집단은 날마다 다른 행동을 모니터하는 동시에 각 행동에 대해 자신이 선택할 수도 있었지만 선택하지 않은 대안을 세 개씩 기록하라는 지시를 받았다. 마지막(가장 높은 마음챙김 수준) 집단은 모니터할 행동을 본인이 고른다는 것 외에는 세 번째 집단과 동일한 지시를 받았다. 일주일간의 실험이 끝난 뒤에 연구자들이 따로따로 실험 참가자를 면담하면서 정서상태, 타인에게 의존하는 수준, 자신감, 기민함 수준을 평가했다.

사실상 모든 평가에서 더 많은 결정과 통제력 행사를 요구받은 참가자일수록 (1) 덜 우울하고 (2) 더 자립적이고, 자신감이 있고 (3) 더 기민하고 자신의 선택에 대해 더 정확하게 이해하고 있는 경향이 드러났다. 이 예비연구의 결과는 노화를 연구할 때 선택과 통제력의 효과에 관해 더 많은 연구가 필요함을 강력히 시사했다. 우리는 한 사람이 지나치게 많은 결정을 한꺼번에 떠 안는 경우에는 이런 결과가 나올 것이라고 생각하지 않았다. 그런 경우 하나씩 차례로 결정하기보다 아예 아무 결정도 내리지 않는 편을 택할 수도 있기 때문이다.

놀라운 것은 우리가 노인들에게 더 많은 통제력을 주고 더욱 자립적으로 생활하게 만들려고 시도하자 가족들과 노인 자신이 고의적이지는 않아도 상당한 저항을 보였다는 점이다. 많은 보호시설이 그렇듯 요양원에서도 거주자의 의존성을 부지중에, 하지만 노골적으로 조장한다.[4] 아침식사를 하러 가기 위해 옷 입는 일을 요양원 직원이 도와주면(그 노인을 염려해서든 직원 자신의 시간을 아끼기 위해서든 간에) 그 노인은 스스로 무능하고 무력한 기분이 들 수 있다. 직원 처지에서도 결국에는 그렇게 도와주는 일에 더 많은 시간을 빼앗길 것이다. 사람은 도움을 받을수록 더 많은 도움이 필요해지기 때문이다.[5] 한번은 약속시간보다 일찍 요양원에 도착했다가 84세인 언니를 만나러 온 80세 여성과 열띤 대화를 나눈 적이 있다. 그 여성은 나무 집게를 갖다 달라는 언니의 부탁을 받았다고 했다. 언니는 허리를 잘 굽히지 못하기 때문에 집게를 이용해서 혼자 힘으로 속옷을 입고 싶어 한다는 것이었다. 내가 집게를 가져왔느냐고 묻자 그녀가 단호하게 말했다. "안 될 말이죠. 그런 걸 쓰다가는 허리 다치기 십상이잖아요." 그녀의 대답에 경악한 나는 농담조로 어쩌면 언니를 반혼수상태로 유도하는 걸 고려해야 할지도 모르겠다고 말했다. 그렇게 하면 넘어져서 엉덩이가 골절되거나 목에 뭐가 걸려 질식할 일은 없을 테니 말이다. 그녀는 쿡쿡 웃더니 곧 내 말 뜻을 알아들었다. 아무리 선의에서 나온 행동이라 하더라도 보호는 자율성을 서서히 훼손한다. 그리고 노인들이 '제풀에 다치지' 않도록 하루 종일 의자에 앉혀놓는 식으로 더욱 강압적으로 간섭하면 그나마 남아 있던 작은 자발성마저도 사라진다.

예전에 스스로 하던 행동을 다른 사람이 해줄 때 우리는 이제 자신이 그것을 할 수 없다고 느낀다. 스스로 할 능력이 없어서가 아니라 단지 요양원의 규칙 같은 외부적인 요인 때문에 못하는 경우라 할지라도 마찬가지다. 노인에 관한 마인드세트가 무능감을 기정사실화한다. 노인은 왜 자기가 어떤 일을 혼자 힘으로 하지 않는지에 대해 듣기 좋은 이유를 찾아낼 가능성은 희박하다. 이미 '늙어서'라는 한 가지 설명이 마련되어 있으므로 다른 가능한 원인을 거의 찾지 않는 것이다. 아무도 구태여 그 노인이 정확히 무엇을 할 수 있고 무엇을 할 수 없는지 알아보려 하지 않으므로 결국 그 노인은 아주 무력한 노인과 동일한 수준의 보살핌을 받는다. 뭔가를 하려는 의지가 좌절될 때 사람의 마음은 위축되어 다른 사람의 보살핌을 바라게 된다.

'기억해야 할 이유'가 중요하다

사람들이 노화 탓으로 돌리는 문제 중 가장 흔한 것이 기억력 감퇴일 것이다. 한번은 여름날 아침에 일어났는데 그날이 무슨 요일인지 기억나지 않은 적이 있었다. 만약 그때 내가 80세였다면 이유를 이리저리 찾아보지도 않았을 것이다. 하지만 당시 내 나이가 여든의 절반도 안 되었기에 그 이유를 골똘히 생각해봤고, 마침내 7월에는 강의도 약속도 없다 보니 하루하루가 거의 비슷하다는 사실을 깨달았다. 그날이 화요일인지 수요일인지 굳이 기억할 이유가 없었으니 기억하지 않았던 것이다.

이런 경험을 하고 나서 나는 노화와 기억력 감퇴라는 문제에 대해 큰 관심이 생겼다. 노화가 이유가 아니거나, 노화 말고도 다른 이유가 있는 것은 아닐까? 기억력 감퇴를 역전시킬 수는 없을까? 나는 동료 몇 명과 함께 사람들에게 기억해야 할 이유를 더 많이 만들어주면 기억력 감퇴가 역전되는지 알아보기 위해 몇 가지 실험을 계획했다.[6] 그중 한 실험에서 우리는 한 요양원의 노인들을 3주에 걸쳐 아홉 차례 방문했다. 실험 참가자들을 하나의 실험집단과 두 통제집단으로 나누었다. 우리는 그들을 방문할 때마다 질문의 수준을 높였는데, 거기에는 그 요양원에 관한 다양한 난이도의 질문이 포함되었다. 예를 들어 노인들은 "간호사 이름하고 환자 이름을 얼마나 아세요?" "다음번 칵테일 파티(또는 빙고게임이나 연주회)는 언제인가요?" 등의 질문을 받았다. 대답하지 못하는 노인에게는 다음에 우리가 방문할 때까지 알아놓도록 했다. 참가자들은 이런 질문 외에도 식사와 일상활동에 관한 질문을 받았다. 실험집단 노인들은 정확하게 대답할 때마다 상품권으로 교환할 수 있는 칩을 받았다. 두 통제집단 중 한 집단은 똑같은 질문을 받았지만 정답을 말했을 때 받는 칩이 선물 교환이 되지 않는 단순한 기념품이었다. 다른 통제집단은 질문도, 칩도 받지 않았다.

세 집단 모두 실험 전후에 단기기억력 검사를 받았고, 간호사가 기민성을 평가했다. 그 결과 실험집단이 모든 평가에서 다른 두 집단보다 높은 점수를 받았다. 또한 의료기록을 검토한 결과, 실험 종료 시점에 실험집단이 통제집단에 비해 전반적인 건강상태가 더 양호했다. 2년 반 뒤에 실시한 사후 연구[7]에서는 이런 유형의 마음챙김 훈련이 다른 혜택들과 더불어 수명 연장의 효과도 있음이 드러났다. 두 통제집단의 사망률이 각기 33퍼센트와 27퍼센트인 것에 비해 실험집단에서는 7퍼센트만이 사망했다. 2년 반 동안 통제집단의 노인 중 여러 명이 입원한 데 비해 실험집단에서는 한 명만이 입원했다는(그리고 입원한 노인의 다수는 병원에서 사망했다는) 점을 고려하면 아마도 실험집단과 통제집단의 장기적인 효과 차이는 훨씬 더 클 것이다.

노인이라는 마인드세트 벗어나기

우리는 실험에서 노인들에게 책임감을 느끼게 하기 위해 여러 가지 선택권과 기회를 줬지만 사실 이런 것들은 다른 문화권에서는 노인의 생활에서 당연한 일부다. 아래의 글을 보면 지금은 사라진 야드한이라는 부족에서 노인들이 어떤 존재로 대우받았는지 알 수 있다.

모두 그들의 의견을 높이 산다. 그들 중 특히 똑똑하고 공정한 이는 크나큰 영향력을 행사한다. 몇몇 나이 든 과부는 가장 역할을 하는데, 가족들은 그 가장에게 철저히 순종한다. 노인들의 경험은 그 집단에 도움이 된다. 그들은 어떻게 먹을 것을 찾고 집안일을 어떻게 해야 하는지 안다. 성문화되어 있지 않은 그들의 법을 다음 세대에 전수하고 그 법을 존중하게 만드는 것도 바로 그들이다. 그들은 사람들에게 모범을 보이고, 필요한 경우에는 나쁜 짓을 하는 사람을 나무라거나 심지어 벌을 주기도 한다.[8]

개인적으로 알고 지내는 노인이 별로 없는 경우에도 우리는 늙는다는 것에 대한 생각이 아주 확고하다. 그리고 이런 생각의 상당 부분이 선입견이다. 3장의 말미에 나온 연구에서 봤듯이 노인에 대해 긍정적인 마인드세트를 가지고 있으면 좀 더 풍요로운 노년을 보낼 수도 있다. 어렸을 때 좀 더 낙관적인 노인의 이미지에 노출되었던 사람들은 노인이 되어서 더 기민하고 활달했다. 그러나 우리 대부분이 노인에게 품고 있는 이미지는 그런 이미지가 아니다. 어린 시절에 우리는 늙는다는 것에 아주 부정적인 시각을 가진 사람들이 노인들을 가리키면서 '심술궂은 할망구' '비실거리는 멍청한 노친네' '불쌍한 꼬부랑 할머니'라며 손가락질하는 소리를 들었다. 우리 자신도 언젠가는 노인이 될 거라는 생각을 하기도 전에 말이다.

우리가 오래 살수록 예전에는 자신과 상관없다고 여겼고 또 이미 선입견을 형성했던 것들이 점점 자신과 상관있는 것이 된다. 요양원에 대한 태도를 생각해보자. 매사추세츠주 케임브리지에서 밀드레드라는 83세의 여성을 만난 적이 있다. 그녀는 2년째 요양원에서 살고 있었다. 요양원은 음식도 서비스도 훌륭했다. 요양원에 오기 전에 그녀는 케임브리지의 오래된 집에서 같이 늙어가는 이웃들과 그들보다도 나이 많은 나무들에 둘러싸여 살았다. 그녀는 자기 집을 사랑했지만 나이가 들면서 스스로를 보살피기가 점점 더 힘들어졌고 돈도 떨어졌다. 결국 그녀는 집을 팔고 요양원에 들어왔다. 전직 교사인 그녀는 책을 좋아하지만 지금은 거의 읽지 않는다. 이제 그녀의 친구는 박제된 동물처럼 여기저기 드러누워 있는 노인들뿐이다. 한번은 예전에 그녀가 워싱턴에서 작문을 가르쳤다는 해리 트루먼Harry Truman에 관해 묻자 그녀는 이렇게 대답했다. "트루먼 대통령과 산책을 하곤 했었지. 그 사람이 대통령이었을 때 말이야. 좋은 사람이었어." 아마도 트루먼 대통령이 자신의 작문 실력을 향상시키고 싶어했고 그녀가 그를 도와준 듯했다.

내가 트루먼에 대해 좀 더 묻자 그녀는 화제를 돌리고 싶어했다. "왜 사람들이 이런 데에 오는지 그 이유는 들어서 다 알 거야"라고 그녀가 말했다. "그래, 달리 갈 데가 없으니까 여기 들어와 사는 거지."

요양원에 대한 밀드레드의 시각에는 정확하지만 쓸데없는 사실이 반영되어 있다. 대다수 사람들이 이런 시각을 갖고 있기 때문에 요양원들도 그런 부정적인 이미지에 스스로를 맞춘다. 이런 부정적인 시각을 갖고 있으면 요양원이 자신의 새 거처가 되었을 때 고통스러울 수밖에 없다. 뿐만 아니라 젊은 사람들이 이런 부정적 시각을 갖고 있으면 요양원은 암울한 종착지로 더욱 굳게 자리잡게 된다. 이것이 마인드세트가 가진 위력이다.

노인들이 겪는 문제의 많은 부분이 아동기에 내면화한 부정적 고정관념의 결과일 수 있다. 우리는 '노화로 인한 쇠퇴' 중 실제로 유전자에 따라 계획된 것이 얼마나 되는지, 선입견에서 비롯하는 것이 얼마나 되는지 알지 못한다. 또 평온한 것이든 신나는 것이든 간에 우리가 그 가능성에 마음을 연다면 인생의 후반기에 얼마나 많은 선택이 가능할 것인지도 알지 못한다.

키케로Marcus Cicaro는 이렇게 말했다. "많은 노인이 너무 쇠약해서 아무런 일도 의무도 구실도 수행하지 못한다. 그러나 사실 그것은 노령 자체의 탓이 아니라 건강 탓이다."[9] 나이가 많은 것과 건강이 안 좋은 것은 늘 혼동되어왔다.[10] 노인에게 질병이 더 많을 수는 있지만 그렇다고 해서 노령과 질병이 같은 것은 아니다. 우리는 당연하다는 듯이 노령은 곧 병약함을 뜻한다고 생각하기 때문에 주변의 노인들에게, 그리고 나이가 들면 자기 자신에게도 별 기대를 하지 않는다. 이런 마인드세트는 노인들을 약하게 만들고, 그로 인해 다시 마인드세트가 강화되는 악순환을 낳는다. 당연히 자존감도 손상되는데, 노인은 그로 인한 고통을 젊은이들보다 더 크게 느낀다. 왜냐하면 노인들은 상황을 탓하기보다 자기 자신을 탓하기 때문이다. 이 장의 말미에 나오는 실험을 보면 어떻게 해야 낡은 마인드세트에서 벗어나 새롭게 달라진 노년을 맞을 수 있을지 어느 정도 감이 올 것이다. 그 실험에서 우리는 몸을 '속여서' 20년 전으로 되돌려놓는 데 성공했다.

정신분석가 플로리다 스콧맥스웰Florida Scott-Maxwell은 중년이 되어서야 정신분석을 배웠고, 82세에는 늙는다는 것에 대한 자신의 생각을 기록하기 시작했다. 마음챙김 상태에서 바라본 그녀의 경험들은 그녀의 예상과 어긋났다. "늙는다는 것은 참 알 수 없는 일이다. 노후란 조용한 시간이라고 생각했었다. 70대에는 재미있으면서도 비교적 평온했는데 80대가 되자 열정적이 되었다. (…) 열정적으로 신념을 피력할 때는 나 자신도 놀랄 정도다."[11]

나이가 주는 한계선 밀어내기

우리는 늙는다는 것에 대해 정확히 어떤 마인드세트를 가지고 있는가? 앤 멀비Ann Mulvey와 나는 사람들이 노인의 특성으로 어떤 행동을 가장 흔히 꼽는지 조사했다.[12] 이 연구의 근본적인 질문은 이것이었다. '사람들은 나이 많은 것과 노망을 서로 뗄 수 없는 관계로 보는가?' 우리는 질문지를 사용해서 사람들이 노인의 행동에 대해 가지고 있는 생각들을 평가하고, 그와 더불어 실험 참가자의 연령 및 노인과의 친숙도에 따라 노망든 행동에 대한 정보와 태도에 차이가 있는지 알아보고자 했다. 이 연구의 참가자는 75명의 성인으로, 연령대별로는 25~40세 25명, 45~60세 25명, 70세 이상이 25명이었다.

우리는 실험 참가자들에게 세 연령 집단(25~35세, 65~75

세, 76세 이상) 각각의 특징적 행동을 무엇이라고 생각하는지 나열하게 한 다음 그중에서 노망을 의미하는 행동은 무엇인지 쓰게 했다. 그런 다음 모든 참가자에게 다양한 사건이 묘사된 글을 똑같이 읽게 하고는 노망든 사람이라면 각 상황에서 어떻게 행동할 것 같은지 쓰도록 했다. 예를 들면 이런 식이었다. '어떤 노망난 사람이 가게에 들어가서 빵을 한 개 집는다. 그러고는 _____.' 질문지의 마지막 문항은 '응답자 본인이 노망들 가능성이 얼마나 되어 보이는가'였다.

이 실험의 가설을 모르는 평가자들이 참가자가 쓴 대답을 평가했다. 평가 결과 청년과 중년 참가자들은 노인들이 기본적으로 비사회적이고 소극적이며 불쾌한 개인적 특성이 긍정적인 특성보다 훨씬 많은 것으로 보고 있음이 드러났다. 반면 70세 이상인 참가자들은 앞의 두 참가자 집단에 비해 노인들이 사교활동을 많이 하고 호감 가는 개인적 특성이 많다고 봤다. 젊은 참가자들은 나이 많은 참가자들에 비해 노인을 병약한 사람으로 보는 경향이 더 높았다.

참가자들은 연령대를 막론하고 노인에 대한 마인드세트를 가지고 있었고, 거기에는 노망에 대한 상당히 구체적인 개념도 포함되어 있었다. 세 연령별 집단 모두가 아주 부정적인 단어를 사용해서 노망을 묘사했고, 노망이라는 것은 신체의 퇴화로 인해 기억력과 사고력이 저하되고 현실감각을 상실해 무력해진 상태

151

라고 단정했다. 이와 더불어 아주 흥미로운 사실이 발견되었는데, 청년 참가자 중 65퍼센트 이상이 자신은 노망들지 않을 것이라고 확신한 반면 노인 참가자는 10퍼센트만이 그렇게 확신했다는 점이다. 이것을 뒤집어보면 90퍼센트나 되는 노인 참가자들이 자신이 노망들 가능성이 있다고 생각한다는 말이다. 의학적 통계에 따르면 64세 이상 노인 중 심각한 수준의 노망이 오는 사람은 4퍼센트밖에 되지 않고, 그보다 가벼운 수준의 노망이 오는 사람도 10퍼센트밖에 되지 않는데도 말이다.[13]

우리는 젊을 때 노인에 관한 질문을 받으면 자신은 영원히 늙지 않는다는 전제 아래 그 질문에 대답한다. 그러면서 한편으로는 전반적인 능력 저하와 노령 간의 상관관계에 대한 마인드세트를 형성한다. 언젠가 자신이 노인이 되었음을 깨닫는 순간부터 이런 상관관계가 위협적으로 다가오고 두려워지기 시작한다. 노인이 그런 두려움을 가지고 있으면 매사에 소극적이 되고 뭔가에 새로 도전해볼 의욕이 움츠러들기 쉽다.

노년기에도 성장합니다

우리는 노화 과정과 그에 수반하는 생리적 퇴화가 시간의 흐름에 따른 피할 수 없는 결과라고 생각하는데, 이런 생각은 우리에게 '자기충족적 예언self-fulfilling prophecy'(미래에 대한 기대와 예측에 부합하기 위해 행동하여 실제로 기대한 바를 현실화하는 현상-옮긴이)으로 작용한다. 이런 생각에 맞서기는 쉽지 않다. 2장에서 봤듯이 우리 문화권에서는 근본적으로 시간을 선형적인 현상으로 간주한다. 앞에서 봤듯이 현대의 많은 철학자가 선형적 시간 모형을 거부하고 다른 여러 가지 개념을 주장하고 있지만, 우리는 여전히 선형적 시간 개념에 얽매인 시각으로 인간의 발달을 바라본다. 이런 시각을 가지고 있기 때문에 우리는 대부분 노화라는 것을 육체가 (그리고 결과적으로 사람 자체가) 인생의 초기 단계에서 능력의 최고점에 도달한 뒤에 내리막을 걷는 필연적인 과정으로 여긴다. 하지만 그런 과정이 소립자나 에너지 단위의 수준에까지 적용되는 것은 아니다. 육안으로 보이는 수준에서는 조직에서 해체로 향하는 점진적 붕괴('노화')가 존재하는 듯하다. 적어도 닫힌 체계 내에서는 그렇다. 그러나 사람(노인이든 젊은이든)이나 나무, 또는 베개를 구성하는 원자들을 들여다보면 시간이 지나도 똑같은 상태를 유지하는 것을 볼 수 있다. 안타깝게도 대다수 행동과학과 사회과학이 여전히 선형적 시간 개념과 그에 따라오는 보편적 엔트로피의 이미지에 기반을 두고 있다.

우리는 인지적 능력과 심리적·신체적 건강이 나이와 곡선 형태로 상관관계를 이룬다고 여긴다. 이런 시각에서 본다면 사람은 성장 과정을 거쳐 정점에 이르고, 그 뒤에는 감퇴하는 능력에 적응하며 남은 성인기를 보내야 한다. 몇몇 문화권에서는 인간의 노화를 설명할 때 나이가 들면 더 지혜로워진다는 점을 포함시킨다. 그러나 이렇게 점차 지혜로워지는 현상은 대개 다른 영역에서 일어나는 쇠퇴 과정과 별개로 진행되는 발달로, 또는 다른 영역에서 일어나는 쇠퇴 과정에 반응해서 일어나는 발달로 간주된다.

인생주기라는 관점에 대한 한 가지 대안적인 시각은, 우리가 태어나서 죽기까지 거쳐가는 경로를 일련의 목표를 추구하는 작은 궤적들로 보고 각 궤적은 서로 비교적 독립적이라고 보는 것이다. 이런 관점에서 본다면 과거는 우리의 행동에 그렇게까지 큰 영향을 끼치지 않는다. 개별 궤적 안에서라면 과거보다는 우리의 마음이 궤적을 형성하는 데 더 강력하게 영향을 끼칠 수 있기 때문이다.

노년기에 일어나는 변화에 대해 말할 때 '발달development'이라는 용어를 사용하는 경우가 얼마나 드문지 생각해보는 것도 흥미로운 일이다. 최근 전 생애적 관점을 강조하는 분위기가 확산되는 추세인데도 노년기에 일어나는 변화는 여전히 늘 '노화'로 묘사된다. day라는 단어에 하루라는 의미 또한 들어 있는데도 대개 낮시간을 지칭할 때 사용하는 것과 마찬가지로, 노화라는 말은 늙는다는 것의 어두운 측면을 지칭하는 말로 사용되고 있다. 노년의 삶을 변화시키기 위해서는 사람들이 보편적으로 가지고 있는 모든 종류의 마인드세트와 맞서 싸워야 한다.

우리가 닫힌 마음으로 행동할 때, 다시 말해 과거에 만들어진 범주에 의존할 때에는 발달의 최종 목적지가 확정돼 있는 것처럼 보인다. 그러면 우리는 마치 공중에 발사된 포탄처럼 미리 정해진 궤적을 따라 나아가게 된다. 반면 열린 마음으로 생활할 때 우리는 모든 선택의 가능성을 볼 수 있고, 따라서 새로운 최종 목적지를 만들어낸다. 인생을 이루는 발달과제 하나하나에 열린 자세로 임할 때 우리는 좀 더 자유롭게 자신의 인생경로를 그려나갈 수 있다.

프랭클린 루스벨트 대통령은 취임 후 얼마 안 돼서 대법원 판사였던 올리버 웬델 홈스Oliver Wendell Holmes를 찾아간 일이 있다. 대통령이 그 노인에게 왜 (그 연세에) 그리스어를 배우시냐고 묻자 이런 대답이 돌아왔다. "내 지적 능력을 향상시키기 위해서라네, 젊은 양반."

뇌생리학 분야의 수많은 연구 결과 가운데 일반인들의 관심을 끈 몇 안 되는 정보 중 하나가 바로 일정 연령이 지나면 신경세포가 감소한다는 것이다. 그래서 30세 이후에 약간의 건망증 증세라도 있으면 무조건 신경세포의 감소 탓으로 돌리기 쉽다. 그러나 이 과학적 '사실'조차도 절대적이지만은 않은 듯하다. 페르난도 노테봄Fernando Nottebohm의 연구 결과가 그 증거다. 노테

155

봄은 카나리아의 뇌에서 신경세포의 재생이 어떻게 일어나는지를 연구했다.[14] 그의 연구팀은 수컷 카나리아만 노래를 한다는 점에 착안해서 암컷 카나리아에 테스토스테론을 주입했다. 그러자 암컷들도 노래하기 시작했다. 노테봄은 체내에 테스토스테론이 존재하는 상태에서 노래를 배우자 새로운 신경세포가 형성된 것이라고 추론했다. 다음번 실험에서 그는 스티븐 골드버그Steven Goldberg와 함께 암컷 카나리아를 두 집단으로 나누어 한쪽에는 테스토스테론을, 다른 한쪽에는 특별한 생리적 영향이 없는 물질을 투여했다. 또한 세포증식 상태를 확인할 수 있도록 세포의 DNA에 표식을 남기는 방사성 물질도 함께 투여했다. 이 절차를 30일 동안 반복한 뒤 연구자들은 놀라운 결과를 발견했다. 두 카나리아 집단 모두가, 그러니까 테스토스테론이 아닌 다른 물질을 투여받아 노래를 하지 않은 집단도 신경세포의 수가 크게 늘었던 것이다. 이들은 마침내 다 자란 새의 뇌에서도 해마다 신경세포가 재생된다는 사실을 알아냈다. 테스토스테론과 노래를 배우는 행동은 신경세포 재생과 관련이 없었다.

이 밖의 많은 동물 대상 연구에서 성인기에도 뇌가 발달할 가능성이 증명되었다. 우선, 많은 연구자가 성장환경에 따라 뇌가 달라진다는 사실을 밝혀냈다. 복잡한 환경에서 키운 동물은 통제집단의 동물에 비해 뇌에 수상돌기 물질이 더 많았다[15](수상돌기는 신경세포의 한 부분으로, 자극을 신경세포체로 전달하는 역할을 한다). 또한 성인기에 복잡한 환경이 주어지면 대뇌피질의 두께가 바뀔 수 있다는 더욱 흥미로운 사실도 발견되었다.[16] 뇌 생리학·화학·해부학은 사람들이 예전에 생각했던 것만큼 절대적이지 않다. 늙는다는 것은 생리적으로 퇴화하는 돌이킬 수 없는 과정이라고들 전제하지만 실제로 어떤 종류의 정신작용은 뇌조직을 성장시킬 수 있다.

우리는 '노년기의 발달은 거기까지' 하는 식으로 자의적인 한계선을 긋지만 그 대부분은 과학적 근거가 전혀 없다. 우리의 노년기 삶은 다름 아닌 우리 자신이 가진 노년상과 그에 포함된 수백 가지의 작은 선입견에 따라 결정될 것이다. 이런 노년상을 바꾸기 위한 구체적인 전략을 살펴보기 전에 먼저 지난 세기의 두 인물이 보여주는 좀 더 긍정적인 노년상을 한번 보도록 하자.

영국의 전기 작가 리턴 스트레이치Lytton Strachey는 60대 후반의 빅토리아 여왕을 이렇게 묘사했다.

그다음 해는 그녀가 즉위한 지 50주년이 되는 해여서 6월에 성대하고 장엄한 기념식이 열렸다. 빅토리아 여왕은 고관들에 둘러싸인 채 화려한 왕족들을 대동하고 신께 감사드리기 위해 열광하는 군중으로 뒤덮인 수도를 가로질러 웨스트민스터 사원으로 향했다. (…) 여왕은 백성들의 어머니이자 제국의 위대함을 드러내는 살아 있는 상징으로서 환호를 받았다. 그리고 여왕은

국민들의 그 두 가지 정서에 열성을 다해 화답했다. 여왕은 알고 있었고 또 느끼고 있었다. 영국과 영국의 백성들은, 대단하면서도 매우 단순한 의미에서, 여왕의 것이었다. 환희·애정·감사·깊은 책임감·무한한 긍지, 이런 것들이 여왕이 느끼는 감정이었다. 그리고 이 감정들을 더욱 강하게 채색하는 한 가지 감정이 더 있었다. 마침내, 그 오랜 시간 뒤에, 행복이(아마도 단편적이고 또 막중한 부담이 따르겠지만 그럼에도 틀림없는 진정한 행복이) 빅토리아 여왕에게 다시 돌아온 것이다.[17]

대영제국을 다스리는 사람만 스트레이치가 묘사한 감정들을 느낄 수 있는 것은 아니다. 손자손녀들의 방문을 받은 노인의 마음속에도 유사한 감정이 일 수 있다.

월리엄 제임스가 임종을 앞둔 아버지에게 보낸 편지에도 노인에 대한 존경과 경탄의 시선이 담겨 있다. 앞에서 봤던 마인드세트들과는 크게 대조를 이룬다.

지난 며칠 동안 제 가슴이 얼마나 아버지에 대한 애정 어린 추억과 감정으로 가득 찼는지 말씀드리고 싶어서 이렇게 글을 씁니다(저는 제시간에 도착하지 못할지도 모르지만 이 글은 아버지께서 읽으실 수 있겠지요). 과거라는 불가사의한 심연(현재도 곧 그 아래로 떨어지겠지요) 속에서 저한테 아버지는 여전히 중심에 있는 인물입니다. 저의 지적 삶은 모두 아버지에게서 얻은 것입니다. 표현방식 때문에 충돌을 빚은 적도 많았지만, 그럼에도 저는 조화라는 것이 가능하다고, 우리 두 사람의 노력이 화합할 수 있을 거라고 믿습니다. 아버지가 저에게 주신 것은 헤아릴 수조차 없습니다. 아버지는 그만큼 일찍부터, 그만큼 강렬하게, 그만큼 한결같이 저에게 영향을 주셨습니다. 유고遺稿에 대해서는 염려하지 않으셔도 됩니다. 제가 잘 조처할 것이므로 아버지의 글이 사장되는 일은 없을 것입니다.

저희에 관해 말씀드리자면, 저희 부부는 이렇게 살아가야 하겠지요. 마치 피난처처럼 저희를 맞아주던 부모의 품이 없어진 탓에 어쩐지 무방비상태로 훌쩍 늙어버린 기분이 들겠지만, 저희가 함께 지닌 신성한 추억 안에서 서로를 꼭 붙잡고 말이지요. 저희는 서로에게, 또 앨리스에게 힘이 되어줄 것이고 아버지께서 저희에게 전해주신 빛을 자손들에게 전해주려 노력할 것입니다. 저희가 하늘의 부름을 받는 날이 왔을 때 저희 모두가, 아니면 적어도 몇 명이라도 아버지만큼 원숙한 사람이 되어 있기를 저는 기도합니다.[18]

왜 어떤 사람은 사려 깊게 늙고 다른 사람은 그러지 않는지 그 이유를 확실히 말하기는 어렵다. 또 노인을 경탄의 대상으로 보는 시각이 나이 드는 것에 대한 긍정적인 마인드세트나 마음챙김으로부터 나오는 것인지 아닌지도 알 수 없다. 하지만 우리는 한 가지는 분명히 알고 있다. 바로 위와 같은 본보기를 통해 우리 모두가 좀 더 행복하게 늙는 법을 배울 수 있다는 점 말이다.

나이가 맥락을 만나면: 시계 거꾸로 돌리기 연구

부정적인 선입견으로 인해 갖게 되는 노인의 이미지가 건강에 부정적인 영향을 주는 것이 사실이라면 선입견을 반대로 바꿔서 건강을 향상시킬 수는 없을까? 나는 하버드대 대학원생들과 함께 이 질문의 답을 얻기 위한 실험을 계획했다.[19] 우리는 노인 참가자들이 20년 전 당시의 심적 상태로 돌아가도록 유도한 뒤 그들의 몸도 좀 더 젊은 상태로 되돌아가는지 알아보고자 했다. 일종의 맥락 통제 실험이라 할 수 있는 시도였다. 한 집단의 남성 노인이 바뀐 시간 맥락에 들어가는 것과 신체적·심리적 평가를 받는 데 동의하고 우리의 실험에 참여해줬다. 이 노인들의 연령은 75~80세였는데, 우리는 이들이 55세 때의 심적 상태로 돌아가도록 유도할 계획이었다. 이런 시도가 처음으로 행해지는 만큼, 무엇이든 긍정적인 실험 결과가 나온다면 노년을 능력 상실로 향하는 일방통행로로 간주하는 현실에서 그 의미가 클 것이라 생각했다. 이 실험에서 생리적 변화를 입증할 수 있다면 심리적 요인이 인간의 노화와 발달에 영향을 준다는 사실이 확실해질 것이고, 또한 노화의 과정이 흔히 생각하는 것만큼 확정적이지 않다는 증거도 될 것이었다.

우리는 가설을 검증하기 위해 두 가지 실험을 하고 그 효과를 비교했다. 한 가지 실험에서는 참가자들을 심리적으로 20년 전의 자신이 되도록 유도했고, 다른 한 가지 실험에서는 20년 전의 과거에 단지 생각만 집중하도록 유도했다. 우리는 두 집단이 내용 면에서는 본질적으로 유사한 생각에 몰두할 수 있도록 계획을 세웠다. 두 집단은 실험 기간 동안 어떤 맥락 안에서 지내는가 하는 점에서만 차이가 있었기 때문에 실험 결과에 어떠한 차이가 있다면 그것은 맥락의 차이로 설명될 수 있었다.

실험집단에게는 20년 전 당시의 상황이 맥락으로 주어진 반면 통제집단에게 주어진 맥락은 현재였다. 이때 실험집단을 '맥락 안으로' 들어가게 한 뒤 그 상태에서 일상활동을 하게 만드는 것이 가장 어려운 점이었다.

우선 우리는 71세 이상의 남성 참가자를 모집한다는 신문 광고를 낸 뒤 자원자 중 어느 정도 건강한 사람들을 선별해 연구에 참가시켰다. 그런 다음 이들을 한 전원 휴양센터에 데려갈 준비를 했다. 우리는 그곳에서 소도구의 활용과 지시를 통해 참가자들이 과거로 돌아가도록, 또는 현재의 시점에서 과거를 돌아보도록 만들 계획이었다. 따라서 과거에 대한 모든 대화를 전자의 집단은 현재시제를 사용해서 하고, 후자의 집단은 과거시제로 할 예정이었다.

참가자들은 실험주간이 시작되기 전과 실험 5일째에 몇 가지 항목을 평가받았고, 일부 항목은 실험주간 동안 날마다 평가를 받았다. 우리가 평가한 것은 체력·지각·인지·미각·청력·시력 이었다. 각각의 측정 항목은 노인병 전문의들이 추천하는 '생물 학적 지표'를 반영하는 것들이었다(흥미로운 사실은 이 뛰어난 의사들이 노화의 확실한 지표는 없다고 말했다는 점이다[20]). 이 측정 항목에는 악력·위팔 사이 너비(팔을 몸에 붙이고 섰을 때 한 쪽 팔 끝에서 다른 쪽 팔 끝까지의 너비 – 옮긴이)·상완삼두근의 피 하지방 두께·손가락 길이·몸무게·키·걸음걸이·자세가 포함 되었다. 나안시력과 교정시력도 모두 측정했고, 다양한 미로 찾 기 문제에서 정답에 이르는 속도와 정확도도 측정했다. 또 10초 동안 그림을 보고 10초 뒤에 그 모양을 종이에 재현하는 시각기 억 검사도 실시했다. 마지막으로 각 참가자들은 SYMLOG System for Multiple Level Observation of Groups라는 가치관과 행동을 평가하기 위한 질문지에 응답했다.[21]

실험 참가자로 결정된 사람들에게는 사전에 안내문 꾸러미가 우송되었다. 안내문에는 실험 기간 동안의 생활에 대한 전반적 인 안내사항, 곧 각종 검사·식사·토의·그날그날의 저녁 활동· 기본 지시사항·각 참가자의 방이 표시된 휴양센터 평면도 등이

들어 있었고, 1959년 이후에 나온 잡지·신문·책·가족사진 같은 것을 가져오지 말라는 내용도 적혀 있었다. 또 우리는 사전에 참가자들에게서 받아둔 최근 사진과 20년 전의 사진 중 한쪽을 동봉했다. 이를테면 과거로 돌아갈 예정인 집단은 동료 참가자들의 20년 전 사진을 받았고 통제집단은 최근 사진을 받았다. 안내문에는 어떤 옷을 가져가야 좋은지에 관한 구체적인 제안 사항도 쓰여 있었다.

오리엔테이션 첫날에 참가자들은 일종의 자서전을 간략하게 썼다. 이때 지시사항은 다음과 같았다. "자서전을 쓰실 때 20년 전쯤의 자신의 모습(좋아하는 것·싫어하는 것·여가활동·일·인간관계·기쁜 일·걱정거리 등)을 반드시 넣으셔야 합니다. 되도록이면 1959년에 초점을 맞춰서 써주십시오. 정확하게 쓰셔야 한다는 점을 기억해주십시오. 그럼 이제 태어난 날부터 현재까지의 일을 시간 순으로 쓰기 시작하십시오." 두 집단은 똑같이 이 지시문을 받았다. 하지만 실험집단은 거기에 덧붙여 다음과 같은 지시를 받았다. "과거의 일을 쓰실 때 (그리고 말씀하실 때도) 현재시제를 사용하십시오. 여기서 말하는 '현재'라는 것은 1959년을 뜻합니다. 그러므로 1959년 뒤에 있었던 일은 쓰시면 안 됩니다." 우리는 실험을 시작하기 전에 이 지시사항의 중요성을 강조했다. 우리의 가장 중요한 전략이 바로 과거의 일을 현재시제로 말하게 하는 것이었기 때문이다.

실험 첫째 날 아침, 참가자들이 하버드대학교에 모였다. 우리는 그들을 서로에게 소개시킨 뒤 짧은 오리엔테이션 시간을 가졌다. 우리는 참가자들에게 이 과거 회상 연구의 목적 중 하나가 50대 후반의 사람들에 관한 정보를 모으는 것이며, 그보다 나이 많은 사람들로부터 그들 자신이 50대 후반에 어떤 경험을 했는지 들어보는 것이 이 연령집단에 관해 새로운 자료를 얻는 한 방법이라 생각한다고 말했다. 또 우리는 참가자들이 개인사를 떠올리는 데 도움이 되도록 비슷한 사람들을 모았다고 말했다.

몇몇 참가자가 생체계측을 받는 동안 나머지 참가자들은 사진을 찍었다. 또 우리는 참가자들이 한 사람씩 따로, 그리고 몇 번에 걸쳐 매번 다른 방에 들어가 다른 질문지를 집어오도록 지시한 뒤 그들이 방에 들어갈 때의 걸음걸이와 자세를 비디오로 녹화했다.

이 예비검사가 끝난 뒤에 우리는 참가자들을 모아놓고 마지막 오리엔테이션을 실시했다. 통제집단은 과거에 집중하라는 말을 다시 한번 들었다. 우리는 이들에게 과거에 집중할 수 있게 서로 도와줄 것을 당부했다. 또 우리는 지금 아주 풍광이 아름다운 곳으로 갈 것이며 그곳에서 하려는 토론과 그 밖의 활동이 그들에게 매우 긍정적인 효과를 가져다줄 것이라 믿고 있고, 그렇게 믿을 만한 근거도 있다고 말했다. 우리는 참가자들의 심리적 건강뿐만 아니라 신체적 건강도 좋아질 수 있다며 이렇게 말했다. "실제로 1959년 당시만큼 몸 상태가 좋아질 수도 있습니다!"

이에 비해서 실험집단에게는 과거를 알아내기 위해 단순히 회상에만 의존하기보다는 심리적으로 최대한 완전히 그 시기로 돌아가야 한다는 점을 강조했다. "따라서 우리는 매우 아름다운 휴양센터에 함께 가서 지금이 마치 1959년인 것처럼 생활하게 될 겁니다. 이 말은 곧 1959년 9월 이후에 일어난 일을 입에 올려서는 안 된다는 뜻입니다. 그렇게 생활할 수 있도록 서로 도와주셔야 합니다. 여러분이 하셔야 할 일은 '1959년인 것처럼 행동하는 것'이 아니라 1959년 당시의 여러분 자신이 되는 겁니다. 그런 점에서 쉽지 않은 일입니다만, 저희는 여러분이 이 일에 성공한다면 1959년 당시만큼 몸 상태가 좋아질 것이라 믿고 있고 또 그렇게 믿을 만한 충분한 근거가 있습니다." 참가자들은 그들이 하는 모든 활동과 대화에 지금이 1959년이라는 '사실'이 반영되어야 한다는 지시도 받았다. "처음에는 어려울 수도 있겠지만 빨리 몰입할수록 더 많은 재미를 느낄 수 있을 겁니다." 이 집단도 통제집단과 마찬가지로 실험에서 긍정적인 효과를 기대하게 되었다.

또한 모든 참가자는 미리 받은 사진을 이용해서 서로 인사를 나누라는 지시를 받았다. 따라서 실험집단은 20년 전 사진에 나온 사람을 동료 참가자들 중에서 찾아야 했다. 인사가 끝난 뒤에 실험집단은 승합차를 타고 휴양센터로 향했다. 우리는 이들에게 일단 출발하고 나면 그때부터는 1959년이라는 점을 상기시켰다. 당시의 분위기를 돋우기 위해 승합차의 '라디오'(실제로는 테이프)에서는 1959년에 유행했던 노래와 당시의 광고들이 흘러나왔다.

그다음 주에 통제집단이 휴양센터로 출발했는데, 이들은 승합차에서 실험 당시에 실제 방송되던 라디오 프로그램을 들었다.

휴양센터는 약 4만 제곱미터 규모로 나무가 울창한 완만한 구릉지대에 자리잡고 있었고, 큰길에서도 한참 떨어져 있어서 그 자체로 하나의 세계를 이루는 곳이었다. 참가자들의 인종적 배경이 다양했기 때문에 종교와 관련된 물건들은 휴양센터 건물 내에서 모두 치워졌고, 남은 것은 실험을 위한 무대장치뿐이었다. 우리는 실험집단을 위해 많은 소도구를 준비했는데, 그중에는 1959년도에 이번 실험 기간과 같은 주에 발행된 《라이프Life》나 《새터데이 이브닝 포스트The Saturday Evening Post》 같은 잡지도 있었다. 우리는 이 잡지들을 각 참가자의 방에 넣어두었다. 통제집단의 방에도 오래된 잡지가 비치되었지만, 여기에는 1959년도 그 주 호 외에도 다양한 연도의 잡지가 비치되었다.

그곳에서 참가자들의 하루는 기본적으로 두 번의 오전 토론과 점심식사, 오후 토론, 저녁식사, 자유시간, 그리고 우리가 미리 계획한 오락활동으로 이루어졌다. 토론의 주제들은 아주 구체적이었고, 사전교육을 받은 사회자가 토론을 이끌었다. 토론 시간에는 언제나 오래된 라디오(실험집단의 경우) 또는 새 라디오(통제집단의 경우)에서 나오는 1959년 당시에 관한 3분짜리 오디오테이프를 먼저 들은 뒤 토론을 시작했다. 참가자들은 전날 밤에 토론의 쟁점이 무엇인지를 들어 알고 있는 상태였다. 라디오 방송이 끝나면 사회자가 45분 동안 토론을 이끌었다. 실험집단은 토론할 때 현재시제를 사용해야 했던 반면 통제집단은 과거시제를 마음대로 사용할 수 있었다. 우리는 밤마다 오락시간에 다음 날 토론 주제와 관련된 내용을 소재로 삼은 활동을 준비해서 참가자들이 좀 더 쉽게 기억을 떠올리도록 했다.

첫째 날 저녁에는 1959년도의 유명한 영화인 〈살인의 해부 Anatomy of a Murder〉를 상영했다. 영화가 끝난 뒤에 참가자들은 다음 날 토론할 질문이 적힌 종이를 받았다. 질문은 이러했다. "1958년도 오스카상 후보작들 중에는 〈앤티 메임Auntie Mame〉과 〈뜨거운 양철지붕 위의 고양이Cat on a Hot Tin Roof〉가 있었습니다. 두 영화 중 어느 쪽이 더 좋았습니까? 그 이유는 무엇입니까?"

둘째 날 참가자들은 그 영화들을 주제로 토론했다. 그러고 나서 그날의 두 번째 토론이 시작되었는데, 주제는 스포츠였다. "다음 선수 중에서 누가 최고의 선수라고 생각하며, 그 이유는 무엇입니까? 빌 러셀, 조니 유니터스, 미키 맨틀, 월트 체임벌린, 플로이드 패터슨, 테드 윌리엄스, 프랭크 기퍼드, 밥 커시, 워런

스판, 모리스 리처드."

둘째 날 저녁에는 오래전 텔레비전 프로그램인 〈가격을 맞혀라!The Price Is Right!〉와 유사한 게임을 했다. 참가자들이 제시된 물건을 보고 1959년 당시의 가격을 말하는지 현재의 가격을 말하는지를 보기 위한 게임이었다. 셋째 날, 참가자들은 금전 문제에 관해 토론했다. 그날 오후에는 아이젠하워 대통령의 연설을 들은 뒤 정치에 관해 토론을 했다. 그날 밤 참가자들은 전문 연주자들의 라이브 공연을 즐겼고, 다음 날 오전에 음악에 관해 토론했다. 넷째 날 오후에 마지막 토론이 있었는데, 주제는 〈아이 러브 루시I love Lucy〉 〈허니무너스The Honeymooners〉 〈빌코 상사Sergeant Bilko〉와 같은 오래전 텔레비전 시트콤이었다.

넷째 날 오후와 마지막 날 오전에 참가자들은 신체적·심리적 검사를 모두 다시 받았다. 한 가지 검사가 추가되었는데, 1959년에 유명했던 사람들을 기억해내는 속도를 측정하는 검사였다. 우리는 참가자들에게 10장의 슬라이드를 하나씩 차례로 보여줬는데, 각 슬라이드에는 다음과 같은 유명인사의 얼굴이 담겨 있었다. 토머스 듀이, 필 실버스, 재키 글리슨, 그루초 막스, 엘비스 프레슬리, 니키타 흐루쇼프, 밀튼 벌, 에셀 머먼, 피델 카스트로, 더글러스 맥아더. 참가자는 슬라이드의 인물이 기억나는 즉시 반응시간 측정 버튼을 누르라는 지시를 받았다. 참가자가 10초가 지나도록 슬라이드의 인물을 기억해내지 못하는 경우에는 반응시간을 10초로 처리하고 다음 슬라이드로 넘어갔다. 참가자가 버튼을 누르면 우리는 그 인물이 누구인지 물어봤다. 결과에 대한 우리의 예상은 들어맞았다. 실험집단이 통제집단에 비해 이 인물들을 더 최근의 인물로 느꼈고, 따라서 더 빠르고 정확하게 과제를 수행했다.

마지막 날에는 실험 전에 촬영한 테이프와 비교하기 위해 참가자들의 걸음걸이와 자세를 비디오에 녹화했다. 실험주간 동안 계속 참가자들이 토론하는 모습도 녹화했는데, 그간의 변화, 곧 토론에 얼마나 적극적으로 참여하게 되었는지, 과거에 대해 현재시제로 말하기가 얼마나 편해졌는지를 보기 위해서였다. 식사시간도 녹화했다. 참가자들이 얼마나 많이 얼마나 맛있게 먹는지, 누가 차려주기를 기다리지 않고 스스로 알아서 가져다 먹는지, 식사를 마치고 뒷정리를 하는지 등을 보기 위해서였다.

실험의 결과는 두 가지로 나뉘었다. 첫째, 마지막 날 실시한 평가 중 몇몇 항목에서 실험집단과 통제집단 모두가 실험 전에 비해 확실히 향상되었음이 드러났다. 실험 전후의 이런 차이는 늙는다는 것을 심리적·신체적 쇠퇴와 연관시키곤 하는 현실과 대조를 이룬다는 점에서 주목할 만하다. 실험 기간 동안 맥락을 바꾼 것이 이런 결과를 가져온 것으로 보인다.

우선, 실험이 끝난 뒤 참가자들은 전반적으로 3년 정도 젊어 보였다. 평가자들이 실험 시작 무렵과 끝 무렵의 얼굴 사진을 평가했는데, 조명과 인화에 차이가 없는데도 실험이 끝날 무렵의 얼굴을 더 젊게 봤다. 또한 참가자들 모두가 청력이 좋아진 경향이 있었다. 두 집단 모두 실험 기간 후반으로 갈수록 기억 과제에서 높은 점수를 받음으로써 심리적 기능도 향상되었음이 증명되었다.

두 집단의 참가자 모두가 왕성한 식욕을 보였고 그 결과, 잘된 일일 수도 아닐 수도 있지만 어쨌든, 실험 기간 동안 체중이 평균 1.36킬로그램 늘었다. 위팔 사이 너비와 상완삼두근의 피하지방 두께도 증가했다(이것은 우리의 예상과 반대되는 결과였다. 우리는 일반적으로 사람이 젊을 때는 살이 덜 늘어지므로 참가자들의 이 수치가 감소할 것으로 예상했다). 악력 역시 두 집단이 꾸준히 증가했다. 실험 둘째 날 즈음에는 참가자들이 스스로 알아서 음식을 차려 먹고 식사가 끝난 뒤 뒷정리를 하는 모습을 보였다. 맨 처음에 이들이 우리를 만나러 왔을 때 친척들에게 의존하던 모습을 생각하면 아주 큰 변화였다. 모든 참가자는 휴양센터에 도착한 거의 직후부터 남의 도움을 받지 않고 움직였다.

노인들을 보통의 여행에 모시고 갔어도 이와 비슷한 변화가 일어났을지 모른다. 우리는 참가자들과 비교할 만한 '여행 중인' 노인 집단을 찾지 못했고, 우리의 결과에 영향을 끼친 다른 요인을 확인하기 위해 휴양센터에 또 다른 집단을 데려갈 여건도 아니었다. 따라서 이런 변화가 무엇 때문인지 딱 잘라 말하기는 어렵다. 두 집단의 참가자 모두가 집에서보다 더 잘 먹고 잘 잤다. 또 일반적으로 노인들이 받는 대우와 비교했을 때, 이들은 더 많은 존중을 받았고 더 많은 책임을 맡았다. 사실 첫 순간부터 이들은 이전에 경험하던 것과는 전혀 다른 상황으로 떠밀려 들어갔다. 통제집단이 휴양센터에 막 도착했을 때 하필 실험을 도와주던 박사와 박사후 과정 학생들이 장비를 가지러 어디론가 가고 없는 상태라 참가자들의 가방을 나를 사람이 아무도 없었다. 나는 그 가방 더미를 한 번 보고 참가자들을 한 번 본 다음 다시 가방 더미를 바라봤다. 혼자서 그 가방들을 다 옮길 엄두가 나지 않아서 나는 참가자들에게 짐을 조금씩 나눠서 방으로 옮기든지 그 자리에서 짐을 풀고 필요한 것만 조금씩 꺼내서 방으로 가져가라고 말했다. 어떻게 하기로 하든 간에 참가자들은 자기 짐 처리에 대한 책임을 맡은 것이었다. 과잉보호와 과잉친절에 익숙해진 그들에게 이것은 큰 변화였다.

가장 중요한 것은 이 노인들이 자신의 생활에 대해 큰 통제력을 행사하도록 격려받았다는 점일 것이다. 앞서 봤던 다른 연구들도 이 변인의 영향력이 실로 강력하다는 점을 시사했다.[22] 아마도 노인들에게 책임을 지웠다는 점이야말로 두 집단 모두에게서 노년기의 여러 가지 쇠퇴 양상을 역전시킨 큰 요인일 것이다.

이 연구에서 두 집단은 현저한 차이부터 암시적인 차이에 이르기까지 다양한 차이를 드러냈다. 관절 유연성과 손가락 길이 측정에서 실험집단은 통제집단에 비해 훨씬 큰 폭으로 점수가 상승했다. 실제로 실험집단의 3분의 1 이상이 손가락 길이가 늘어났고 나머지는 같은 길이를 유지한 데 반해 통제집단은 3분의 1이 손가락 길이가 줄어들었다. 앉은키도 실험집단이 통제집단보다 더 큰 폭으로 수치가 올랐다. 또한 실험집단은 체중이 더 많이 늘었고, 상완삼두근 피하지방 두께와 위팔 사이 너비 수치도 더 많이 증가했다. 손의 민첩성을 측정하기 위한 과제였던 미로 찾기에서도 두 집단이 큰 차이를 보였다. 실험집단의 참가자들은 손놀림이 더 민첩했을 뿐만 아니라 실험 후반으로 갈수록 틀리는 횟수가 감소했다. 반면 통제집단은 평균적으로 오류 횟수가 증가했다. 나안시력 검사에서도 실험집단은 오른쪽 눈의 시력이 향상된 데 비해 통제집단은 약간 나빠진 것으로 나타났다.

이런 신체적 변화와 더불어 심리검사상의 변화도 발견되었다. 가장 중요한 차이는 지능검사에서 드러났다. 여기에서도 통제집단은 실험 기간 동안 점수가 조금 하락한 데 반해 실험집단은 전반적으로 점수가 높아졌다. 실험집단에서는 절반 이상이 점수가 높아진 반면 통제집단에서는 4분의 1이 점수가 떨어졌다.

실험집단이 좋은 쪽으로만 변화한 것은 아니었다. 통제집단이 더 사교적이고 감정 표현을 잘하는 방향으로 변화한 데 반해 실험집단은 자신이 점점 더 비사교적으로 변했다고 스스로 평가했다(이것은 실험집단이 바뀐 시간 맥락에 집중하기 위해 통제 집단보다 더 많이 노력해야 했기 때문일 수도 있다).

모든 점을 종합해볼 때 이 실험의 결과는 인상적이다. 우리 대부분이 노화를 어떻게 바라보는가를 생각해본다면 말이다. 실험 참가자들은 성장과 발달이 멈추거나 내리막을 걷는다고 여겨지는 나이에 모든 종류의 변화를 보여줬고, 그 변화는 대부분 긍정적이었다.

최근에 나는 이 결과에 대해 좀 더 생각하다가 이 연구의 설계 자체가 나이에 대한 편견을 반영하는 것일 수도 있다는 사실을 깨달았다. 왜 75세인 사람이 다시 50대가 되고 싶어할 거라고 생각했을까? 40세인 사람은 자신이 쌓은 경험과 성숙한 정신을 소중히 여긴다. 그러므로 그가 20세의 자신으로 돌아가기 위해 자진해서 현재의 정체성을 버리지 않는다고 해도 충분히 이해할 수 있다. 이와 마찬가지로, 75세의 노인도 50대의 세계로 완전히 돌아가는 것은 내켜하지 않을 수도 있다. 50대의 건강과 힘은 좀 탐날 수 있겠지만 말이다.

그러나 우리의 연구는 사람의 마음을 20년 전으로 돌아가게 하면 신체 상태도 '되돌아갈' 수 있다는 가설뿐만 아니라 또 하나의 가설을 가지고 있었다. 그것은 이 신기한 실험에 참가하는 것 자체가 두 집단 모두에게 어느 정도의 마음챙김을 요구하지만 실험집단은 통제집단보다 더 복잡한 지시를 따라야 하므로 더 큰 마음챙김이 필요할 것이라는 가설이었다.

만약 실험집단이 더 마음챙김 활동을 했기 때문에 그런 실험 결과가 나온 것이라면 원칙적으로는 강도 높게 마음 쓰는 활동이라면 무엇이든 다 그런 결과를 낳았으리라고 추측할 수 있다 (베르디가 70대에 오페라를 작곡한 것도 그런 활동의 한 예다). 어쨌든 간에, 특히 앞서 논의한 이전 연구들 모두에 비춰볼 때, 중요한 것은 심리적 처치의 결과 객관적으로 측정한 '돌이킬 수 없는' 노화의 징후 중 일부가 바뀌었다는 사실이다.[23]

우리는 노인들에게서 '돌이킬 수 없는' 정해진 노화의 과정을 목격하지만, 사실 그것은 사람은 이러이러하게 늙어가게 되어 있다는 근거 없는 가정의 산물일지도 모른다. 우리가 이렇게 자신을 구속하는 마인드세트에서 벗어난다면 아마도 다가올 쇠락의 시간이 성장과 결실의 시간으로 바뀔 가능성이 훨씬 커질 것이다.

6장

마음챙김과
'창의적 불확실성'

Creative Uncertainty

이런 이야기가 있다. 두 남자가 기차를 타고 가고 있었다.

들판에 벌거벗은 양떼가 있는 것을 보고 한 사람이 말했다.

"저 양들은 바로 얼마 전에 털을 깎았군요."

다른 사람이 잠시 더 보고 나서 말했다.

"그렇게 보이네요……. 이쪽에서 보기에는요."

마음의 작용에 관해 할 말은 해야 한다는 것은

이런 신중한 자세에서 비롯된다.

_ 존 홀트, 《아이들은 어떻게 배우는가》

만약 1장에 나온 가로 90센티미터 세로 210센티미터의 나무 판을 찾던 부자가 처음부터 그냥 자기 집 문짝을 떼어냈다면 그 물건 찾기 경기를 보던 사람들은 이렇게 생각했을 것이다. "정말 창의적으로 해결했네!" 마음챙김 태도를 구성하는 특성 중 다수, 아니 어쩌면 전부가 창의적인 사람의 특성이다. 기존 마인드세트에 얽매이지 않는 사람(예를 들어 위에 나온 기차 안의 남자), 새로운 정보를 기꺼이 받아들이고 여러 가지 관점과 맥락을 시도하며 결과보다 과정에 집중할 수 있는 사람이라면 직업이 과학자든 예술가든 요리사든 상관없이 창의적일 가능성이 높다.

마음이 얽매이지 않으면 직관이 깨어난다

일반적으로 창의성을 논하는 경우에는 이런 마음챙김의 특성들이 다른 이름으로 언급된다. 직관을 예로 들어보자. 어떤 과학자가 지금 직관을 발휘하고 있다면 그는 지금 기존의 마인드세트와 범주에서 벗어난 상태거나 뜻밖의 결과가 지닌 의미에 주의를 기울이는 상태일 가능성이 매우 높다.

마음놓침을 먼저 살펴봄으로써 마음챙김을 좀 더 쉽게 이해할 수 있는 것과 마찬가지로, 직관은 이성적인 사고나 논리와 비교할 때 가장 쉽게 정의할 수 있다. 수학자 앙리 푸앵카레Henri Poincaré는 "증명은 논리를 통해 이루어지고 발견은 직관을 통해 이루어진다"라고 말했다.[1] 세상을 이성적으로 대할 때 우리는 과거에 형성된 범주를 토대로 세상을 불변하는 것으로 간주한다. 반면 직관을 사용할 때 우리는 세상을 끊임없이 변화하는 하나의 대상으로 파악한다.

개울을 묘사한다고 상상해보자. 흐르는 개울은 한순간도 같지 않다. 새로운 물이 계속해서 조금씩 흘러왔다 흘러간다. 그 개울은 시시각각 다른 개울이다. 개울에 대해 말하기 위해서는 그것의 변치 않는 측면을 찾아야 한다. 그 개울에 대해 뭔가 이성적인 사고활동을 하려면 그것을 변치 않는 것, 동일한 것으로 취급해야 한다. 언어와 이성적 활동은 모두 사물이 고정되어 있다는 전제를 깔고 있다. 사람은 이성적으로 행동하기 위해 과거에 형성된 범주를 사용한다. "어제 갔던 개울에서 만나자"처럼 말이다. 우리는 오늘 시점에서 그 개울이 흐르는 길을 지도에 그릴 수 있고, 그 개울의 어떤 지점에서 산성도를 측정할 수 있다. 그때마다 우리는 그것을 같은 개울로 취급한다. 그러나 화가나 작가라면 그 개울을 움직이지 않는 것으로 여기기보다 개울가에 앉아서 그것의 '개울다움'에 마음을 열고 개울의 역동적인 성질을 경험하는 쪽을 택할지 모른다. 이것이 창의적 접근 또는 직관적 접근으로서 기존의 범주와 이성적 사고라는 장애물을 피해가는 접근이다. 무용가 이사도라 던컨Isadora Duncan은 다음과 같은 말로 움직임과 변화라는 무용의 본질을 표현했다. "춤의 의미를 말로 설명할 수 있다면 굳이 춤을 출 이유가 없겠지요."[2]

직관을 통해 세상을 경험할 때 우리는 끊임없이 사물의 새로운 차이를 발견할 수 있다. 반면 전적으로 이성을 통해 세상을 이해할 때 기존의 마인드세트와 경직된 범주는 더욱 확고해진다. 예술가들은 우리와 같은 세상에 살지만 이런 마인드세트에 구속되지 않고 세상을 바라보기 때문에 우리에게 사물의 새로운 면을 보여준다. 나는 최근에 사진작가 조엘 메이어로위츠Joel Meyerowitz의 강연회에 갔는데, 놀랍게도 강연의 주제가 마음챙김에 관한 것이었다. 그가 마음챙김이라는 단어를 쓴 것은 아니지만 내가 듣기에 그는 마음을 열고 세상을 경험하는 법을 가르치고 있었다. 한 예로, 그는 바다에 관해 이야기하며 파도가 밀려 갈 때 그 물결 아래에서 빛이 부딪치는 모습을 묘사했다. 그 얘기를 들은 뒤 내가 가지고 있던 기존의 '파도'라는 범주는 수많은 새로운 인상으로 나뉘었다. 나중에 바닷가에 가서 보니 모든 종류의 파도, 파도를 구성하는 부분들, 파도의 다양한 형태가 새로이 눈에 들어왔다.

메이어로위츠는 그랜드 캐니언에 몰려드는 아마추어 사진가들 얘기도 했다. 아마추어 사진가들은 이 유명한 장소에 도착하기가 무섭게 '사진 찍기 좋은 곳'을 찾아 이리저리 헤맨다. 이들은 머릿속에 '그랜드 캐니언은 이러이러한 곳'이라는 확고한 이미지를 이미 갖고 있는 탓에 발밑에 펼쳐진 세계에 시선을 돌리지 못하고 마치 문제의 정답을 찾듯이 사진 찍기에 가장 좋은 장소만을 찾는다. 메이어로위츠는 청중에게 그런 장소는 없다고, 대신 무엇이든 자신에게 '의미 있는' 피사체를 찾아 찍으면 된다고 조언했다. 그는 사진을 넘어서 훨씬 많은 것에 적용할 수 있는 마음챙김 접근법을 권장한 셈이다.

과거에 보수적으로 형성한 틀 안에서 한 가지 대상이나 한 가지 방식만 염두에 둔 상태로는 직관을 발휘하기 어려울 뿐만 아니라 현재 자기 주변에서 일어나는 일들을 많은 부분 놓치고 만다. 만약 아르키메데스^Archimedes가 목욕하는 일 외에는 아무것도 신경 쓰지 않았다면 아마도 물의 변위를 발견하지 못했을 것이다. 우리가 잠시 동안만이라도 그 어떤 마인드세트에도 얽매이지 않을 때 세상을 더 깊고 선명하게 볼 가능성이 생긴다.

조화의 힘과 기쁨의 큰 힘에 의해
차분해진 눈으로
우리는 사물의 내면을 들여다본다.

워즈워스William Wordsworth의 〈틴턴 수도원Tintern Abbey〉에 나오는 이 구절에서 차분해진 눈은 직관과 마음챙김에 공통적으로 포함된 또 하나의 특성을 의미한다. 바로 두 가지 모두 비교적 노력이 필요치 않다는 점이다. 직관과 마음챙김은 우리가 일상생활 속에서 편협한 목표를 향해 분투하지 않을 때 얻어진다.

바흐Johann Sebastian Bach 역시 악상이 노력 없이 떠오르는 것이라고 말한 바 있다. 누군가가 곡조를 어떻게 생각해내느냐고 묻자 그는 이렇게 대답했다. "문제는 곡조를 생각해내는 것이 아닙니다. 문제는…… 아침에 잠에서 깨어 침대에서 일어날 때 그것을 밟고 지나가지 않는 겁니다."[3]

우리는 직관적인 상태 또는 마음챙김 상태일 때 머릿속에 새로운 곡조와 같은 새로운 정보를 받아들일 수 있다. 이런 새로운 정보는 완전히 뜻밖의 것일 수도 있고, 때에 따라서는 '이치에 맞지' 않을 수도 있다. 그것을 이성의 잣대로 평가하고 거부할 경우 중대한 메시지를 놓칠 수도 있다. 런던 대공습이 한창이던 1941년 가을에 처칠Winston Churchill은 종종 밤늦게 관용차를 타고 대공 포병부대를 시찰하러 다녔다고 한다. 어느 날 밤, 그가 시찰을 마치자 보좌관이 차의 뒷좌석 문을 열고 대기했다. 그런데 처칠은 이를 무시하고 차를 빙 돌아가서 반대편 문을 열고 올라탔다. 몇 분 뒤 폭탄이 떨어져 자동차가 한쪽으로 크게 기울었지만 다행히 전복되지는 않았다. "차가 뒤집히지 않은 건 내 몸이 그쪽을 누른 덕분일 거야"라고 처칠은 말했다. 아내가 그에게 왜 반대편 문을 택했는지 묻자 처칠은 이렇게 대답했다. "보좌관이 열어놓은 문으로 다가갈 때 무언가가 나에게 '멈춰!'라고 말했소. 다른 쪽 문을 열고 들어가서 앉으라는 의미로 들리더군. 그래서 그렇게 한 거요."[4]

이런 일화에서 나타나는 것이 직관(의식 수준에서는 거의 감지되지 않는 정보를 감지하는 것)인지 아니면 단순한 우연의 일치인지는 알 수 없다. 어느 쪽이 되었든 직관을 존중하고 설명할 수 없는 방식으로 다가오는 정보를 존중하는 것은 모든 창의적인 활동에서 중요한 요소다. "인간이 자신의 능력에 걸맞은 확신을 가지고 잠재력을 최대한 사용하고자 한다면 한 가지 방법만 있을 뿐 다른 대안은 없다. 그것은 바로 모든 탐구 영역, 곧 문학과 수학, 시와 언어학에서 직관적인 방법의 중요성과 힘을 깨닫는 것이다."[5]

불확실성에서 피어나는 창의력

1장에서 봤듯이 어떤 사실을 절대적인 진리라고 가르치면 마음놓침을 유발할 수 있다. 나는 여러 연구를 통해 희망적인 측면을 찾아봤다. 사실들을 조건부적인 방식으로 가르침으로써 창의성을 촉진할 수 있는가 하는 연구였다. 교육현장에서는 대부분 세상에 관한 '사실들'이 무조건적인 진리라고 제시한다. 그 '사실'을 어떤 맥락에서는 맞지만 다른 맥락에서는 그렇지 않은, 곧 개연성 높은 진술 정도로 보는 것이 더 나은 경우도 있는데 말이다. 이런 불확실성을 허용하면 어떤 일이 일어날까? 나중에 맥락이 바뀌면 그 불확실한 정보가 더 유용할까?

나는 앨리슨 파이퍼Alison Piper와 함께 이 질문의 답을 얻기 위해 몇 가지 실험을 했다.[6] 우리는 실험 참가자들에게 몇 가지 물건을 보여주면서 한 집단에게는 보통의 절대적인 방식으로, 다른 집단에게는 조건부적인 방식으로 각 물건을 소개했다. 예를 들면 이런 식이었다. 첫 번째 집단에게는 "이건 헤어드라이어입니다" "이건 코드 연장선입니다" "이건 강아지가 물고 노는 장난감입니다"라고 설명했다. 두 번째 집단에게는 "○○○입니다" 대신 "○○○일 수도 있습니다"라는 표현을 사용했다. 가령 "이건 헤어드라이어일 수도 있습니다"라는 식으로 말함으로써 어떤 상황에서는 그 물건이 다르게 보일 수도 있음을 암시한 것이다. 물건 소개가 모두 끝난 뒤에 우리는 참가자들에게 응답지를 나눠주었다. 그리고 응답지 작성 요령을 알려주는 과정에서 고의적으로 몇 가지를 잘못 말했다. 그런 뒤 우리는 참가자들에게 응답지가 잘못 작성되었는데 여분의 응답지가 없어 연구를 끝내지 못하게 되었다고 알렸다. 바꿔 말하면 우리의 실수를 바로잡기 위해 지우개가 급히 필요한 상황을 만든 것이다.

참가자들에게 보여줬던 강아지가 물고 노는 장난감은 생소한 모양의 깨끗한 고무조각이었으므로 지우개 대용으로 제격이었다. 하지만 이 장난감을 조건부적으로 소개받은 참가자들만이 이 장난감을 이런 참신한 방식으로 사용할 생각을 했다.

'이것은 ○○○일 수도 있다'라고 배울 때 사람들의 머릿속에서는 무슨 일이 일어나는 것일까? 정말로 조건부적으로 배우는 것일까, 아니면 '○○○일 수도 있다'는 의미를 '이게 뭔지 잘 모르겠지만 아마 ○○○인 것 같다'로 받아들이는 것일까? 신문을 읽다가 커피를 쏟아서 한 글자('거'일 수도 있고 '문'일 수도 있다)가 안 보인다고 생각해보라. 선택의 폭이 무한한가? 그렇지 않다. 만약 사람들의 머릿속에서 일어나는 일이 바로 이런 식이라면, 그러니까 참가자들이 그 물건의 정체에 대해 여전히 선입견을 가지고 있다면 결과적으로 우리의 실험은, 흥미롭다는 점에서는 변함이 없지만, 그 결과를 다르게 해석해야 할지도 모른다. 이 실험은 사람들이 대상을 불확실한 것으로 받아들일 때 더 창의적으로 문제를 해결한다는 것을 보여주었을 뿐 그런 불확실성이 유지될 수 있는지를 보여준 것은 아니다. 그러므로 이 실험이 장기적인 마음챙김을 촉진하는 한 가지 방법을 보여줬다고 단정 짓기는 어렵다. 이 점을 명확히 밝히기 위해 우리는 두 가지 중요한 요소를 추가해서 다시 비슷한 실험을 했다.

먼저, 대상을 조건부적으로 소개받는 집단과 절대적인 방식으로 소개받는 집단 외에 '일시적 조건부' 집단을 추가했다. 우리는 이 집단에게 "이게 뭔지 잘 모르겠지만 ○○○일 수도 있습니다"라면서 각 물건을 소개했다. 두 번째로, 제시된 물건들을 특이한 용도로 사용해야 하는 상황을 연출한 뒤에 또 다른 용도로 사용해야 하는 상황을 연출했다. 만약 사람들이 생소한 대상을 접할 때 정말로 조건부적인 방식으로 받아들인다면 그 대상에서 다양한 용도를 떠올릴 수 있을 것이라고 생각한 것이다. 예를 들어, 우리는 고무로 된 또 다른 물건인 변기 물탱크의 볼탭을 보여주고는 이것을 공으로, 그다음에는 지우개로 사용해야 하는 상황을 연출했다. "이게 뭔지 잘 모르겠지만 변기의 볼탭일 수도 있습니다"라고 소개받은 집단은 그 고무로 된 물건을 공으로 사용할 생각은 했지만 일단 공으로 보게 된 뒤에는 대다수 참가자가 그것을 절대적으로 공이라고 여겼다. 다시 말해 참가자들은 이 물건의 정체를 더 이상 조건부적으로 받아들이지 않았고, 그 결과 이 물건을 또 다른 참신한 방식으로 사용할 생각을 하지 못했다. 물론 절대적("○○○입니다") 집단도 마찬가지였다.

대상을 완전히 조건부적으로 소개받은 집단은 우리의 예상과 일치하는 결과를 보여줬다. 이 집단에서 두 번째 용도를 생각해 낸 사람은 다른 집단에 비해 두 배가 넘었다. 이 조건부적 집단은 사람이 물건의 용도를 정한다는 사실을 깨달은 듯했다. 물건의 용도라는 것이 그것을 쓰는 사람과 별개로 물건 자체에 내재되어 있는 것은 아니다. 물건을 제대로 사용하느냐 못하느냐는 그것을 어떤 맥락에서 사용하는지에 달려 있다(여담이지만 용도가 가격을 결정한다는 사실을 생각해보면 흥미롭다. 자투리 생가죽이나 고무조각이 '개가 씹는 장난감'이 되면 가격이 높아지는 것처럼 말이다).

이런 조건부적 학습방식과 우리가 평소에 배우는 방식을 비교해보라. 오렌지주스 병을 한 개 씻어서 안에 주스의 흔적이 없게 만든 뒤 겉에 색지를 붙이고 연필을 꽂았다고 치자. 어떤 사람에게는 이것이 연필꽂이로 사용되고 있는 오렌지주스 병으로 보일 것이다. 그러니까 여전히 오렌지주스 병인 것이다. 하지만 조건부적으로 사물을 받아들이는 훈련이 된 사람이라면 현재의 맥락에서 그것을 주스 병으로 보기보다는 연필꽂이로 볼 것이다. 또 내일은 꽃병으로 볼 수도 있을 것이다.

어떤 사람은 다른 사람들에 비해 불확실성을 더 당연하게 받아들일지도 모른다. 난독증이 있는 사람을 생각해보자. 이런 사람은 지각정보가 왜곡되는 일을 흔히 겪는다. 예를 들어 책에 나온 d가 정말로 d인지 아니면 b일 수도 있는지 확신하지 못하는 식이다. 이런 식으로 불확실성을 경험하는 사람이라면 세상을 덜 당연시하며 덜 고정적으로 취급할 가능성이 높다. 이것을 확인하기 위해 우리는 난독증 학생과 난독증이 없는 학생을 대상으로 앞서와 똑같은 조건부적/절대적 실험을 실시했다. 각 집단에서 절반의 참가자는 위에 나왔던 물건들을 조건부적으로 소개받았고 나머지 절반은 절대적 방식으로 소개받았다.

이번에도 역시 조건부적 집단이 절대적 집단에 비해 더 마음챙김 상태를 유지했고, 창의적인 반응을 보였다. 하지만 가장 흥미로운 발견은 명백하게 절대적인 학습상황에서도 난독증이 있는 참가자가 더 마음챙김 경향이 있었다는 점이다.[7] 물론 이 실험은 조건부적으로 가르치는 여러 방식 중 한 가지만을 증명했을 뿐이다.

테레사 애머빌Teresa Amabile은 한 유치원 어린이들을 대상으로 창의성 실험을 했다.[8] 애머빌은 이 아이들을 자기가 사용할 재료를 마음대로 고르는 집단과 연구자가 고른 재료를 사용하는 집단 중 하나에 무작위로 배정한 뒤 콜라주를 만들게 했다. 아이들이 콜라주를 다 만든 뒤에 누가 어느 집단인지 모르는 상태에서 평가자들이 평가를 했다. 그 결과 재료를 스스로 고른 아이들이 만든 콜라주가 더 창의적인 것으로 나타났다.

이 결과는 최소한 두 가지 이유로 설명할 수 있다. 먼저, 사람은 선택권이 있을 때 자신이 하는 일에 더 책임감을 느낀다. 선택권을 받은 아이들은 더 신경 써서 열심히 했을 가능성이 높다. 또한 재료를 고르며 비교를 하다 보면 창의적으로 차이를 구별할 수밖에 없다. 결과적으로 조건부적 시각, 곧 여러 가지 가능성이 있을 수 있다는 생각을 가지기 쉽다. 예를 들어 다른 사람이 한 가지 색을 정해줄 때보다 아이 자신이 두 색 중에서 하나를 고를 때 그 색으로 무엇을 할 수 있을지를 더 열심히 생각할 가능성이 높다. 이런 식으로 선택은 마음챙김을 촉진한다.

실제 교육현장에서는 단지 미술재료를 고르게 하는 수준을 넘어 훨씬 다양한 조건부적 방식으로 학생을 가르칠 수 있다. 우리는 일반적으로 아이들에게 "이건 펜이야" "이건 장미야" "이건 자동차야"라고 가르친다. 여기에는 펜을 펜으로 인식해야만 글씨 쓰는 데 사용할 수 있다는 전제가 깔려 있다. 여기에는 또한 아이가 '펜'이라는 범주를 형성하는 것이 아이 자신에게 유용하다는 생각이 깔려 있다. 하지만 다른 식으로 한번 생각해보자. 만약 아이에게 "이건 펜일 수도 있어"라고 가르치면 어떻게 될까? 이 조건부적 진술은 보기에는 단순하지만 아이에게 "이건 펜이야"라고 말하는 것과는 근본적으로 다르다. "이건 드라이버일 수도 있어, 이건 포크일 수도 있어, 이건 침대 시트일 수도 있어, 이건 돋보기일 수도 있어"와 같이 아이에게 평범한 집기들을 조건부적 방식으로 소개하면 어떻게 될까? 이 아이가 무인도에서 살아남기에 더 적합한 사람(침대 시트를 포크와 드라이버로 땅에 고정시켜 텐트를 만들고 그 옆에다 돋보기로 모닥불을 피울 수 있는 사람)이 될 것인가? 또 애초에 "가족은 엄마하고 아빠하고 아이야"라고 배운 아이와 "가족은 ○○○일 수도 있어"라고 배운 아이가 있다고 하자. 나중에 부모가 이혼했을 때 어느 쪽이 더 타격을 받을까?

어떤 이는 아이들에게 세상을 조건부적으로 가르치면 자신 없고 불안해하는 사람이 될 것이라고 주장할지 모른다. 이런 생각은 그릇된 비교에서 나온 것일 수 있다. 만약 이 세상이 변화가 없이 고정된 곳이라면 확고하게 가르치는 것이 조건부적으로 가르치는 것보다 더 나을 것이다. 하지만 올바른 비교를 하려면 '사실들'이 조건부적일 때 절대적인 것을 가르치는 경우와 조건부적으로 가르치는 경우, 이 두 가지를 놓고 비교해야 한다. "상황에 따라 이럴 수도 저럴 수도 있다"라고 배운 아이는 자라서 자신 없고 불안해하는 어른이 될 것인가, 아니면 사실들을 절대적이라고 배운 사람에 비해 변화하는 세상에서 더 자신감 있는 사람이 될 것인가?

나는 어릴 적부터 참치 샐러드를 먹어왔다. 그런데 뉴욕의 중산층이었던 나는 20대가 되기 전까지는 '참치'가 수많은 생선 중 '참치'라는 이름이 붙은 한 가지 생선이라는 생각을 한 번도 해본 적이 없다. 처음에 참치 대신 다른 생선을 썼다면 지금 전갱이 샐러드나 황새치 샐러드를 먹을 수도 있다는 생각을 한 번도 하지 않은 것이다. 전갱이가 참치의 자리를 차지했더라면 누가 나에게 "전갱이로 무슨 요리를 만들 수 있어요?"라고 물었을 때 당연히 전갱이 샐러드를 떠올렸을 것이다. 하지만 나는 생선 샐러드에는 당연히 참치가 들어가는 것으로 여기고 있었기 때문에 다른 생선으로 만든 생선 샐러드를 처음 접했을 때 충격을 받았고, 참치가 단지 수많은 생선 중 한 가지라는 사실을 진작 깨닫지 못한 내 자신이 한심하게 느껴졌다. 또한 이 경험으로 마인드세트의 위력을 인식하게 되었다. 생활 속의 아주 소소하고 평범한 일에서조차 우리는 어렸을 때 배운 무조건적인 방식의 틀에 갇혀 있다.

우리는 의문을 품을 기회를 가지기도 전에 규칙을 습득한다. '감기에는 많이 먹고 열병에는 음식을 삼가라'가 맞는가, '감기에는 음식을 삼가고 열병에는 많이 먹어라'가 맞는가? 나 역시 몇 번인가 이 문제를 두고 사람들과 격론을 벌였는데, 그때 이 말이 어디에서 비롯된 것인지, 최근 의학계에서는 이 문제에 대해 뭐라고 하는지를 염두에 두는 사람은 아무도 없었다. 만약 당신이 무언가를 절대적인 것으로 배웠다면, 그것은 반드시 절대적으로 옳아야 한다(이 경우에서는 두 가지 말이 다 맞을 수도 있다. 그 말이 본래 의미한 것이 '감기에 잘 먹는 게 좋다면 열병에는 음식을 삼가야 좋을 것이다' 또는 '감기에 굶는 게 좋다면 열병에는 잘 먹어야 좋을 것이다'라면 말이다).

1961년에 행해진 창의력과 지능의 차이에 대한 한 유명한 연구를 보면 창의력과 어렸을 때 경험한 불확실성의 정도 사이에 흥미로운 연관성을 발견할 수 있다. 제이콥 겟젤스Jacob Getzels와 필립 잭슨Philip Jackson은 어린 학생들에게 통상적인 IQ검사와 더불어 '창의력' 측정을 위해 고안한 검사를 실시했다.[9] 이 창의력 검사는 다음의 다섯 가지 능력을 측정했다. (1) 단어 연상: 제시된 일상적인 단어에 대해 최대한 많은 정의를 내리기, (2) 사물의 다양한 용도 생각해내기. 예를 들어 벽돌을 얼마나 여러 가지로 사용할 수 있는가 하는 문제에 대해 발을 덥히는 도구, 무기, 문진, 건축 자재, 디딤대, 책꽂이 재료, 지렛대 받침, 붉은 가루의 원료 등으로 대답하는 것, (3) 복잡한 기하학적 도형 속에 숨어 있는 다른 도형들 찾아내기, (4) 이야기 완성: 제시된 네 개의 우화 각각에 대해 '교훈적인' '익살맞은' '슬픈' 결말 만들기, (5) 문제 만들기: 주어진 문장 안에 들어 있는 정보를 가지고 풀 수 있는 산수문제 최대한 많이 만들기. 그러고 나서 대답의 수, 참신성, 다양성을 기준으로 이 다섯 가지 과제의 점수를 매겼다.

검사가 끝난 뒤 겟젤스와 잭슨은 '창의력' 검사에서 최고 점수를 받은 아이들과 IQ검사에서 최고 점수를 받은 아이들의 가

정환경을 비교했다. 그 결과 IQ가 높은 아동 집단은 그 부모가 학력이 더 높은 경향이 있었다. 이 집단의 어머니들은 자기 자신을 묘사할 때 더 틀에 박힌 모습을 보였는데, 그 내용을 보면 이들이 계급의식이 훨씬 더 높고 재정상태와 안전에 대해서도 더 관심이 많은 것으로 나타났다. 우리가 논의하고 있는 마음챙김의 견지에서 보면 이 어머니들은 더 경직된 마인드세트를 가진 듯했다. 반면 창의성이 뛰어난 집단의 어머니들은 자기 가족을 더 포괄적/정서적인 표현을 써서 서술했고, 좀 더 완곡하게 묘사했으며, 자신이 어렸을 때 실제로 가정형편이 어땠든 간에 재정문제로 걱정을 덜 한 것으로 보였다. 창의성과 조건부적 학습이라는 우리의 논의와 관련해서 특히 흥미로웠던 것은 이 창의성이 뛰어난 집단의 어머니들이 자녀양육 문제에서 불확실한 태도를 더 많이 보였다는 점이다.

겟젤스와 잭슨의 연구는 문화적 규범 및 제도(가족·학교·직장 등)에 대한 순응도와 IQ검사로 측정한 지능 사이에 연관성이 있음을 시사한다. 남보다 더 창의적인 학생들은 관습에 따르지 않는 것을 상대적으로 허용하는 가정에서 자란 듯했다. 창의성 점수가 가장 높은 학생 중 일부는 실제로 남들 눈에 불순응자로 비치는 아이들이었다.

우리는 대학에 들어가서 처음으로 조건부적 교육을 접한다. '사실'만이 아니라 이론·모형·가설도 배우게 되는 것이다. 이론·모형·가설 같은 것들은 적어도 정의상으로는, 그리고 적어도 그 시점에서는 그것이 조건부적이라는 의미가 내재되어 있고 형식에서도 불확실성을 전제한다. 물론 이 중 일부는 나중에 법칙으로 인정받기도 한다. 하지만 우리가 밝혀낸 바에 따르면, 어떤 이론적 모형을 절대적인 것으로 제시할 경우 학생들은 그것을 절대적인 것으로 받아들이고 이후로도 계속 그 모형을 경직되게 적용하기 쉽다.

1986년에 제니퍼 조스Jennifer Joss와 나는 이론적 모형을 절대적/조건부적 표현을 써서 제시하는 것이 학생들에게 어떤 영향을 주는지 실험을 통해 알아봤다.[10] 우리는 하버드대학교와 스탠퍼드대학교의 학부생들에게 도시 개발에 관한 글을 나눠주고 읽게 했다. 도시의 근린 주거지역이 어떻게 발달되어가는지에 초점을 맞춘 글이었다. 학생들은 세 집단 중 하나에 무작위로 배정된 상태였고 어느 집단이냐에 따라 다음 세 가지 중 한 가지 글을 받았다. (1) 절대적인 표현을 사용한 글, (2) 'ㅇㅇㅇ일 수도 있다'나 'ㅇㅇㅇ일지도 모른다'와 같은 조건부적인 표현을 사용한 글, (3) 절대적인 표현을 쓰되 도시 근린 주거지역의 발전에 관한 '가능성 있는 한 가지 모형'으로서 제시된 글.

모든 실험 참가자는 글을 다 읽은 뒤 그 글에 딸린 문제들을 풀라는 지시를 받았다. 이 테스트의 첫 부분은 세 집단이 똑같은 정보를 습득했는지 확인하기 위한 문제로 구성되었다. 나중에 실험 결과에서 집단 간 차이가 나타났을 때 그것이 정보의 내용이 아니라 정보의 처리방식에서 비롯한 것이라고 확신하기 위해서였다. 테스트의 나머지 문항은 그 글에 나온 정보를 사용하는 능력을 측정하는 질문들이었다. 여기서도 역시 절대적인 표현을 사용한 글을 받은 집단이 정보를 창의적으로 사용하는 능력이 떨어지는 것으로 나타났다. 이들은 우리가 꾸며낸 사례가 그 모형에 전혀 들어맞지 않는다는 것을 알아차리지 못했다. 세 번째 집단('가능성 있는 한 가지 모형'이므로 글의 내용은 확연히 조건부적이지만 표현은 절대적인 글을 받은 집단)조차도 두 번째 집단에 비해 그 정보를 임의로 잘 사용하지 못했다.[11]

무조건적/절대적 교육방식이 학생들의 창의력을 위축시키는 상황은 대다수 교과서에 의해 한층 더 악화된다. 과학 연구에서는 개연성 있는 진술만을 내놓을 뿐 절대적 사실을 내놓지는 않는다. 그런데도 교과서에서는 이런 확률론적 자료와 특정 상황일 때만 참인 정보를 마치 상황과 관계없이 늘 확실한 사실인 것처럼 소개한다. 하버드대학교의 고생물학자이자 저술가인 스티븐 제이 굴드Stephen Jay Gould는 이런 현상을 "텍스트 간 상호복제"라고 부르며 비판한다.[12] 그는 한 흥미로운 글에서 말의 시조격인 에오히푸스를 폭스테리어에 비유하는 관행이 어디에서 비롯되었는지 추적한다. 19세기에서 20세기로 넘어가던 무렵에(이때 폭스테리어가 큰 인기였다) 발견된 화석들은 이 원시 말이 폭스테리어와 크기가 비슷했음을 시사했다. 그 뒤로 이 비유는 거듭 사용되었고, 지금까지도 교과서에서 사용되고 있다. 이 비유가 여러 곳에 나올수록 사람들이 이 비유를 무조건적인 사실로 받아들이기 쉽다(생각해보면 모든 사람이 참이라고 알고 있는 것에 대해 어떻게 논쟁을 벌일 수 있겠는가?). 현재 일부 고생물학자들은 이 작은 원시 말이 22킬로그램이 넘었을 것으로 믿고 있는데, 그렇다면 몸무게가 그 절반도 되지 않는 테리어를 사용한 이 유서 깊은 비유는 시대에 뒤떨어졌을 뿐만 아니라 신중하지 못한 것일지도 모른다(물론 22킬로그램 역시 추정치일 뿐이라는 점을 잊어서는 안 된다).

구별과 유추: 맥락을 초월하는 능력

'창의성'과 '마음챙김'은 그것을 바라보는 방향이 다를 뿐 비슷한 정신활동을 의미하는 것일지도 모른다. 따라서 둘 사이의 유사점을 찾자면 끝이 없을 것이다. 특히 다음 장에서부터 직장, 편견에 대한 이해, 건강과 치유 영역에서 마음챙김 연구의 가치를 논의할 때 이 둘의 유사점을 분명히 볼 수 있을 것이다.

창의성을 연구하는 사람들은 오래전부터 분석과 종합이라는 두 가지 사고활동을 구별했다. 때로는 '나는 생각한다'라는 뜻의 라틴어 코기토^{cogito}를 분석한다는 의미로, '나는 이해한다'라는 뜻의 인텔리고^{intelligo}를 대상의 본질을 꿰뚫어본다는 의미로 보고 둘을 대조하기도 한다.[13] 길퍼드$^{J.\ P.\ Guilford}$는 이와 비슷한 구분을 사용해서 창의성에 관련된 정신능력들을 검증했다.[14] 그는 사람에게 기존의 정보로부터 새로운 정보를 생성해내는 능력('발산적 산출' 능력)과 더불어 생각을 '재정의' 또는 '변형'하는 능력이 있다고 봤다.

좀 더 간단하게 생각해보자. 우리는 사물을 보고 그것들이 어떻게 다른지 물을 수도 있고(구별을 지을 수도 있고) 그것들이 어떻게 같은지 물을 수도 있다(유사성을 찾을 수도 있다). 전자의 접근은 새로운 범주의 생성을 낳고 후자의 접근은 대개 맥락 전환이 따른다. 두 가지 모두 앞에서 마음챙김 활동으로 간주했던 것들이다. 사물의 차이를 새로이 구별하는 일이 창의적인 활동이라는 점에 대해서는 앞에서 자세히 논의했다. 유추^{analogy}를 통해 사고하는 것도 똑같이 마음챙김과 창의성 양쪽 모두에 중요하다.

유사성을 보는 능력은 지능을 평가하려는 사람들에게 오래전부터 관심의 대상이었다. 예를 들어 미국의 특정 분야의 대학원에서는 지원자에게 밀러유추검사$^{Miller\ Analogies\ Test}$라는 검사를 받게 한다. 이 검사에는 다음과 같은 다지선다형 문제가 포함되어 있다.

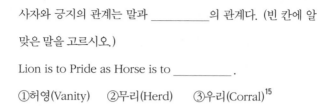

사자와 궁지의 관계는 말과 _____의 관계다. (빈 칸에 알
맞은 말을 고르시오.)

Lion is to Pride as Horse is to _____ .

①허영(Vanity)　②무리(Herd)　③우리(Corral)[15]

　대상 간의 유사성을 찾는다는 것은 한 맥락에서 배운 개념을
다른 맥락에 적용하는 것이다. 그런 정신작용은 그 자체로 마음
챙김에 해당한다. 어떤 건물(예를 들어 병원 건물)과 다른 건물
(예를 들어 호텔 건물)의 유사성을 볼 수 있는 건축가는 복잡한
요구를 더 잘 수용하는 설계도를 생각해낼 수 있다. 유사성을 찾
는 데 주의하며 의도적으로 은유를 섞다 보면 새로운 통찰을 얻
을 수도 있다. 예를 들어 사람·직업·종교들을 각 범주 안에서,
그리고 범주 간에 비교를 해보면 비교의 두 측면 모두를 더 잘
이해할 수 있다. 피터는 도서관과 어떤 면에서 비슷한가? 도서
관은 기차와 어떤 면에서 비슷한가? 기차와 식당은 어떤 면에서
비슷한가?[16]

　장 피아제Jean Piaget는 어린이의 시간·운동·속도 개념에 대한
자신의 연구가 아인슈타인의 상대성이론에서 영감을 얻은 것이
라고 쓴 바 있다. "언젠가 아인슈타인은 우리가 그 문제를 심리
학적 관점에서 연구해야 하며, 그럼으로써 시간과는 별개로 속
도에 대한 직관적 통찰이 존재하는지를 밝혀내야 한다고 제안했

다." 물리학자 제럴드 홀턴Gerald Holton의 말을 빌리면, 아인슈타인의 수많은 공헌 중 하나는 "아예 다른 학문 영역에 속했더라도 그 못지않게 탁월한 누군가가 상상력을 발휘하면 더 많이 응용하고 변형할 수 있는" 개념들을 만들어냈다는 점이다.[17]

이렇게 맥락을 초월하는 능력이야말로 마음챙김의 핵심이자 모든 영역에서 창의성의 중심이다.

7장

직장인을 위한
마음챙김

Mindfulness on the Job

최고의 성취는 일과 놀이의 경계를 허무는 것이다.

__ 아널드 토인비

맥락을 전환하는 능력은 예술가나 물리학자에게만 가치 있는 것이 아니라 관리자나 생산직 직원에게도 똑같이 중요할지 모른다. 기존의 범주, 낡은 마인드세트에 매여 있으면 피로·갈등·번아웃증후군, 이 모든 것이 야기될 수 있다. 실제로 앞서 살펴본 마음챙김의 거의 모든 이점을 일터에서도 누릴 수 있다. 마음챙김은 고용주와 피고용자 모두에게서 똑같이 유연성·생산성·혁신·리더십·만족도를 향상시킬 수 있다. 우리 대부분은 거의 하루 종일, 거의 한 주 내내 직장으로 이동하거나 일하거나 일에 대해 걱정하거나 일을 계획하며 지낸다. 따라서 마음챙김을 일터에 적용하는 것은 특히 유익한 일이라 할 수 있다.

돌발상황을 기꺼이 맞이하는 마음

고대 인도의 격언 중에 '아직 발생하지 않은 위험을 피하라'라는 권고가 있다. 문제가 생겼을 때 조기경고 신호를 알아차릴 수 있으려면 늘 새로운 정보, 그리고 미묘한 궤도 이탈에 주의를 기울여야 한다. 1장에서 소개한 사무실 실험에서 우리는 "이것을 즉시 247호실로 반납해주시기 바랍니다"라고만 적힌 회람문을 돌렸다. 그 회람문을 받은 사람의 대부분은 그 내용의 불합리함을 알아차리지 못했다. 그들이 날마다 보는 회람문과 거의 모든 면에서 비슷했으므로 무심코 반납했을 뿐이다. 이 결과는 처음에 작은 변화를 알아차리지 못하면 그것이 어떻게 큰 문제를 불러올 수 있는지 보여준다. 사람이 열린 마음일 때에는 문제가 심각하고 위험한 지경에 이르기 전에 미리 알아차리기 쉽다. 그것이 살짝 돌아간 핵발전소의 계기판 다이얼이든 하버드 경영대학원의 시어도어 레빗Theodore Levitt이 말하는 '진부화의 조짐'[1]을 암시하는 징후든 간에, 변화의 초기 신호는 곧 경고신호이자 동시에 (마음이 열려 있는 사람에게는) 기회다.

일터에는 생산성을 저해하는 예기치 못한 걸림돌이 가득하다. 하지만 사려 깊은 관리자나 직원에게는 이것이 걸림돌이 아니라 일의 한 요소가 된다. 이런 사람은 예기치 못한 상황을 기존 절차로부터 불길하게 이탈한 것으로 보기보다는 일이 진행되는 과정의 일부로 보기 때문에 걸림돌로 인해 방해받지 않는다. 평소에 네 사람이 '필요한' 일인데 오늘 세 사람만 출근한 상황이라든지 늘 작업에 사용하던 장비 하나가 이번 주에 고장난 상황을 생각해보자. 그 부서의 직원들이 기존의 마인드세트에 갇혀 있다면 작업은 긴급히 중단될 것이다. 반면 현재지향적인 열린 마음을 가진 직원이라면 그 작업을 재평가해서 세 사람이 하는 일 또는 지금 있는 장비로 하는 일로 조정할 것이다. 불확실성을 용납할 수 있고 애초에 작업방식이 완고하게 굳어져 있지 않은 경우라면 습관적인 작업방식에서 이탈하더라도 그리 큰 문제는 생기지 않을 것이다. 이런 경우 '이탈'은 단지 현재 상황의 한 요소일 뿐이기 때문이다.

세컨드 윈드: 맥락을 바꾸는 기술

2장에서 쿨리지 효과의 예를 통해 봤듯이 피로와 소모감을 경험하는 시점이 꼭 정해져 있는 것은 아니다. 정신적·신체적 탈진은 많은 부분 선입견에 의해 결정된다. 다시 말해 우리의 에너지가 언제 다 떨어질지는 우리 자신이 가진 확고한 기대에 따라 정해진다.

이미 1928년에 심리학자 어니타 카스텐Anita Karsten이 이 문제를 연구한 바 있다.[2] 카스텐은 처음에는 기분 좋지만 반복하다 보면 아무 느낌이 없거나 불편한 기분이 드는 상황을 만들고 사람들의 반응을 보고자 했다. 이를 위해 카스텐은 실험 참가자에게 과제를 주되 피곤해지면 언제든 그만둘 수 있다고 말함으로써 '절반만 자유로운 상황'을 만들었다. 참가자들은 지겹다고 느껴질 때까지 과제를 계속하도록 지시받았다. 과제는 두 종류였다. 한 가지는 그림 그리기처럼 끝이 정해져 있지 않은 일이었고 다른 한 가지는 짧은 시를 반복해서 읽기처럼 금방 끝나지만 반복되는 일이었다(체스처럼 시간이 오래 걸리지만 끝이 있는 과제는 사용되지 않았다).

각 과제를 받은 참가자들은 지칠 때까지 과제를 계속했다. 그런 뒤, 연구자가 맥락을 바꿨다. 예를 들어 참가자들이 그림을 그리다 지쳐서 그만두면 연구자는 그들에게 페이지를 한 장 넘겨서 좀 전에 그린 마지막 그림을 얼마나 빨리 다시 그릴 수 있는지 보여달라고 했다. 그러자 이 '완전히 탈진한' 참가자들은 새로운 맥락에서 아무 어려움 없이 그 그림을 재현했다. 또 다른 참가자는 ababab…를 질릴 때까지 쓰는 과제를 받았다. 그가 과제를 그만두었을 때는 정신적·신체적으로 탈진한 데다가 손이 얼얼해서 한 글자도 더 쓰지 못할 것 같은 상태였다. 하지만 바로 그때 연구자가 그에게 다른 일에 필요하니 이름과 주소를 적어달라고 말하자 그는 아주 쉽게 그것을 적었다. 그가 피곤한 척한 것은 아니었다. 그보다는 맥락의 변화로 인해 새롭게 원기를 되찾은 것으로 보였다.

소리 내어 시를 읽던 참가자들은 얼마 뒤 목이 쉬었다. 하지만 카스텐에게 그 과제가 너무 싫다고 불평할 때 그들의 목소리는 정상이었다. 빗금 긋는 과제를 받은 또 다른 참가자 역시 너무 피로해서 팔도 들지 못하겠다고 주장했지만 무심코 팔을 들어 머리를 다듬는 모습을 보였다.

새로운 맥락에서 새로운 에너지가 생기는 현상은 '세컨드 윈드second wind' 현상으로 알려져 있는데, 그 예는 일상생활에서 쉽게 볼 수 있다. 한 젊은 학자가 책 원고 쓰랴 한시도 가만있지 않는 두 살배기 딸 돌보랴 정신없이 하루를 보냈다고 생각해보자. 그의 아내가 퇴근해 집에 와서 보니 남편이 손 하나 까딱할 수 없을 만큼 녹초가 되어 있다. 그런데 바로 그때 그의 친구가 전화해서 같이 농구를 하겠느냐고 묻는다. 남편은 벌떡 일어나 네 시간 동안 농구를 하러 나간다.

위의 각 사례에서는 누군가 다른 사람, 이를테면 연구자나 친구가 맥락 전환을 이끌자 피로에 대한 마인드세트가 해제되었다. 마음챙김이 생활화된 사람은 그런 현상을 의도적으로 이용해 스스로 새로운 에너지를 얻는다. 종류가 다른 문서 업무들을 번갈아가며 한다든지 작업환경을 바꾼다든지 잠시 짬을 내어 조깅이나 전화를 하는 것이 모두 피로에 대한 마인드세트를 떨쳐냄으로써 숨어 있는 에너지를 깨우는 방법이다(마음챙김은 사람을 지치게 하지 않는, 그 자체로 아주 신나는 활동이다). 자발적이고 자율적인 직원은 알아서 스스로 맥락을 전환할 수 있고, 마음챙김이 몸에 밴 관리자는 다른 사람들을 위해 그런 환경을 만들 수 있다. 이때 관리자가 주의해야 할 것은 업무량을 늘리지 않는 범위 내에서 맥락 전환을 시도해야 한다는 점이다.

피로를 불러오는 또 다른 마인드세트가 있다. 바로 우리가 과제를 어떻게 정의하는가 하는 것이다. 어떤 새로운 일을 시작할 때 우리는 머릿속에 그 일의 시작과 중간, 끝을 그린다. 그리고 초반에는 대부분 정력적으로, 마음챙김 상태로 일을 수행한다. 중간 단계가 되면 무심하게 수행할 수도, 마음챙김을 유지하며 수행할 수도 있다. 만약 일을 마음챙김 상태로 수행하고 있다면, 그것은 곧 그 일을 하며 새로운 구별짓기를 하고 있다는 의미다. 이런 경우 우리는 자신과 일이 분리되어 있다고 느끼지 않는다. 우리가 과정에 관여하고 있고 새로운 구별짓기가 이루어지는 한, 그 일은 힘들이지 않고 할 수 있는 일로 보일 것이다. 반면 일을 기계적으로 하고 있다면, 그것은 곧 기존의 마인드세트에 의지하고 있다는 의미다. 이런 경우 일이 끝나가면서 우리는 대개 결과에 온 신경을 집중하는 동시에 피로가 몰려올 것을 예상한다. 결과를 가늠해보면서, 우리는 이제 일이 자신과 분리되어 있다고 느낀다. 일이 막바지에 이르면 예상했던 대로 피로가 몰려온다. 일의 막바지 단계에 대해 머릿속으로 미리 이런 그림을 그려놓고 그 맥락에 자신을 집어넣으니 피로를 피할 수 없는 것이다. 이 시점에 도달하기 전에 맥락을 바꾼다면 피로를 방지할 수 있을지 모른다. 물론 단순히 어떤 변화를 시도한다고 해서 꼭 그런 결과가 나오지는 않을 것이다. 중요한 점은 그 변화를 새로운 맥락으로서 경험해야 한다는 것이다. 예를 들어 새로운 운동을 시작한다 하더라도 그것을 여전히 운동으로 여긴다면 나중에 피로가 오리라는 생각은 그대로 남아 있을 것이다.

심리학자 재니스 켈리Janice Kelly와 조지프 맥그래스Joseph McGrath는 실험 참가자들에게 시간 압박이 심한 상황과 시간 압박이 전혀 없는 상황에서 다양한 과제를 수행하게 하는 실험을 했다. 일부 참가자는 급하게 수행해야 하는 과제를 먼저 한 뒤 여유롭게 할 수 있는 과제를 받았고, 일부는 그 반대 순서로 과제를 받았다. 실험 결과 참가자들이 첫 번째 과제에 맞추어 선입견을 형성한 것으로 나타났다. 참가자들은 더 이상 시간 압박이 없는 상황에서도 여전히 시간에 쫓기듯이 과제를 수행하면서 불필요하게 피로를 느꼈다.[3]

혁신으로 가는 길: 관점의 재구성

이전 장들에서 봤듯이 맥락을 바꾸면 새로운 에너지뿐 아니라 상상력과 창의력도 깨어난다. 문제해결과 관련해서 이 현상을 말할 때 흔히 '관점 바꾸기'라 부른다. 최근 한 젊은 음악가와 이야기를 나누다가 그가 번번이 곡을 어느 정도 쓰다가 끝맺음을 하지 못해 오랫동안 괴로워했다는 말을 들었다. 그는 자신이 작곡가로서 실격이라고 느꼈지만 '문제'를 재구성한 뒤에는 그런 기분에서 벗어났다. 자기 자신을 곡을 끝맺지 못하는 작곡가로 보는 대신 새로운 선율을 만드는 데 뛰어난 작곡가로 보게 된 것이다. 그 뒤로 그는 세부 작곡 기술이 뛰어난 사람과 팀을 이루었고, 현재 수많은 곡을 발표하고 있다.

맥락 바꾸기는 혁신으로 가는 여러 길 중 하나일 뿐이다. 새로운 범주 만들기, 다양한 관점 시도하기, 과정에 집중하기, 이 모든 방법이 문제에 대한 참신한 접근법을 발견할 가능성을 증가시킨다. 관리자가 불확실성을 관대하게 받아들일 수 있다면 이 또한 고무적이다. 관리자가 일상적인 작업방식으로부터 일탈을 용인할 때 창의적인 직원들이 빛을 발할 수 있다. 오로지 생산물을 더 잘 만드는 것만이 중요하다는 압박이 없다면 이들은 새롭고 더 좋은 생산물을 만들 방법을 찾을지 모른다.

상상력을 발휘해서 '외부인'을 이용하는 것도 위에서 언급한

각 유형의 마음챙김 증진에 도움이 된다.[4] 전 사원이 여성인 회사의 '청일점' 직원, 위원회의 청소년 위원, 시각장애가 있는 퇴직자, 이런 사람들이 새로운 아이디어를 제시할 수도 있다. 외부 고문도 같은 역할을 할 수 있다. 회사에 외부인을 영입하는 것은, 그 사람이 어떤 사람인지와 상관없이 그 자체로 중요한 문제 제기가 계속 이루어지게 하는 효과가 있을 수 있다. 어떤 나라의 사람들이 당연하게 생각하는 것이 외국인의 눈에는 당연하지 않게 보일 수 있는 것과 마찬가지로 회사에 영입된 외부인은 그 회사의 직원들이 불합리한 전통이나 비생산적인 통념을 따르고 있다는 사실을 알아차리기 쉽다. 정해진 방식으로 일하는 데 익숙하지 않을 때에는 그 방식을 당연하게 여길 수 없고, 따라서 마음챙김이 촉진된다.

로저 피셔Roger Fisher와 윌리엄 유리William Urey는《Yes를 이끌어 내는 협상법Getting to Yes》이라는 책에서 다양한 분야의 외부인이 제시할 만한 관점을 협상자 자신의 머릿속에서 생성하는 방법을 제안했다. "지금 당신이 사업 계약을 위해 협상하는 중이라면 은행가나 발명가, 노조 간부, 부동산 투기꾼, 주식 중개인, 경제학자, 세금 전문가, 또는 사회주의자가 떠올릴 법한 선택지를 생각해내도록 하라."[5] 다양한 관점에 대한 개방성은 마음챙김의 기본 특성이라고 할 수 있는데, 이는 기업에서 직원들의 직무 또는 진로의 전환을 장려하는 정책을 뒷받침한다. 만일 그 전환이 같은 분야 안에서 이루어진다면, 신선한 관점을 갖게 되면서 얻는 이득이 낯선 전문용어를 익혀야 한다는 어려움을 넘어설 것이다. 예들 들어 예술사학자가 시각심리학자가 된 경우(또는 거꾸로 시각심리학자가 예술사학자가 된 경우), 그 사람은 "삼차원인 물체가 어떻게 이차원으로 표현되는가?"라는 질문에 조금 다른 답을 내놓을 수 있을 것이다.

제품을 디자인할 때 매우 중요한 것이 있다. 그 산업에 대한 마인드세트로부터 거리를 두어야 한다는 것이다. 휠체어를 만드는 한 회사를 예로 들어보자. 고령인구가 증가하고 있으므로 이 회사의 사업도 성장해야 마땅하다. 안경이 필요한 사람이 생기듯이 휠체어가 필요한 사람도 생긴다. 그런데 안경과 달리 휠체어는 수십 년간 똑같은 모양을 유지하고 있다. 휠체어가 그렇게 병원 분위기를 풍기는 기분 나쁜 모양을 유지하는 것은 습관 외에는 다른 이유가 없다. 요즘 들어서야 디자이너들이 휠체어를 경주용 차나 레저용 탈것, 화려한 색으로 꾸민 편안하고 유쾌한 이동수단 등으로 보기 시작했다. 8년 전에 한 요양원의 자문을 맡았을 때 나는 그 요양원 노인들에게 자신의 휠체어를 더 멋지게, 또는 편리하게 꾸미도록 했다. 그 프로젝트 이후에 휠체어라는 단어는 그곳 사람들에게 이전과 다른 뉘앙스를 띠는 듯했다. 최근 '와일드캣' '파머3' '터보'라는 디자인이 세련된 휠체어 광고를 봤는데, 이 제품들은 휠체어를 탄다는 것의 의미를 재정의하고 있다.

앞에서도 지적했듯이 업무에 대해 지나치게 편협한 상을 가지고 있으면 혁신이 일어나기 어렵다. 대다수 휠체어 제조업자들은 자신의 일이 장애인이나 병원과 관련된 일이라는 마인드세트를 가지고 있다. 이런 마인드세트에서 벗어나려면 자신을 운송업계나 레저업계에 속해 있다고 보는 것도 한 방법이다. '근시안적 마케팅'('생각 없는 마케팅'이라 해석해도 무방할 것이다)이라는 표현으로 유명한 시어도어 레빗은 시대를 따라가지못하는 마인드세트에 대해 그야말로 신랄한 예시를 생각해냈다. 바로 '마차용 채찍 제조업'. 어떤 이는 자동차가 등장한 이상 아무리 제품 혁신에 힘을 기울였어도 그 산업이 쇠퇴하는 것을 막지 못했을 것이라 주장할 수도 있지만, 그 산업이 스스로를 새로이 정의했더라면 몰락의 길을 걷지 않았을지도 모른다. "그 산업이 스스로를 운송수단의 촉매를 제조하는 산업으로만 정의했더라도 팬벨트나 공기정화기 같은 것을 만드는 업체가 되어 살아남았을 것이다."[6]

경쟁 대상을 편협하게 정의한다는 것은 곧 제품에 대해 편협한 마인드세트를 가지고 있음을 의미한다. 예를 들어 소규모 은행들은 그 지역 내에서 예금을 받고 대출을 하는 것이 자신의 역할이라 여기며 다른 소규모 은행들을 경쟁자로 삼는다. 그에 비해 씨티은행 같은 은행은 자신의 기능을 '정보 처리 활동'으로

봄으로써 훨씬 강한 경쟁력을 가질 수 있었다. 이와 비슷하게 로열 타자기나 레밍턴 타자기, 스미스 코로나 타자기 제조업체들은 서로 상대방만을 주시했기 때문에 진짜 경쟁자를 발견하지 못했다. IBM이 전동식 타자기를 개발해 그들을 경쟁에서 몰아낼 채비를 하고 있었던 것이다. 완전히 새로운 개념의 이 타자기는 나중에 워드 프로세서와 개인용 컴퓨터에게 자리를 물려주기 전까지 전동 타자기의 시대를 이끌었다.

편협한 정의로부터 벗어나는 한 가지 방법은 행위자와 관찰자의 시각 차이를 고려하는 것이다. 한 가지 좋은 예로 정부에서 돈을 받는 기관이나 연구자들을 들 수 있다. 매 회계연도가 끝나갈 즈음이면 이들은 남은 예산을 정부에 반납하기보다는 어떻게든 써버리려 애쓴다. 필요하지도 않은 일에 남은 돈을 낭비하는 것이다. 납세자의 관점에서 보자면 참 불합리한 일이다. 그 돈을 반납해서 다른 곳에서 쓰게 하지 왜 허투루 써버리는 것인가? 거기에는 이유가 있다. 그 기관에서 돈을 다 쓰지 않으면 다음 회계연도 예산이 삭감된다는 것이다. "작년에 그 사람들한테 그만큼의 돈이 필요 없었으니까 아마 올해도 그럴 거야"라고 말하는 알뜰한 관리가 있을 수도 있는 일이다. 사정이 이렇다 보니 기관들로서는 미래의 예산을 보전하기 위해 돈을 낭비할 수밖에 없다. 여기에 대해 내 제자였던 오토 브로트릭^{Otto Brodtrick}이 캐나다 정부기관에서 회계감사를 맡았던 경험을 기초로 영리한 해결책을 내놓았다. 그 해결책이란 예산을 받는 쪽의 관점을 참작하는 것이다. 만약 어떤 기관의 예산을 지난 연도 예산에다가 남은 돈의 절반을 합친 액수로 책정한다면 기관과 정부 모두에게 이득이 될 것이다. 예를 들어 그 기관이 10,000달러를 받아서 8,000달러만 사용했다면 내년에는 10,000달러에다가 남긴 돈의 절반(1,000달러)을 합쳐 총 11,000달러를 받는 것이다. 또 그 이듬해에 11,000달러 중에서 10,000달러만 쓴다면 그 이듬해에는 11,500달러를 받을 것이다. 미래의 예산도 확보되고 지출도 합리적으로 이루어지니 양쪽 모두에게 이득인 결과를 낳는다. 이렇게 미래에 더 많은 예산이 보장되는 상황이라면 기관이나 연구자들은 필요하지도 않은 일에 돈을 낭비하기보다는 기꺼이 반납하는 쪽을 택할 것이다.

불확실성을 허용하는 리더십

직원들의 행동은 틀에 박힌 것이든 혁신적인 것이든 간에 리더의 관리방식과 무관하지 않다. 혁신과 진취성을 이끌어내는 관리자의 덕목에는 여러 가지가 있지만, 그중 가장 중요한 것은 불확실성에 대한 허용일지도 모른다. 리더가 어떤 일이 성공할 것이라고는 확신하되 그 일을 하는 최선의 방법이 무엇인가에 대해서는 확신하지 않을 때, 직원들이 창의성과 자율성을 더 발휘하기 쉽다. 이렇게 자신감은 있되 불확실성을 허용하는 리더 밑에서 일할 때 우리는 모르면서 아는 척하거나 실수를 감추는 등 회사에 큰 손실을 입힐 수 있는 행동을 덜 하게 된다. 대신 '부장님도 확실하게 모른다면 나도 가끔 틀려도 되지 않을까?'라고 생각하기 쉽고, 따라서 위험을 감수하는 데 부담을 덜 느낄 것이다. 업무환경이 이런 분위기일 때 직원들이 업무절차나 제품에 대한 유익한 변화를 제안할 가능성이 커진다. 불확실성을 허용하면 더 많은 정보 탐색이 이루어지고, 정보가 많을수록 선택의 여지가 더 많이 생길 수 있다.

나는 하버드 대학원생이었던 데브라 헤퍼넌Debra Heffernan과 함께 불확실성이 조직 내에서 어떤 효과를 내는지 알아보기 위한 연구를 했다.[7] 우리는 연구대상으로 삼은 조직의 관리자들에게 그들이 날마다 내리는 결정 중에서 확실한 정답이 있는 것이 몇 개나 되는지 물어봄으로써 그들의 불확실성 수준을 평가했다. 또 그들의 대체적인 자신감 수준도 평가했다. 직원들이 응답한 설문 자료를 토대로 직장 내에서의 관리자와 직원들의 관계도 평가했다. 그 결과 직원들은 자신감은 있되 상대적으로 불확실성을 드러내는 관리자들이 독립적인 판단과 전반적인 자율권을 더 많이 허용하는 것으로 평가하고 있음을 알 수 있었다.

아무래도 똑똑하고 아는 것이 많아 보이는 사람이 관리자가 되는 경향이 있다. 그래서 직원들은 상사가 정답을 안다고 여기기 쉽고 또 그로 인해 질문이나 문제를 제기하기가 겁이 난다. 만약 관리자가 확실성은 무모한 것이라는 자신의 견해를 분명히 밝힌다면 직원 처지에서는 불확실한 것을 물어보기가 훨씬 편할 것이다. 질문은 관리자에게 많은 정보를 제공한다. 더 나아가 관리자가 이런 질문에 대답하기 위해 직원들에게서 정보를 구한다면 관리자와 직원 모두가 더 창의적이고 혁신적으로 사고하게 될 것이다.

역설적으로 들리겠지만 일은 확신을 가지고 마음놓침 상태에서 해도 완수하는 경우가 종종 있는 반면, 놀이는 거의 언제나 마음챙김 상태에서 하는 활동이다. 사람들은 놀이를 할 때 완전히 몰두하고 위험도 감수한다. 놀이가 틀에 박힌 방식으로 진행된다고 상상해보라. 당연히 놀이에서 재미를 느끼지 못할 것이다. 놀이에서는 어느 정도의 위험을 감수하지 못할 이유가 없다. 사실 위험이 없다면 한 단계 앞으로 나아가더라도 기쁨을 느끼지 못한다. 아무 생각 없이 스키를 타거나 승마를 한다고 상상해보라. 극장에 가서 늘 보던 연극을 참신하다는 느낌 전혀 없이 또 본다고 상상해보라. 이미 해봐서 답을 모두 알고 있는 십자말풀이를 한다고 상상해보라. 우리가 놀이를 할 때 더 대담해지는 이유는 그렇게 해도 안전하다고 느끼기 때문이다. 놀이를 할 때 우리는 자신을 평가하지 않는다. 놀이를 진지하게 받아들이는 경우도 있지만, 그렇다 해도 우리가 진지하게 받아들이는 것은 놀이 자체지 우리 자신이 아니다. 그렇지 않다면 그것은 진정한 놀이가 아니다. 결국 일터에서 마음챙김을 촉진하기 위해서는 업무 분위기를 바꿔야 함을 알 수 있다. 마치 놀이에서처럼 이런저런 아이디어를 시도해볼 수 있고 질문이 권장되는 업무 분위기, '주사위 눈이 운 나쁘게 나와도' 해고되지 않는 업무 분위기로 말이다.

많은 관리자가 쉬운 답이 없는 문제에 부딪혔을 때 불안해한다. 누군가가 어떤 방침의 이론적 근거에 의문을 제기하면 이들은 우리 모두가 어렸을 때 배운 진부한 대답을 내놓는다. "그냥 하라는 대로 해." 또한 다음과 같은 대답에서도 조직에서 아주 익숙한 마인드세트가 드러난다. "너도나도 그렇게 하겠다고 하면 어떻게 되겠어?" 아마도 수많은 혁신적인 아이디어가 이런 생각 때문에 묻혀버렸을 것이다. 직원 중 단 몇 명만이 무언가를 (그것이 무엇이든) 하고 싶어하는 것이라면 그게 뭐 그리 회사에 영향을 주겠는가? 만약 모두가 그 무언가를 하고 싶어한다면 그것은 반드시 해야 하는 일일 것이다. 예전에 어떤 요양원의 자문을 맡은 적이 있는데, 한 할머니가 식당에서 저녁을 먹는 대신 간이부엌에서 땅콩버터 샌드위치를 만들어 먹고 싶어했다. 원장의 대답은 이러했다. "다른 사람도 다 그렇게 하고 싶어하면 어떻게 합니까?" 하지만 생각해보라. 모두가 그러길 원한다면,

그래서 할머니들에게 원하는 일을 하도록 허락한다면 요양원 측에서는 식비의 상당 부분을 절약할 수 있을 것이다. 적어도 주방장에게 유용한 정보는 됐을 것이다.

어쩌다가 한 번씩만 절차 이탈이 발생한다면 그것을 묵인해줘야 할까? 직원들이 만장일치로 무언가를 원한다면 그 요구에 맞춰 새 방침을 도입해야 할까? 이런 질문은 어느 조직에서나 중요하다. "너도나도 다 그렇게 하려고 하면 어떻게 하지?"라든가 "지금까지 그렇게 한 적이 한 번도 없는데"와 같은 대답은 혁신의 기회를 차버리는 것이다.

확실성과 과학적 증거를 매우 중요시하는 곳이 학계다. 불확실성을 인정할 필요가 있다는 점은 잘 인식하고 있으면서도 불확실성에 맹렬히 저항하는 일은 이곳에서도 비일비재하다. 언젠가 우수교수상 심사위원회 모임에 늦은 적이 있다. 들어가보니 동료 교수들이 '해결 불가능한' 도덕적 딜레마에 빠져 당황해하고 있었다. 그 상의 후보가 다섯 명인데 각 후보에 대한 추천서가 3~5통밖에 되지 않는다는 것이 문제였다. 근거자료가 그렇게 적은데 어떻게 합리적인 결정을 내릴 수 있겠는가? 처음에는 이런 의문이 합당해 보였다. 하지만 위원들이 추천서 모으는 일을 담당한 직원을 심하다 싶을 정도로 나무라는 모습을 보고 나는 그 문제에 대해 다시 생각하게 되었다. 위원들은 마치 그 직원이 절대적인 불문율을 위반이라도 한 양 죄인 취급을 했다. 3~5통의 추천서로 심사하면 자의적인 심사가 될 것이 분명했다. 따라서 우리 모두는 정보가 더 많아야 한다는 데 동의했다. 하지만 대체 '더 많은 정보'란 무엇을 말하는가? 무엇이 학생들을 잘 가르쳤다는 결정적 증거가 되는가? 추천서는 지금 그 강의를 듣는 학생들한테서 받아야 하는가, 아니면 학기말 마지막 강의를 막 들은 학생한테서 받아야 하는가? 충분히 잘 가르쳤다면 그 강의는 학기가 끝난 뒤에도 학생들에게 영향을 끼칠 것이다. 그렇다면 그 강의를 2년 전에 들은 사람들한테서 추천서를 받아야 하는가? 아니면 5년 전에 들은 사람한테서? 또 우수한 학생들한테서 받아야 하는가, 아니면 성적이 나쁜 학생들한테서 받아야 하는가? 아니면 학생 모두에게서 받아야 하는가? 이 중 어느 방법을 택하더라도 나름대로의 합리적 근거를 댈 수 있을 것이다. 그런데 학생들한테서만 추천서를 받아도 되는 것인가? 학생을 가르칠 때 무엇이 중요한지 잘 아는 사람은 동료 교수들이다. 그렇다면 학생 반 교수 반이나 학생 대 교수 비율을 1 대 2로 하는 조합은 어떨까?

다음번 회의가 열렸을 때 나는 추천서의 종류와 분량에 대한 기준을 '충분한 정보'에 근거해서 결정하기는 불가능하므로 이대로 진행해서 올해의 상을 수여하고 올해의 경험을 토대로 자의적이지만 명료한 규칙을 만들 것을 제안했다. 학계든 기업이든 간에 위원회에서 서류를 산더미처럼 쌓아놓고 확실성을 찾아

끝없이 헤매는 것보다는 자의적인 규칙을 적용하는 편이 일의 진행에 도움이 될 때가 많다. 그리고 이때 결정한 규칙 역시 그 시점에서 위원들이 동의한 사항일 뿐 절대적인 규칙이 아니라는 사실을 기억한다면 상황이 바뀌었을 때 더 흔쾌히, 그리고 그 규칙을 만든 사람들을 공격하지 않고도 규칙을 바꿀 수 있을 것이다. 규칙은 방향을 제시하는 것이어야지 지시하는 것이서는 안 된다.

리더십에는 자신감과 불확실성이라는 덕목 외에도 카리스마라는 잘 알려져 있지만 정의하기 어려운 덕목이 필요하다. 카리스마가 있는 지도자에게는 말로 설명하기 힘든 매력이 있다. 그래서 지도자는 만들어지는 것이 아니라 타고나는 것이라고들 믿는 건지도 모른다. 하버드 경영대학원의 존 스비오클라John Sviokla 와 함께 진행한 최근 연구에서 나는 카리스마의 여러 측면 중 불확실성 및 마음챙김과 관련이 있을 법한 측면을 밝히려 시도했다.[8]

우리는 먼저 무대라는 상황에서의 카리스마를 살펴보기로 했다. 이를 위해 하버드대학교 인근에서 〈진지함의 중요성〉〈미스 줄리〉〈베니스의 상인〉 등의 연극을 공연하던 배우들을 무작위로 두 집단에 배정했다. 그리고 나서 한 집단에게는 극중 인물의 성격을 훼손하지 않는 범위 내에서 최대한 참신한 방식으로 배역을 연기하도록 지시했다. 다른 집단은 되도록이면 대본대로 연기하라는 지시를 받았다. 연극이 끝난 뒤에 우리는 관객들에게 간단한 질문지를 나눠주고 배우들의 카리스마를 평가하게 했다. 물론 관객은 우리가 배우에게 그런 지시를 준 것을 몰랐다. 질문지를 분석한 결과, 관객들은 참신한 연기를 하도록 지시받은 배우들이 더 카리스마 있다고 평가했다.

이 현상을 다른 상황에서 더 심도 있게 조사하기 위해서 우리는 백과사전 외판원들에게 앞서와 비슷한 지시를 내렸다. 한 집단은 새 고객에게 접근할 때마다 마치 그 고객이 자신의 첫 고객인 것처럼 대하라는 지시를 받았다. 그들이 '대본'에서 완전히 벗어나지는 못했지만 그래도 고객에게 접근하는 방식에 미묘한 변화는 있었다. 다른 집단은 최대한 한결같은 태도로 고객에게 접근하라는 지시를 받았다. 실험 결과 고객들은 첫 번째 집단이 훨씬 더 카리스마 있다고 느낀 것으로 나타났다. 신기한 것은 고객들의 눈에 이 첫 번째 집단이 자기가 파는 상품에 대해 더 잘아는 것으로 비쳤다는 점이다. 상품에 관한 지식에서는 두 집단 사이에 차이가 없었는데도 말이다. 그들은 더 융통성 있게 각 고객에게 접근했고, 판매전략도 더 큰 효과를 거두었다. 일정 수준의 열린 마음을 지니면 카리스마뿐만 아니라 설득력도 증가되는 듯하다.

번아웃증후군과 통제감의 회복

번아웃증후군은 병원 응급실에서 기업에 이르기까지 다양한 일터에서 생겨나는 문제다. 이 번아웃증후군을 부추기는 요인 중 하나가 바로 마음놓침이다. 경직된 마인드세트·편협한 시각·낡은 범주에 의존하기·결과지향주의, 이 모든 요인이 사람을 소진시킨다. 뒤집어 말하면 맥락과 마인드세트를 바꾸거나 과정에 집중하면 새로운 에너지가 생길 수 있다.

새로운 일터는 사람을 활기차게 만든다. 새로운 것을 배우고 새로운 영역을 설계하는 재미와 흥분이 있기 때문이다. 하지만 그 일에 익숙해질수록 열정과 에너지는 식어간다. 번아웃증후군은 다음 두 가지 상황이 일터를 지배할 때 생겨난다. 불확실성이 사라져 업무에서 새로운 것이나 애매한 것이 없는 상황, 그리고 업무 부담 때문에 직원들이 통제감을 잃는 상황이 그것이다. 게다가 그 조직이 매사에 경직된 규칙을 적용하는 곳이라면 직원 처지에서는 어떤 문제가 생겼을 때 그것을 극복할 수 없는 문제로 느낄 것이다. 창의적으로 문제를 해결하기에는 위험부담이 너무 크기 때문이다. '우리는 늘 이렇게 해왔다'는 식의 마인드세트를 가진 관료적 조직에서 일하는 사람이라면 번아웃증후군이 전혀 생소하지 않을 것이다.

의료기관은 한 번의 실수가 환자의 생명을 위협할 수도 있는 곳인 만큼 위에 나온 상황들이 더 뚜렷하게 드러난다. 데브라 헤퍼넌과 나는 매사추세츠주에 있는 스티븐스 홀 요양원에서 직원들의 번아웃증후군을 방지해보고자 했다.[9] 우리는 직원들에게 마음챙김을 촉진하기 위해 불확실성과 통제력이라는 개념을 소개했다. 그리고 그들이 환자를 간호하는 데 지침으로 사용하는 '사실'들이 실제로는 개연성이 있을 뿐 확실한 사실이 아님을 설명했다. 우리는 거듭 모임을 가지며 그들에게 어떻게 그렇게 요양원 방침의 이론적 근거를 확신할 수 있는지 의문을 제기했다. 우리는 특히 그들이 가진 마인드세트가 어떻게 그곳 노인들의 의존성을 유도하고 통제력을 빼앗는지에 관심을 가졌다. 그 요양원에 사는 시각장애 노인의 경우가 한 예였다. 그 할아버지는 담배를 피우고 싶어했는데, 직원들 처지에서는 이것이 달갑지 않았다. 직원들은 그 할아버지가 불을 내지 않도록 누군가가 옆에서 지켜보아야 한다고 생각했고, 이는 할 일이 늘어나는 것을 의미했기 때문이다. 이들이 그때까지 사용한 해결책은 그 할아버지에게 하루에 두 개비씩만 피우게 하는 것이었다. 하지만 다른 사람의 도움이 없으면 그 할아버지가 담배를 피울 수 없다고 어떻게 확신할 수 있는가? 또 어떤 할머니는 몸이 불편해서 머리를 빗기 힘들어했다. 그래서 늘 직원이 머리를 빗겨줬는데, 그럼으로써 그는 할머니가 혼자서는 그 일을 할 수 없다는 메시지를 무의식중에 전한 셈이었다. 더 극적인 사례는 식당에 가야 한다는 것을 잊어버리는 할머니였다. 직원들은 이 할머니가 굶지 않도록 자신들이 식당까지 모셔다드려야 한다고 생각했다. 안 하면 안 될 것 같은 이런 일들이 계속 늘어나는 상황이었고, 그로 인해 직원들은 번아웃증후군을 느끼고 있었다.

직원들은 결국 이런 해결책들이 생각보다 근거가 약하다는 사실을 이해한 뒤에 다른 해결책을 찾아냈다. 노인들에게 약간의 통제력을 돌려줌으로써 직원들 자신의 업무를 더 편하게 만든 것이다. 예를 들어 이들은 시각장애 노인이라고 해서 안전하게 담배를 피우는 법을 익히지 못할 이유가 없음을 깨달았다. 사실 그 할아버지는 어디에서 어떻게 담배를 피워야 안전한지 벌써 알고 있었다. 직원들은 그 할아버지에게 기회를 주기만 하면 되는 것이었다. 머리 빗는 데 문제가 있었던 할머니의 경우, 머리 빗는 일을 아주 작은 단계로 나눠 조금씩 단계를 높여가도록 하자 할머니는 스스로 머리를 빗을 수 있다는 데 행복해했다. 굶어 죽은 할머니도 없었다. 허기가 지자 이 할머니는 식당에 가야 한다는 것을 기억해냈다. 기존의 규칙에 의존하지 않고도 문제를 해결할 수 있음을 알게 되자 직원들의 통제감도 높아졌다. 해결책을 찾는 과정에서 더 마음이 열린 것이다. 우리가 그 요양원에 개입하기 전의 시기와 개입한 이후의 시기 각각에서 일정 기간을 골라 비교한 결과 직원 이직률이 3분의 1 감소한 것으로 나타났다. 번아웃증후군을 덜 느끼자 그만둘 이유도 적어진 것이다. 정식 실험은 아니었지만 어쨌든 이 결과는 번아웃 현상이 필연적이지 않음을 시사한다. 최근에 우리는 루이스 베이 뇌손상 전문 요양원에서 간호사와 간병인을 대상으로 앞의 사례와 비슷한 마음챙김 훈련을 실시했다. 그 결과 이 요양원 직원들은 시각의 변화와 함께 새로운 해결책이 가능하다는 생각을 얻었고, 또 이것은 사기와 업무만족도의 확실한 상승으로 이어졌다.

이런 식의 '돌보는 사람에 대한 돌봄', 곧 통제감과 선택권의 회복은 앞으로 병원에서 점점 더 중요해질 것이다. 간호인력의 부족·경비절감 압박·법률적 제약·복잡한 기술, 이 모든 요인이 직원의 스트레스를 높이는 데 한몫한다. 하버드 의과대학에서는 위원회를 구성해 레지던트들의 피로감 문제를 조사했는데, 그 보고서에는 '환자를 빨리 받고 빨리 내보내는' 방침으로 인한 환자들의 입원 기간 감소가 레지던트들의 번아웃증후군을 증가시키는 원인 중 하나라고 나와 있다. 이미 다른 의사들한테서 진단을 받은 환자를 담당해야 하고 그나마도 빨리 퇴원시켜야 하는 상황에서 레지던트는 그 환자의 치료에 대한 통제감을 잃고 자신이 순전히 기계적인 역할을 한다는 느낌을 받는다. 이런 식의 번아웃을 느낀다는 것은 환자의 치료 과정에 능동적으로 관여하지 못했음을 의미한다. 실제로 이 문제에 대한 학교 측의 처방도 '환자 치료 과정에서의 인지적·지성적 역할', 곧 마음챙김을 회복시키자는 것이었다.

우리는 삶의 다른 영역에서 부딪히는 문제들을 일터에서도 똑같이 마주친다. 그런 까닭에 일터에서 마음챙김의 효과를 보여주는 사례만 모아도 책 한 권이 나올 것이다. 경영학에 친숙한 독자라면 아마도 이 분야의 진보적인 학자들이 오래전부터 경직된 마인드세트와 결과지향주의의 위험성, 그리고 다양한 관점과 맥락 전환의 이점을 다른 명칭들을 사용해서 지적했음을 알 것이다. 인본주의적 경영 사상의 선구자인 메리 파커 폴릿^{Mary Parker Follett}은 이미 1920년대에 이런 문제들을 예견했고, 특히 마인드세트 전환의 중요성을 강조했다. 결과지향주의에 대한 다음과 같은 폴릿의 경고는 요즘의 관리자들에게도 유효하다. "목적을 미리 정하고 그것을 중심으로 세워진 조직은 이미 탄생 전에 죽은 조직이다. 목적은 수단을 반영하면서 차차 밝혀지는 것이다."[10]

성공이 계속되면 그와 함께 확실성도 증가하기 쉽다. 사람에게는 어떤 방식이 성공을 거두면 계속해서 그 방식을 쓰려는 경향이 있는데, 이런 경향은 성공한 기업들이 경직된 마인드세트에 더 취약해진다는 아이러니한 결과를 가져온다. 나는 지난번 안식년의 일부를 하버드 경영대학원에서 보냈다. 이 장에 나온 몇몇 개념은 그곳 동료들의 도움을 받아 다듬은 것이다. 그때 우리는 중역들의 책상에 이런 명패를 놓으면 어떨까 하고 장난삼아 생각해봤다.

'마음놓침이란 어제의 해결책을 오늘의 문제에 적용하는 것이다.'

'마음챙김이란 오늘의 요구에 귀를 기울임으로써 내일의 곤란을 피하는 것이다.'

8장

더 구별하고
덜 차별하라

Decreasing Prejudice
by Increasing

"이봐요!" 마차에 오르는 걸 도우려고 손을 내밀자 그녀가 내 손을 잡고

안타까운 표정으로 내 얼굴을 올려다보며 말했다.

"내 키가 정상이라면 당신은 내가 못 미덥지 않겠지요."

나는 그 말에 상당한 진실이 들어 있다고 느꼈고, 나 자신이 좀 부끄러워졌다.

"당신은 훌륭한 청년이에요." 고개를 끄덕이며 그녀가 말했다.

"비록 내가 90센티미터밖에 안 되는 하찮은 존재이긴 하지만 충고 한마디 할게요.

몸의 결함을 정신의 결함과 연관시키지 않도록 하세요.

확실한 근거가 없다면 말이에요."

_ 찰스 디킨스, 《데이비드 코퍼필드》

데이비드 코퍼필드는 위의 대화에서 교훈을 얻는다. 앞으로 그는 정신적 결함과 신체적 결함을 구별할 것이고, 따라서 키 작은 사람을 차별하지 않을 것이다. 편견을 만드는 마인드세트를 부수기 위해서는 대상을 포괄적으로 구별하기보다는 아주 구체적으로 구별하는 편이 도움이 된다.

지금까지 편견을 몰아내기 위한 대다수 시도들은 타인을 범주화하려는 경향을 줄이는 데 중점을 두었다. 이런 노력의 바탕에는 이상적인 세계에서는 모든 사람이 '인간'이라는 단일 범주에 속한 동등한 존재로 간주되어야 한다는 견해가 깔려 있다. 그

러나 범주화는 인간의 본능적이고 자연적인 행위다.[1] 우리가 세상을 알아가는 방식인 것이다. 사람들에게 차이를 무시하도록 만듦으로써 편견을 줄이고자 하는 시도는 어쩌면 실패하는 것이 당연할지 모른다. 우리는 우리가 가진 범주들을 순순히 포기하지 않을 것이다. 혹 어떤 이유로 해서 사람들을 구별하는 특정 범주를 버리더라도 아마도 사람들은 또 다른 범주를 만들어 구별할 것이다.

마음챙김의 속성을 이해하고 나면 편견을 줄일 다른 방법을 떠올릴 수 있다. 바로 사람들 간의 차이를 더 적게 구별하는 것이 아니라 더 많이 구별하는 것이다. 맥락의 중요성과 다양한 관점의 존재를 깨닫고 나면 우리는 능력이나 장애에 대한 인식이 상황과 관찰자의 입장에 따라 끊임없이 변한다는 사실을 알게 된다. 또 그럼으로써 어떤 장애를 그 사람의 정체성으로 간주하는 오류를 범하지 않게 된다. '절름발이'나 '당뇨 환자' 간질 환자'가 아닌 한쪽 다리를 저는 남자, 당뇨병이 있는 여자, 발작 증세가 있는 청년을 보게 되는 것이다. 절름발이보다는 한쪽 다리를 저는 남자가 더 정교하다. 여기서 더 나아가 단순한 '청각 장애자'가 아니라 '청각이 정상 수준의 70퍼센트인 사람'으로, '당뇨 환자'가 아니라 '인슐린 비의존형 당뇨병이 있는 사람' 식으로 좀 더 정교하게 구분할 수도 있다. 또 그렇게 하는 것이 더 좋다.

꼬리표와 편견의 강화

우리는 어떤 사람의 한 가지 특징을 가지고 그 사람 전체를 포괄하는 꼬리표를 만들어 붙이는 경향이 있다. 천재, 난쟁이, 동성애자, 거인처럼 말이다. 이런 꼬리표는 그 사람에 대한 전반적인 판단이나 반응에 영향을 주기 쉽다. 내가 이런 효과를 처음 알아차린 것은 예일대학교 심리학과에서 임상실습을 하던 때였다. 병원을 찾아온 사람들은 진료실에 들어서며 자신에게 '환자'라는 꼬리표를 붙였고, 당시에는 나도 그들을 그런 식으로 바라봤다. 또한 그들이 스스로 문제라고 생각하는 특정 행동이나 감정에 관해 이야기할 때 그것을 모두 비정상적인 행동이나 감정으로 본 적도 많았다. 환자라는 꼬리표에 맞추어 그 사람의 행동을 해석한 것이다. 나중에 내가 아는 사람들에게서도 그와 똑같은 행동(예를 들어 우유부단함)이나 감정(예를 들어 죄책감이나 실패에 대한 두려움)을 봤지만 그 경우에는 상황상 지극히 정상적이고 당연하게 보였다. 그 뒤에 나는 예일대학교 심리학자 로버트 에이벌슨Robert Abelson과 함께 꼬리표의 영향을 검증하기 위한 실험을 했다.[2] 우리는 평범한 외모의 남자가 팔걸이의자에 앉아 맞은편 사람과 함께 직장 일에 관해 대화를 나누는 비디오테이프를 만들어 심리치료사들에게 보여줬다. 이때 절반의 심리치료사에게는 테이프에 나오는 남자가 '구직 희망자'라고 말했고, 나머지 절반에게는 '환자'라고 말했다. 이 실험에 참여한 심리치료사들은 환자 치료에 대해 서로 다른 두 가지 견해를 가진 사람들이었다. 절반은 여러 가지 전통적인 학파에서 훈련을 받은 사람들이었고, 절반은 꼬리표를 붙이지 말아야 함을 특히 강조하는 학파 출신이었다.

실험 결과 테이프에 나온 남자를 구직 희망자라고 말한 경우에는 두 집단의 심리치료사 모두 그를 심리적으로 건강한 사람이라고 받아들인 것으로 나타났다. 꼬리표를 붙이지 않는 훈련을 받은 집단은 그 남자를 환자라는 명칭으로 불렀을 때에도 여전히 그를 심리적으로 건강한 사람으로 봤다. 반면 전통적인 학파 집단에서는 많은 사람이 그 남자를 심각한 심리적 문제가 있는 사람으로 봤다.

우리 대부분은 자신과 비슷한 사람들과 함께 성장하고 생활하기 때문에 사람은 모두 비슷비슷할 것이라고 전제하는 경향이 있다. 그러다가 무언가 한 가지가 확연히 다른 사람을 마주치면 앞서의 전제를 완전히 기각하고 또 다른 차이점을 찾아내려 한다. 그러나 이런 식으로 찾아낸 '차이점'들은 아무런 논리적 근거도 없고 실제 차이가 아닌 경우가 많다. 예를 들어 우리는 뇌성마비 환자의 특이한 몸짓 때문에 그 사람의 지능도 나와 다르리라고 가정하기 쉽다. 이런 잘못된 가정을 가지고 있으면 '정상을 벗어난 사람'과 '정상인' 사이의 격차를 과장해서 받아들이기 쉽다. 아래에 나오는 《걸리버 여행기》의 한 구절을 보면 걸리버가 '이상한 생물들'을 관찰하며 이런 식의 오류를 범하고 있음을 볼 수 있다(아래에서 걸리버가 관찰하는 생물은 실은 인간으로, 이들은 말들이 지배하는 나라에서 야후라고 불리며 동물적인 본성만을 가지고 살아가는 존재다-옮긴이).

그것들은 몹시 희한하고 기형적인 모습이었기 때문에 나는 살짝 불안해하며 수풀 뒤에 엎드려 그것들을 좀 더 자세히 관찰했다. 그것들 가운데 몇 마리가 내가 엎드린 곳 가까이까지 다가온 덕분에 그것들의 모습을 분명하게 볼 수 있었다. 그것들의 머리와 가슴은 곱슬곱슬하거나 곧은, 굵은 털로 뒤덮여 있었다. 턱에는 염소 같은 수염이 나 있었고, 다리와 발의 앞부분과 등에도 털이 죽 나 있었다. 그러나 몸의 나머지 부분에는 털이 없었으므로 나는 옅은 갈색 피부를 볼 수 있었다. 그것들은 꼬리가 없었고 엉덩이에도 털이 없었다. 다만 항문 주위에는 털이 있었는데 아마도 땅에 앉을 때 항문을 보호할 수 있도록 자연이 그렇게 만든 것 같았다. 그것들은 이렇게 앉는 것 말고도 눕거나 뒷발로 선 자세를 취하곤 했다.[3]

우리는 일상생활에서 주변 사람들을 관찰할 때 매우 많은 세부적 특징을 그냥 보아 넘긴다. 경미한 틱[tic](주로 얼굴, 목, 어깨에 발생하는 불수의적인 경련을 말한다. 갑자기 눈을 심하게 깜빡거리는 증상이나 코를 킁킁거리는 증상을 예로 들 수 있다-옮긴이), 특이한 몸짓, 점이나 벌어진 앞니 사이 같은 것들 말이다. 그런데 어딘가 다른 사람을 대면했을 때는 이런 세부적 특징을 잘 알아차리는 경향이 있다. 평소에는 그런 특징들을 유심히 보고 알아차리는 일이 드물기 때문에 '정상에서 벗어난' 어떤 사람에게서 그런 특징을 발견했을 때 우리 눈에는 그것이 실제보다 더 심하거나 별난 것으로 보인다.

나는 동료와 함께 비디오테이프를 이용해 또 다른 실험을 해봤다.[4] 우리는 세 집단의 학생들에게 한 남자가 나오는 비디오를 보여줬다. 첫 번째 집단에게는 비디오에 나오는 사람을 백만장자, 동성애자, 정신질환 병력이 있는 사람, 이혼남, 암환자 중 한 가지 꼬리표를 붙여 소개했다. 두 번째 집단에게 비디오를 보여줄 때에는 그 남자에게 아무런 꼬리표를 붙이지 않았다. 대신 이 집단은 생각을 하며 집중해서 비디오를 보라는 지시를 받았다. 세 번째 집단은 아무 지시를 받지 않은 채 마치 텔레비전 보듯 비디오를 봤다. 첫 번째 집단과 두 번째 집단은 그들이 본 남자의 꼬리표 유무와 상관없이 세 번째 집단에 비해 그 남자를 더 정확하게 관찰했다. 그뿐만 아니라 이 두 집단은 우리가 실시한 테스트에서 그 남자의 신체적 특징도 더 많이 기억해냈다. 우리가 나중에 다른 몇 사람의 사진 속에 그 남자의 사진(비디오에서와 같은 모습인 사진도 있고 안경과 콧수염으로 모습을 바꾼 사진도 있었다)을 끼워서 보여줬을 때에도 이 두 집단은 그를 잘 알아봤다. 평범하지 않은 꼬리표와 주의를 기울이라는 지시, 두 가지가 그들을 조금 더 의식적으로 신경 쓰게 만들었다. 세 번째 집단은 그 남자를 알아보지 못했다.

의식적으로 신경 쓴 두 집단, 곧 첫 번째와 두 번째 집단이 그 남자를 정확하게 알아보기는 했지만 그렇다고 그 남자를 더 정확하게 평가한 것은 아니었다. 오히려 이 두 집단은 그 남자의 특징들을 심하게 눈에 띄는 것으로 평가했으며, 그 남자가 자신들이 아는 대다수 사람과 '다르다'고 판단했다. 세 번째 집단은 그 남자를 그냥 정상적이고 평범한 사람으로 봤다. 우리는 이 연구 결과로부터 다음과 같은 사실을 알 수 있다. 우리는 정상에서 벗어났다는 꼬리표가 붙은 사람을 대할 때 더 의식적이 된다. 다시 말해 세부적인 특징들을 잘 알아차린다. 하지만 그것은 우리가 평소에는 그만큼 무감각하다는 의미이기도 하다. 우리는 주의 깊은 상태에서 어떤 특성이나 세부적 특징을 포착하면 그것을 실제보다 특이하거나 극단적인 것으로 판단한다. 만약 이렇게 주의 깊은 관찰 결과를 사용해서 편향된 마인드세트를 정당화한다면 편견은 오히려 강화될 것이다.

호기심을 의식적으로 충족시키면 생기는 일

우리는 어딘가 다른 사람을 마주치면 의식적인 호기심이 생기고, 그로 인해 그 사람의 낯선 특징을 과장되게 지각하기도 한다. 하지만 이런 의식적인 호기심은 그 방향이 달라지면 우리에게 상대방과 더 가깝게 느끼도록 만드는 효과도 있다. 내가 이런 효과를 분명하게 인식하게 된 것은 오래전에 일어났던 한 가지 사소한 일 덕분이다. 그때 나는 슈퍼마켓에 가는 중이었는데 맞은편에서 어떤 젊은 여자가 다리에 거대한 깁스붕대를 하고 걸어왔다. 나는 그녀를 스치며 그 깁스붕대를 바라봤다. 기분 좋게 눈인사를 교환하고 그녀가 지나간 뒤에 나는 왜 그녀와의 짧은 만남으로 유쾌한 기분이 드는지 궁금해졌다. 이유는 깁스붕대에 있었다. 나는 그녀의 깁스붕대를 보며 전혀 어색한 기분을 느끼지 않았다. 그 깁스붕대는 알록달록하게 색깔이 칠해져 있었고, 따라서 상대방이 누구든 그것을 바라보고, 그것에 대해 생각하라고 먼저 청하는 셈이었다. 내 호기심이 정당했던 것이다.

나중에 나는 이 작은 사건에 관해 동료들과 의견을 나누었다. 우리는 한 가지 가설을 세워서 왜 사람들이 신체적으로 다른 사람과 마주치는 것을 피하는지, 그리고 어떻게 이런 현상을 극복할 수 있을지를 설명해보고자 했다. 사람은 처음 보는 자극에 눈길이 간다. 그런데 그 새로운 자극이 사람인 경우에는 노골적으로 바라보는 것이 문화적으로 용납되지 않는다. 그러므로 사람들이 어딘가 다르고 독특한 사람을 피하는 이유는 바라보고 싶은 욕구와 그렇게 하면 안 된다는 생각 사이의 갈등을 피하기 위해서일 수도 있다. 색칠한 깁스붕대는 상대방에게 바라보라고 먼저 권함으로써 이런 갈등을 해결해줬다. 갈등이 없으니 피할 필요도 없었던 것이다.

이 가설을 검증하기 위해 우리는 한 가지 실험을 해봤다.[5] 우리는 실험 참가자들을 대기실에 앉혀놓고 잠시 뒤에 그곳에서 미리 정해진 실험 파트너를 만나게 될 것이라고 알려줬다. 이 파트너는 참가자들이 한 번도 만난 적이 없는 사람으로, 다리에 보조기를 했거나 임신한 여성, 또는 별 특징이 없는 여성이었다. 이 대기실은 한쪽 벽이 유리로 되어 있어서 옆 대기실이 훤히 보이는 구조였다. 우리는 참가자들에게 옆방이 실험에 사용되는 방이며 저쪽에서는 그 유리벽이 거울로 보인다고 지나가는 말처럼 설명했다. 참가자들 중 절반은 그 유리벽을 통해 옆 대기실에 파트너가 들어오는 것을 봤다. 저쪽에서는 이쪽을 볼 수 없으므로 이들은 새로운 자극에 익숙해질 때까지 마음 편히 관찰할 수 있었다. 나머지 절반의 참가자는 유리벽에 커튼이 쳐져 있어서 자신의 파트너를 은밀히 관찰할 수 없었다. 참가자들은 모두 실험이 아직 시작되지 않았다고 생각하며 그 대기실에서 기다렸다.

잠시 뒤에 우리는 참가자들에게 파트너를 소개하고 그들의 반응을 관찰했다. 파트너를 미리 관찰하지 못하고 만난 참가자들은 파트너가 다리 보조기를 하고 있거나 임신한 여성인 경우에 더 서먹서먹한 태도를 보였다. 예를 들면 '정상인'인 파트너와 함께 있을 때보다 좀 더 멀찍이 떨어져 앉는다든지 하는 식이었다. 물론 여기까지는 그리 새로운 발견이 아니었다. 사람들이 '정상에서 벗어난' 사람을 피하는 경향이 있다는 사실은 이미 아는 바였다. 하지만 파트너를 미리 관찰하며 호기심을 충족시킨 참가자들이 보인 반응은 매우 흥미로웠다. 이들은 파트너가 임신한 여성이나 장애인인 경우에도 멀리 떨어져 앉지 않았고, 달리 피하고 싶어하는 낌새도 보이지 않았다. 이 실험 결과는 우리가 의식적인 호기심에 배출구를 만들어줌으로써 '정상인'과 '정상인과 달라 보이는 사람'의 상호작용(예를 들어 장애 학생을 일반 학급에 편입시키는 학교의 경우)을 개선할 수도 있음을 말해준다.

남과 달라서 생기는 마음챙김

7장에서 봤듯이 회사 안에서든 그 밖의 다른 상황에서든 외부인이라는 위치는 마음챙김을 촉진할 수 있다. 장애가 있거나 정상에서 벗어났다는 꼬리표가 붙은 경우에도 자신이 속한 집단이 공유하는 마인드세트에 의문을 품게 하므로 위와 같은 효과가 생길 수 있다.

앞에서도 봤지만 난독증은 일정 수준의 마음챙김을 유지하게 만드는 효과가 있다. 난독증이 있는 사람은 종종 글자나 숫자를 다른 사람들이 보는 것과 다르게 보기 때문에 다른 '일반적으로 인정되는 사실들'도 당연하게 여기지 않을 가능성이 있다. 난독증이 있는 아이는 학교 공부를 할 때 정상적인 아이들에 비해 신경 쓰지 않고 정보를 처리하는 일이 적을 것이다. 애초에 그 정보를 옳게 받아들였는지 확신할 수 없기 때문이다. 결과적으로 이런 아이는 좀 더 조건부적인 학습을 하게 되고, 또 그럼으로써 앞에서 언급한 것처럼 창의성을 더 발휘하기 쉬운 상태가 된다.[6]

신체 외형상 드러나는 장애뿐만 아니라 감각 기능의 장애 또한 신경을 써야만 해결되는 문제를 계속 만들어낸다. 청각장애인이나 시각장애인, 휠체어를 써야 하는 사람은 다른 사람들이 당연하게 해내는 단순한 행위에 대해서도 문제를 해결한다는 자세로 접근해야 한다. 하버드대학교 출신의 맹인 경제학자 하디 맛지드Hadi Madjid가 쓴 글을 보면 장애가 있는 사람이 어떠한 문제들에 계속 부딪히며, 그것을 어떻게 풀어나가는지 나와 있다. 친구들과 스키를 타고 싶은 경우가 한 가지 예다. 그는 바로 앞 사람의 폴에 종을 달아 그 사람이 지나간 길을 따라가는 법을 익히는 것으로 그 문제를 해결했다.[7] 영국의 저명한 물리학자인 스티븐 호킹Stephen Hawking은 복잡한 의사소통 기구(예를 들어 인공음성을 생성하는 키보드 같은 것)를 잇따라 익힘으로써 자신의 근육 대부분을 마비시키고 말하는 능력을 앗아간 신경질환을 극복했다.

신체장애가 있거나 그 밖의 면에서 대다수 사람과 차이가 있는 사람은 그로 인해 남들보다 신중해지는데, 아이러니하게도 이런 마음챙김이 또 다른 차이를 만든다. 남들보다 마음챙김이 뛰어난 사람은 독창적인 생각을 많이 하는데, 이런 생각들은 대개 세상을 바라볼 때 구체적인 특징을 더 많이 알아차린 결과다. 그런데 남들 눈에는 이런 생각이 괴상하게 보일 수 있다. 이런 편견을 퇴치하기 위해서는 어떻게 다른 사람을 섣불리 평가하지 않도록 보통 사람들을 계도할 것인가 하는 문제뿐만 아니라 어떻게 우리 모두가 '장애인'이나 '정상에서 벗어난 사람'의 창의적인 생각을 높이 사도록 할 것인가 하는 문제도 중요하게 고려해야 할 것이다.

정상에서 벗어난 것으로 취급받는 사람은 자신의 독창적인 견해를 아무도 지지해주지 않는 경우에 흔히 자신과 비슷한 사람들과 어울리며 견해를 굳힌다. 그런데 이것은 역설적으로 마음챙김을 떨어뜨리는 결과를 가져온다. 비슷한 동료들의 지지를 받아 자기 자신에 대한 확신이 생기면 이전처럼 계속 의문을 품기보다는 그 집단에서 공유하는 마인드세트를 받아들여 마음 놓침 상태가 될 수 있기 때문이다. 늙었거나 혹인이거나 동성애 자거나 장애인이거나 이혼했거나 알코올의존증 치료 중인 것이 문제가 되지 않는다고 여기는 환경 속에 있을 때 사람들은 자신의 생각에 의문을 덜 품기 쉽다.

장애가 있는 사람은 기본적으로 세상을 좀 더 마음챙김 상태에서 바라보는 경향이 있지만 자신의 장애에 대해서는 그렇지 않을 수도 있다. 많은 사람이 어떤 장애가 있으면 이러이러한 능력에 제약이 따른다는 식으로 무심결에 받아들인 가정들을 가지고 있는데, 이런 통념 자체가 사람의 능력을 떨어뜨리기 쉽다. 이런 종류의 마음놓침은 장애인에 대한 기대 수준을 낮추는 역할을 하지만, 한편으로는 장애인 자신의 자존감을 보호하는 역할도 한다. 장애가 있다는 사실을 안 좋은 수행결과나 실패를 정당화하는 데에 사용하는 것이다. 이런 변명은 우리 모두가 사용한다. 장애가 없는 사람들도 종종 '자기불구화self-handicapping' 전략을 채택해서 실패했을 때 변명할 구실을 만들어둔다.[8] 예를 들어 사람들이 시험 전에 술을 마시거나 공부를 많이 하지 않는 것은, 나중에 술을 마시지 않았더라면 또는 공부를 더 했더라면 성적이 잘 나왔을 것이라고 변명할 수 있기 때문일 수 있다. 이런 식으로 지어낸 설명은 정상에서 벗어난 사람이 가진 부득이한 진짜 악조건과는 달리 합리화에 지나지 않는다.

예를 들어 승마를 똑같이 좋아하고 타는 솜씨도 비슷한 두 십대 소녀가 지금 장애물 넘기를 배우고 있다고 하자. 이 중 한 소녀는 선천성 색소결핍증이 있어서 시력이 좋지 않다. 어느 날 승마 선생님이 두 소녀를 평소보다 멀리까지 데리고 가서 장애물 넘기를 연습시키며 계속 가로대 높이를 올린다. 마침내 가로대가 아주 높아지자 말의 저항으로 두 소녀 모두 뛰어넘는 데 실패한다.

말을 타고 돌아오며 '정상' 소녀는 끝없이 자신을 나무라는 반면 색소결핍증 소녀는 자신을 그리 나무라지 않는다. 좋은 일인지 나쁜 일인지는 모르겠지만, 어쨌든 이 소녀는 자신의 특수한 조건 때문에 스스로에게 다른 소녀만큼 엄격한 기준을 적용하지 않았다. 장애가 있는 사람들은 성공에 대한 기대가 낮다 보니 실패가 주는 부정적인 영향으로부터 보호되기도 한다. 만약 장애가 있는 사람과 장애가 없는 사람이 새로운 과제를 받았는데 실패했다면(그리고 두 사람 모두 그 실패가 능력 부족 탓이라고 느낀다면), 장애가 있는 사람 쪽이 자존감 저하를 덜 겪을 것이다. 하지만 바로 그 보호가 오히려 장애인에게 해가 될 수도 있다. 기대 수준이 낮으면 수행 능력이 떨어지기 쉽기 때문이다.[9]

과정보다 결과를 우선시하는 사회, 다시 말해 마음이 더 닫힌 사회에서는[10] 장애인이나 정상에서 벗어난 사람이 더 심한 자존감 저하를 겪기 쉽다. 예를 들어 어떤 청각장애 학생이 끊임없이 자신의 수업이해도를 청각장애가 없는 급우들의 그것과 비교한다면 결국 이 학생은 사기가 떨어질 가능성이 크다. 하지만 만약 이 학생이 정교한 독순법(입술이 움직이는 모양을 보고 상대편이 하는 말을 알아내는 방법–옮긴이)을 익히는 데 더 의미를 두고 집중했다면 사기가 높아질 가능성이 크다. 사실 어떤 사회가 기본적으로 과정을 중요시한다면 그곳에서는 정상을 벗어났다는 것이 큰 의미가 없을 것이다.

케케묵은 마인드세트 해제하기

장애인이 있는 가정에서 자라지 않는 한, 대다수 사람은 장애에 대해 처음 알게 될 때 그것을 자신의 삶과 별 상관이 없는 것으로 받아들인다. 그러고는 이미 알고 있는 고정관념(선입견)을 아무 비판 없이 받아들이기 쉽다. 나중에 장애가 자신과 상관있는 문제가 되었을 때에도 이런 마인드세트에서 벗어나기는 쉽지 않다. 예를 들어 사고로 장애인이 된 사람들을 생각해보자. 이들은 다름 아닌 자신이 가진 마인드세트로 인해 피해를 입을 수 있다. 예를 들어 과거에 이들이 몸에 문제가 있으면 정신에도 문제가 있게 마련이라는 통념을 비판 없이 받아들였다고 치자. 그럼

이들은 지금 자신의 신체와 함께 정신능력도 손상되었을 거라고 여기며 쓸데없는 걱정을 하기 쉽다. 한편 우리 자신이 아니라 다른 가족에게 장애가 생긴 경우에는 낡은 고정관념의 영향으로 그 가족을 대하는 태도가 부정적으로 변할 수도 있다. 예를 들어 어느 집의 어린 아들이 청각장애인이 되었다고 하자. 그 부모의 머릿속에 '동네마다 하나씩 있는 백치'라는 케케묵은 이미지가 새겨져 있다면 그 부모는 아들을 마치 정신에 결함이 있는 아이인 양 대하기 십상일 것이다.

이런 식의 불합리한 고정관념을 가지고 있으면 주변 사람이 가진 재능을 활용하는 데에도 방해가 된다. 예를 들어 학교 축구팀이 다음 시합을 앞두고 전략을 개선해야 하는 상황이고 이 학교에 뛰어난 축구 전략가가 있다고 하자. 하지만 그 축구 전략가가 지체장애라면 축구팀이 그 학생에게 전략 고문이 되어달라고 부탁하지 않을지도 모른다. 동성애자라는 이유로 특정 정치인을 일부러 안 찍는다든지 여자 외과의가 미덥지 않아서 다른 의사를 찾는다든지 컨설턴트가 한쪽 팔이 없는 사람이라서 일을 맡기지 않는다든지 하다 보면 그 일에 가장 적임자를 놓치는 일이 생길 수 있다.

애초에 '비정상'이라는 말의 정의 자체가 우리를 오도하는 경향이 있다. 앞에서 봤듯이 모든 범주는 좀 더 구체적인 특징들로 나뉠 수 있다. 만약 우리가 이런 세분화된 차이를 인식하고 충분히 구별한다면 더 이상 흑인과 백인, 정상인과 장애인, 동성애자와 이성애자와 같은 포괄적이고 양극화된 범주를 사용해 세상을 바라보기가 힘들 것이다. 피부색을 떠올려보면 이 점이 분명하게 드러난다. 하지만 동성애자와 이성애자의 구별은 어떤가? 이 두 범주는 겹치는 부분이 없어 보인다. 세상에는 자신과 성이 같은 사람과의 성행위를 선호하는 사람들이 있고, 자신과 성이 다른 사람과 성행위를 선호하는 사람들이 있다. 전자는 동성애자라고 부르고 후자는 이성애자라고 부른다. 여기에 애매한 점은 전혀 없어 보인다.

하지만 이런 범주 구분에도 예외가 있다. 우선 가장 명백한 예외로서 남성, 여성 모두와 섹스를 즐기는 양성애자를 들 수 있다. 또 속으로는 남성에 대한 성적 환상을 품고 있지만 현실에서는 여자와 섹스를 하는 남자는 어느 범주에 넣어야 할까? 또 금욕을 실천하는 사람, 결혼한 복장 도착자라든가, 성전환자인 이성과 섹스를 하는 경우, 과거에 이성애자였지만 동성애 경험도 한 번 있었고 지금은 섹스 상대가 없는 사람은 어떤가? 좀 더 나아가 어떤 커플이 이른바 이성애 커플 또는 동성애 커플인데 이제 더 이상 섹스를 하지 않는다면 이들은 어느 범주에 해당하는가?

만약 '이성애'와 '동성애'라는 범주가 성행위 자체만을 기준으로 삼는 것이라면 어떤 사람이 섹스를 하지 않고 있는 동안에는 그 사람을 어느 쪽으로도 분류할 수 있을 것이다. 그 사람의 가장 최근 경험이 이성애였다면 그를 이성애자라고 부를 수 있을 것이고, 가장 최근 경험이 동성애였다면 동성애자라고 부를 수 있을 것이다. 하지만 그 사람의 성 경험이 대부분 이성애였다면 아마도 그를 이성애자로 간주해야 할 것이다. 그런데 만약 몇 번 안 되는 동성애 경험이 이 사람에게는 최고의 경험이었다면? 이런 식의 질문은 끝도 없이 이어질 수 있다. 또 만약 성적 취향을 정의할 때 성행위의 상대가 누구냐가 아니라 성행위의 내용이 어떠하냐를 기준으로 삼는다고 치자. 그러면 내용상 똑같은 행위를 하는 사람들을 놓고 동성애자나 이성애자라는 꼬리표를 붙이는 것이 이치에 맞는 일일까?

마찬가지로 장애가 있는 사람들을 한 범주로 묶어서 말하는 것 역시 불합리하다. 어떤 사람이 가진 특정 장애가 어떤 활동에 지장을 줄 수 있는가를 구체적으로 알게 되면 장애인이라는 꼬리표에 따라붙는 근거 없는 이미지들이 줄어든다. 또 그럼으로써 그 장애를 그 사람의 전체가 아닌 한 측면으로 보게 된다. 이렇듯 마음챙김 관점을 통해 정상에서 벗어났다는 것의 의미를 축소하는 것은 관찰자와 행위자 모두에게 중요한 일이다. 잠시 뒤에 보겠지만 우리는 모두 어떤 면에서는 '장애'를 가지고 있기 때문이다. '비정상'이라는 범주는 그와 상호배타적인 '정상'이라는 범주가 있기에 성립된다. '정상'을 정의하려면 가치판단이 필요해진다. '하반신 불수'나 '당뇨병 환자', '너무 뚱뚱한 사람'이나 '너무 마른 사람'과 같은 말은 곧 사람에게는 한 가지 이상적인 존재방식이 존재한다는 의미를 포함한다. 어떤 사람이 '비정상'이라 함은 그가 이른바 '정상' 집단에 속하지 않는다는 의미다. 결국 그 자체만으로 본다면 비정상이라는 개념은 아무것도 의미하지 않는다.

편견 없는 구별을 향하여

마음챙김 시선으로 세상을 바라보면 우리 모두가 각자 어떤 면에서 '정상'에서 벗어난 특성을 가지고 있으며 그 각 특성은 연속선상에 있다는 사실을 깨닫게 된다. 이런 인식이 생기면 우리는 더 많은 범주를 만들고, 그 결과 포괄적인 고정관념은 줄어든다. 다시 말해 더 많은 특징을 구별하면 편견을 줄일 수 있다.

마음챙김의 관점에서 구별을 더 많이 하면 '비정상'에 대한 인식이 어떻게 달라지는가를 알아보기 위해 나는 리처드 배시너 Richard Bashner, 벤지온 채노위츠Benzion Chanowitz와 함께 한 초등학교에서 실험을 실시했다.[11] 대상의 특징을 적극적으로 구별하도록 아이들을 유도하면, 신체장애란 특정 과제와 상황에서만 장애가 된다는 사실을 배우게 되는지를 확인하는 것이 실험의 목적이었다. 우리는 아이들에게 여러 사람의 사진을 슬라이드로 보여준 뒤 질문지를 주고 그 사람들을 여러 가지 능력과 연결시키도록 했다. 예를 들어 우리는 여자 요리사의 사진을 보여주며 그녀가 청각장애인이라고 밝힌 뒤 실험집단에게는 그녀가 자신의 일을 잘할 수 있는 이유와 잘할 수 없는 이유를 각각 네 개씩 쓰도록 하고, 통제집단에게는 각각 한 개씩만 쓰도록 했다. 이때 통제집단에게는 여섯 개의 추가 질문을 주고 답을 하나씩만 쓰게 함으로써 실험집단과 대답 수를 같게 만들었다. 그런 뒤 몇 가지 다른 직업에 대해서도 같은 절차로 실험을 진행했다.

대다수 사람은 문제에 대해 '한 가지' 답을 찾기보다 '정해진' 답을 찾도록 교육받으며 자란다. 우리가 한 번에 몇 가지 답을 떠올리는 일은 많지 않다. 그러므로 실험집단의 아이들은 각 질문에 몇 가지 답을 쓰면서, 그와 동시에 주의 깊은 구별짓기를 훈련한 셈이었다. 반면 답을 한 개씩만 적은 집단은 이런 훈련을 하지 못한 셈이었다. 우리는 이런 훈련이 무분별한 구별을 줄이는 데 효과가 있으리라고 예상했다.

이 구별짓기 훈련의 두 번째 단계는 아이들에게 문제 상황을 제시하고 그것을 해결할 방법을 찾도록 하는 것이었다. 이때 실험집단은 최대한 해결책을 많이 생각해내서 쓰라는 지시를 받았고, 통제집단은 그 상황이 해결 가능한 것인지 여부만 쓰라는 지시를 받았다. 예를 들어 학생들은 휠체어에 앉은 여성의 사진을 보며 그 여성이 어떻게 운전을 할 수 있을지 구체적으로 답을 쓰거나(실험집단), 그 여성이 운전을 할 수 있을지 없을지를 답하거나(통제집단) 했다.

세 번째 훈련은 사건을 보고 설명을 생각해내는 것이었다. 우리는 아이들에게 사진 한 장을 보여주며 그 사진 속의 상황을 간단하게 설명했다(예를 들어 학교 식당에서 커피를 쏟은 소녀). 그런 뒤에 실험집단에게는 그 상황에 대해 몇 가지 설명을 생각해내도록 하고 통제집단에게는 한 가지 설명만 요구했다. 다른 사진에 대해서도 같은 절차로 실험을 진행했는데, 실험집단은 뒤로 갈수록 점점 더 많은 설명을 요구받았다. 제시된 슬라이드의 수에서는 실험집단과 통제집단 사이에 차이가 없었다.

여기까지의 '훈련'이 끝나고 나서 아이들은 편견을 측정하는 몇 가지 검사를 받았다. 그중 한 가지는 장애인에 대한 전반적인 차별 정도를 측정하는 검사였다. 우리는 아이들에게 장애가 없는 아이들과 각기 다른 장애가 있는 아이들의 슬라이드를 보여주고, 체커(두 사람이 하는 보드게임의 일종-옮긴이)·축구·합창·줄다리기·휠체어 경주·원반던지기·시소 타기·당나귀 꼬리 붙이기(벽에 당나귀 그림을 붙여놓고 두 편으로 나뉘어 술래가 눈을 가린 채 자기 편의 지시에 따라 꼬리를 제 위치에 붙이는 놀이-옮긴이) 같은 놀이를 할 때 자기 편에 넣고 싶은 사람을 지목하도록 했다. 이 놀이 중에는 장애가 없는 아이가 더 잘할 만한 것도 있고,

장애가 있는 아이가 더 잘할 만한 것, 장애 여부와 상관없을 듯한 것도 있었다. 예를 들어 휠체어를 타는 아이는 휠체어 경기에 유리할 것이고 시각 장애가 있는 아이는 눈을 가리고 당나귀 꼬리를 붙이는 데 유리할 것이다. 하지만 축구를 할 때에는 두 아이 모두 불리할 것이고, 합창을 할 때에는 불리하지도 유리하지도 않을 것이다.

실험 결과, 아이들에게 신체 장애가 특정 기능과 관련된 특성이지 그 사람 전체와 관련된 특성이 아니라는 사실을 가르칠 수 있음이 밝혀졌다. 주의 깊은 구별짓기를 훈련받은 아이들은 편견을 품지 않고 대상의 특징을 구별하는 법을 배웠다. 또한 이 집단은 통제집단에 비해 장애인을 기피하는 경향이 더 낮았다. 한마디로 말해서 사람들이 가진 특성은 상대적인 것이며, 어떤 특성이 장애인지 아닌지는 맥락에 따라 다르다는 사실을 배운 것이다. 이 아이들이 자라서 장애인이나 노인의 범주에 속하게 될 때, 또는 그 과정에서 '환자'라는 범주에 속하게 될 때 장애에 대한 이런 열린 시각은 귀중한 자산이 될 것이다.

건강을 부르는
마음챙김

Minding Matters:
Mindfulness and Health

몸과 마음은 분리되어 있는가?

만약 그렇다면 어느 쪽을 가지는 게 더 나은가?

_ 우디 앨런,《대갚음하기》

우리는 아주 어려서부터 몸과 마음이 별개라는 생각, 그리고 무조건 몸이 더 중요하다는 생각을 습득한다. '막대기와 돌멩이는 뼈를 부러뜨릴 수 있지만 말은 상처를 입힐 수 없다'고 배우는 것이다. 우리는 몸에 뭔가 문제가 있을 때는 특정한 부류의 의사를 찾아가고 '정신적인 문제'가 있을 때는 다른 부류의 의사를 찾아간다. 나중에 어떤 계기로 여기에 의문을 품게 되더라도 그때는 이미 몸과 마음의 분리가 우리 안에 깊이 뿌리 내린 뒤다. 이런 생각은 아주 강력한 마인드세트이자 위험한 선입견이다.

사람들이 언제나 몸과 마음을 별개로 간주한 것은 아니다. 시대와 문화에 따라서는 이런 이원론을 당연시하지 않은 적도 있었다. 찰스 셰링턴 경Sir Charles Sherrington은 아리스토텔레스의 마음 개념에 대해 말하며 다음과 같이 지적했다. "《영혼에 관하여De Anima》를 읽어보면 아리스토텔레스가 몸과 그 몸이 하는 생각은 분리되어 있지 않다고 확신했다는 인상을 받는다. (…) 몸과 마음의 일체성이 책 전반에 걸쳐 깔려 있는 것으로 보인다."[1] 남아프리카의 칼라하리사막에 사는 쿵족Kung은 신체적 문제와 심리적 문제를 똑같은 방법으로 치료한다. 이들은 부부문제에서 기침, 산모의 젖이 충분히 안 나오는 것에 이르기까지 다양한 문제를 해결하기 위해 부족민이 모여 밤새 치유의 춤을 춘다. 그리고 이 치유의 에너지는 질병이나 신체 부위가 아닌 그 사람 자체에 집중된다.[2]

2장에서 엔트로피에 관해 이야기하며 봤듯이, 제임스 진스와 아서 에딩턴을 비롯한 많은 과학자가 세계를 하나의 거대한 기계, 곧 순전히 물리적인 실체로 보는 시각에 대해 의문을 제기해왔다. 에딩턴은 "물리적인 세계 전체에 걸쳐 우리 의식의 중요한 요소라고밖에 볼 수 없는 그 미지의 대륙이 펼쳐져 있다"라고 썼다.[3] 그러나 심리학에서는 이원론적 시각이 끈질기게 이어져왔다. 19세기 말 이전까지는 심리학을 철학의 한 갈래로 여기는 분위기였기 때문에 심리학자들의 마음 개념은 철학자들의 마음 개념의 영향을 받아 만들어졌다. 많은 역사학자가 심신이원론의 기원을 데카르트René Descartes에게서 찾는다. 데카르트는 마음은 비물질적인 것, 몸은 물질적인 것으로 봤고, 몸만이 물리법칙의 지배를 받는다고 생각했다. 나중에 많은 학자로부터 반박을 받았지만 이 견해는 오랫동안 심리학에 영향을 줬고, 지금도 여전히 우리 대부분이 자신을 바라보는 방식에 영향을 준다.

20세기 초가 되자 왓슨James D. Watson과 스키너B. F. Skinner 같은 행동주의자들이 이런 시각에 도전하며 인간의 행동은 그 선행 사건과 결과를 포함해서 관찰 가능한 것에만 초점을 맞출 때 이해될 수 있다고 주장했다. 초기 행동주의자들은 인간의 행동에는 환경적 또는 상황적 원인이 있을 뿐 정신적 원인은 없다고 믿었다. 이들의 견해에 따르면 인간의 삶을 이야기할 때 정신적 사건들을 언급할 필요가 없다. 인간에게는 오로지 물리적인 자극과 물리적인 반응만이 존재하기 때문이다. 이런 시각에서 보면 마음이란 아무 내용이 없는 공허한 개념이다.

1950년대까지 심리학자들은 심신이원론과 행동주의 중 하나를 택해야 했다. 이 중 널리 인기를 얻은 쪽은 심신이원론이었다. 행동만을 연구하는 사람들조차도 적어도 실험실 바깥의 삶에서는 몸과 마음의 구별을 암묵적으로 인정했다. 요즘에는 심리학의 초점이 인지 연구로 상당 부분 옮겨간 상태다. 인지라는 단어는 정신활동을 의미하지만, 실제로 이 분야에서 인지 과정을 검사하기 위해 사용하는 도구들은 행동을 측정하는 것들이다. 최신 신경과학 분야에서는 마음과 뇌의 구별이라는 형태로 심신이원론이 재부상한 듯 보인다.

이원론이라는 위험한 마인드세트

몸과 마음을 별개로 보는 경직된 시각을 가지고 있으면 심각한 결과가 따른다. 이런 문제만 없었더라면 앞에 나온 이야기들은 모두 의미론이나 철학의 문제에 지나지 않았을 것이다. 이원론적 시각이 가져오는 가장 극단적인 결과 중 하나가 바로 '심리적 사망psychological death' 현상이다. 3장에서 언급했던 환자를 예로 들어보자. 그 환자가 좀 더 낙관적인 분위기의 병동으로 옮겨간 뒤에 건강이 호전되었다가 다시 '가망 없는' 병동으로 돌아오자 사망한 경우를 생각해보면 신체적 질병과 정신적 질병을 구별한다는 것이 과연 얼마나 타당한지 의심할 수밖에 없다. '성장실패증후군'(영양 섭취 등의 면에서 뚜렷한 원인이 없는데도 발육이 멈추는 증상-옮긴이)은 시설에 수용되어 신체적 보살핌은 충분히 받지만 신체접촉과 자극이 부족한 아기들에게서 주로 나타나는 증상인데, 이 또한 신체건강과 정신건강의 상호의존성을 무시한 결과다.

생각(인지)과 감정(정서)을 구별하는 것 또한 잠재적으로 해로운 이원론 가운데 하나다. 정서를 경험하기 위해서는 먼저 인지 과정이 필요하다는 것이 일반적인 견해지만,[4] 윌리엄 제임스를 포함한 몇몇 심리학자는 정서란 전적으로 신체적인 상태라고 봤다.[5] 내장의 변화가 곧 정서라는 것이다.[6] 미시간대학교의 로버트 자이언스Robert Zajonc는 인지적 과정이 없어도 정서를 경험한다고 주장했다.[7] 그는 실험 참가자들에게 이전에 한 번도 들은 적이 없는 음조와 무심코 들은 적이 있는 음조를 들려줬는데, 참가자들은 인지적으로 그 두 음 중에서 어느 쪽이 더 친숙한지 판단하지 못했으면서도 무심코 들은 적이 있는 음조를 더 좋아했다. 감정이 생각보다 앞서는 것으로 보이는 결과였다. 참가자들은 자신이 예전에 그 음조를 들은 적이 있다는 사실을 몰랐지만 왠지 그 음조가 더 좋다고 느낀 것이다.

내 생각에는 생각과 감정을 분리하지도, 어느 한쪽을 우선시하지도 않는 것이 이치에 맞을 듯하다. 또한 단순히 이 두 기능이 관계가 있다고 보는 것만으로는 불충분하다. 이 두 가지를 별개의 반응으로 보는 대신 동시에 일어나는 총체적 반응의 일부로 보고, 이 총체적 반응은 여러 방식으로 측정될 수 있다고 보는 편이 아마 가장 명료할 것이다. 예를 들어 지능검사는 단지 IQ만을 평가하는 것이 아니라 검사를 받는 시점의 정서적 건강 상태도 함께 측정하는 것이라고 볼 수 있다.

어떤 자극으로 인해 정서가 유발되려면 먼저 그 자극에 대한 생각이 머릿속에 있어야 한다. 사자를 보고 무서워하는 것은 사자를 무섭다고 '생각'하는 것이다. 강아지를 보고 귀엽다고 느끼는 것은 강아지를 귀엽게 '생각'하는 것이다. 대상에 대한 생각과 그 대상에 대한 신체적 반응은 동시에 일어난다. 일단 무언가를 보기 위해서는 그것을 다른 것들과 인지적으로 구별할 수 있어야 한다. 무언가를 들을 때도 마찬가지다. 우리는 대상이 배경과 구별되어야 그 대상을 경험할 수 있다. 사물을 지각한다는 것은 능동적인 과정이기 때문에 같은 대상이라 하더라도 다른 맥락에 있으면 다른 자극이 된다. 예를 들어 우리는 동물원의 사자나 서커스 무대 위의 사자를 보고 무서워하지 않는다. 하지만 똑같은 사자가 자기 집 마당에 있는 것을 본다면 겁에 질릴 것이다. 똑같은 사자인데도 어떤 맥락에서는 공포를 유발하고 다른 맥락에서는 그냥 구경거리가 되는 것이다. 그렇다면 우리가 어떤 것을 보고 공포를 느끼려면 먼저 공포스러운 맥락이 설정되어야 한다는 말이 된다.

맥락은 학습되는 것이다. 정서를 유발하는 자극도 대부분 학습된 것이다. 그리고 이런 정서적 맥락은 대개 한 방향으로만 학습된다. 우리는 아이들에게 어떤 한 맥락에서 공포를 느낄 수도, 즐거움을 느낄 수도 있다고 가르치지 않는다. 그러는 대신 우리는 뱀은 무섭고, 저녁놀은 평화롭고, 어머니는 애정이 넘치는 존재라고 가르친다. 정서는 선입견에 의존한다. 우리는 꼭 그 정서가 아닌 다른 정서를 느낄 수도 있었음을, 그리고 일부러 그런 것은 아니지만 그 정서를 만든 것은 우리 자신임을 인식하지 못한 채 정서를 경험한다. 혹 누군가가 우리가 가진 이런 정서적 연합의 '진실성'을 반박하면 우리는 그 상황에서는 그 정서가 옳게 느껴진다는 점을 지적한다. 옳게 느껴지므로 그 정서는 진실한 것이라는 주장이다. 하지만 어떤 대상에 대한 정서가 옳게 느껴지는 것은 어쩌면 단순히 우리가 애초에 그렇게 배웠기 때문일지 모른다. 마치 어떤 곡이 예전에 처음 들었던 방식과 다르게 연주되면 뭔가 잘못된 느낌을 주는 것처럼 말이다.

똑같은 자극이라 하더라도 다른 맥락에서는 다른 자극이 된다는 사실을 인식하지 못하면 우리는 우리 자신이 만든 자극-정서 연합의 포로가 된다. 원치 않은 감정 때문에 고통을 받으면서도 그렇게밖에 느낄 수 없다고 믿는 경우가 생기는 것이다.

몸은 늘 맥락 속에 있다

생각과 감정을 하나로 통합해서 바라보는 시각을 가지면 맥락이 우리 건강에 큰 영향을 끼친다는 사실을 이해할 수 있다. 한 예로 의사가 암 검진을 위해 조직검사를 제안할 때 우리가 느끼는 두려움을 생각해보자. 유방에 생긴 작은 멍울이나 사마귀의 조직검사는 깊이 박힌 가시를 빼낼 때 정도로만 피부를 절개해도 되곤 한다. 다시 말해 조직검사 자체는 별로 두려워할 필요가 없다. 하지만 우리는 조직검사를 해야 한다는 말을 듣는 순간 두려움을 느끼는데, 그것은 그 절차 자체가 두려운 것이 아니라 의사가 왜 조직검사를 해야 하는지에 대한 우리의 해석 때문이다. 암일 수도 있고 아닐 수도 있지만 조직검사를 제안받은 것 자체를 암 진단의 전초격으로 느끼는 것이다. 생각이 맥락을 만들어내고, 이 맥락이 감정을 결정한다. 건강과 관련된 문제, 특히 질병이 야기하는 영향이나 질병의 원인이 되는 행동을 변화시키는 문제에서 맥락의 이해는 대단히 중요하다.

우리는 건강에 영향을 끼치는 다양한 힘 중 다수가 외부환경에서 온 것이라고 생각한다. 하지만 외부의 영향력 각각은 맥락에 의해 조정된다. 우리의 몸은 외부자극에 대해 일대일 대응으로 반응하지 않는다. 왜냐하면 외부세계와 그것에 대한 우리의 지각방식 사이에 일대일 대응이 존재하지 않기 때문이다. 하나의 자극은 동시에 여러 가지로 받아들여질 수 있다. 우리 몸의 반응에 영향을 주는 것은 우리의 지각과 해석이다. '마음'이 어떤 한 맥락 안에 있으면 '몸'도 그 맥락 안에 있을 수밖에 없다. 몸의 상태를 바꾸기 위해서는 마음을 다른 맥락에 집어넣어야 할 때도 있다.

맥락이 몸에 끼치는 힘은 상당히 커서 기본적인 신체 욕구에까지 영향을 줄 수 있다. 허기에 관한 한 실험에서 개인적인 이유로 긴 시간 동안 굶은 참가자들은 외부적인 이유(이 실험의 경우 실험의 과학적 가치와 25달러의 사례비)로 굶은 참가자보다 허기를 덜 느끼는 경향을 보였다.[8] 사례비나 그 밖의 외부적인 이유 때문에 어떤 힘든 과제를 떠맡은 경우에는 그 과제를 받아들이는 방식에 거의 변화가 없다. 하지만 그 과제를 자발적으로 선택한 경우에는 과제에 부여하는 의미가 다양해진다. 과제를 자발적으로 선택했다는 것은 우리가 그 과제에 대해 적극적으로 어떤 태도를 취했다는 의미이기 때문이다. 위의 실험에서 자발적으로 굶은 사람들은 허기를 덜 표현했을 뿐만 아니라 허기의 생리학적 지표인 유리지방산 수치도 더 낮았다. 이처럼 마음의 상태가 다르다는 것은 몸의 상태도 다르다는 것을 의미했다.

맥락이 통증에 끼치는 효과는 오래전부터 알려져왔다. 윌리엄 제임스는《심리학의 원리》라는 책에서 심한 신경통으로 고생하는 카펜터 박사라는 사람에 대해 다음과 같이 썼다.

그는 신경통이 너무 심해서 강의를 제대로 진행할 수 있을지 걱정하면서 강의를 시작하는 일이 잦았다. 하지만 일단 결연한 노력으로 사고의 흐름을 이어가기 시작하면 통증에 전혀 신경 쓰지 않고 강의를 계속할 수 있었다. 그러다가 강의가 끝나고 주의가 흐트러지면 모든 저항을 압도해버리는 강한 통증이 되살아났고, 그는 어떻게 자신이 강의 중에 이 통증을 느끼지 않을 수 있었는지 의아해했다.[9]

마음을 다른 데로 돌리면 통증은 사라지는 듯하다. 반대로 마음이 통증을 다시 의식하면 몸도 따라서 반응한다. 고통을 주는 자극을 재해석하면 그 자극이 더는 고통을 주지 않을 수도 있다. 이런 전략은 단순히 주의를 딴 데로 돌리는 방법보다 결과가 더 오래 지속되기 쉽다. 일단 한 번 자극을 재해석하고 나면 마음이 원래의 해석을 되살리는 일은 드물기 때문이다. 4장에서 우리는 환자들이 통증을 다른 맥락에서 바라볼 때(미식축구 경기 중에 타박상이 생겼다거나 급하게 파티 음식을 준비하다가 칼에 베였다고 생각할 때) 통증을 더 잘 견딘다는 것을 봤다. 이런 마음챙김 훈련 덕분에 그들은 통제집단 환자에 비해 진통제와 진정제를 덜 사용했고, 퇴원도 더 일찍 할 수 있었다.

헨리 비처Henry Knowles Beecher는 2차 세계대전에서 부상을 당한 군인들과 민간인 통제집단을 대상으로 투약이 필요할 정도로 심한 통증의 빈도를 비교했다.[10] 민간인 집단에서는 83퍼센트가 진통제를 요구한 반면, 군인 집단은 똑같이 심각한 상처가 있는데도 32퍼센트만이 진통제를 요구했다. 로버트 울리히Robert Ulrich는 담낭 수술을 받은 환자 두 집단을 관찰한 결과 창밖으로 아름

답게 단풍이 든 나무들이 보이는 병실을 배정받은 환자들이 창밖으로 벽돌담만 보이는 병실의 환자들보다 진통제를 덜 투여받고 퇴원도 더 빨리 했다고 보고했다.[11]

우리가 병원 하면 떠올리는 것 중 하나가 생소함이다. 다시 말해 생소함은 병원이라는 맥락의 일부다. 하지만 시각을 달리하면 이런 생소함이 사라질 수도 있다. 따지고 보면 병원의 의료진도 사람이고 병원 창문도 창문이고 병원 침대도 침대다. 그런데도 우리는 이것들을 낯설게 받아들이고 그로 인해 부정적인 영향을 받는다. 자비넨K. Jarvinen은 중중 심근경색 환자들을 대상으로 한 연구에서 낯선 의료진이 회진을 도는 기간에는 그렇지 않은 기간에 비해 환자가 갑자기 사망할 확률이 5배로 증가한다는 사실을 발견했다. 하지만 생소함은 의료진에게서 비롯한 것이 아니다. 생소함과 친숙함은 우리 자신이 환경에 부여하는 속성이다.[12] 그 환자들이 시각을 바꿔서 새 의료진에게서 자신이 좋아했던 예전 의료진과 비슷한 면을 봤다면, 그래서 그들을 덜 낯설게 느꼈다면 다른 결과를 낳았을지도 모른다.[13]

맥락은 심지어 감각의 정확도에도 영향을 줄 수 있다. 이런 사실은 나와 하버드대학교 학생들이 함께 수행한 연구에서도 증명되었다.[14] 우리는 많은 사람이 가지고 있는, 비행기 조종사는 시력이 아주 좋다는 믿음을 이용했다. 실험 참가자는 학군단에 소속된 학생들이었다. 우리는 이들에게 연기가 아니라 실제로 자신을 공군 조종사라고 상상하라고 지시했다. 이들의 마음이 '조종사는 시력이 좋다'고 생각하고 있으니 이들의 눈도 거기에 맞추어 시력이 향상되리라는 것이 우리의 가설이었다. 연구자 중 한 명인 마크 딜런^{Mark Dillon}이 학군단 소속인 덕분에 우리는 실험에 비행 시뮬레이터를 사용할 수 있었다. 참가자들은 조종사 제복을 입고 지시에 따라 시뮬레이터를 조종했다. 이 과정은 실제 비행과 매우 흡사했다. 통제집단은 제복은 입었지만 시뮬레이터가 고장난 탓에 '모의 모의조종'을 해야 했다.

우리는 참가자들에게 시력에 대한 언급을 전혀 하지 않았다. 조종사 맥락을 소개하기 전의 실험 시작 단계에서 참가자들은 간단한 신체검사를 받았고 여기에 시력검사가 포함되어 있었다. 비행을 하는 동안(통제집단의 경우에는 비행하는 척하는 동안) 참가자들은 조종실 창밖으로 보이는 비행기 날개에 쓰인 부호를 읽어보라는 지시를 받았다. 이 '부호'들은 사실 시력검사표에 나오는 글자들이었다. 그 결과 조종사 맥락 안에 있었던 참가자의 약 40퍼센트가 시력이 향상된 반면 통제집단에서는 아무도 시력이 향상되지 않은 것으로 나타났다. 각성과 동기 수준의 영향을 받는 걸 배제하기 위해 또 다른 집단을 추가했을 때에도 결과에는 기본적으로 변화가 없었다.

맥락은 사람에게서와 마찬가지로 동물의 생리기능에도 영향을 준다. 쥐들을, 특히 성장기에 오랫동안 좁은 공간에 밀집된

환경에서 살게 하면 부신과 뇌하수체가 커지기도 한다.[15] 또 다른 연구에서는 자극이 풍부한 환경에서 자란 쥐와 고립된 환경에서 자란 쥐 사이에 나타나는 대뇌피질의 무게 및 두께의 차이가 그 환경을 벗어나지 않는 한 계속 유지된다는 사실을 보여줬다.[16] 이 밖에도 신경과학 분야의 많은 연구에서 심리적 요인이 위와 유사한 해부학적 변화를 일으킨다는 것이 증명되었다.

최근 많은 연구자가 관심을 쏟는 문제가 바로 태도가 면역체계에 끼치는 영향이다. 면역체계는 심리상태와 신체질병 사이에서 매개 역할을 하는 것으로 여겨지고 있다. 따라서 정서적 맥락, 다시 말해 주위에서 일어나는 일을 어떻게 해석하느냐가 심각한 질병으로 이어지는 사슬의 첫 번째 고리가 될 수 있다. 영국의 임상심리학자 리처드 토트먼Richard Totman은 다음과 같은 '심신증적' 연쇄반응이 일어날 수도 있다고 말한다.

심리상태는 뇌의 상부 중앙, 그리고 변연계에서 시상하부, 뇌하수체, 부신으로 이어지는 신호에 영향을 주기 때문에 면역체계와 관련된 수많은 질병에 대한 신체 반응을 결정하는 민감한 저울을 기울게 만들 수도 있다. 여기에는 감염성 질병과 알레르기에서 관절염·자가면역질환·암에 이르는 광범위한 질병이 해당되고, 노화와 연관된 각종 퇴행성 질환도 포함된다. 그러므로 이런 질병들이 생기는 데 심리적 요인이 끼어들 여지는 전혀 부족

해 보이지 않는다.[17]

맥락은 우리가 통제력을 행사할 수 있는 부분이라는 점에서 심리상태와 질병 간의 이런 연관성이 계속 밝혀지는 것은 반가운 일이다. 순수하게 생리적 문제이고 치료가 불가능하다고 여겨지는 질병들조차도 우리가 과거에 생각했던 것보다 개인적인 통제가 좀 더 가능할지 모른다.

달리 손쓸 도리가 없어 보일 정도로 질병이 가차 없이 진행되는 경우조차도 환자 자신이 마음챙김으로 반응하느냐 마음놓침으로 반응하느냐에 따라 병세가 달라질 수 있다. 예를 들어 암은 죽음을 의미한다는, 널리 퍼진 고정관념에 대해 생각해보자. 거의 대부분의 사람은 악성종양이 있다는 진단을 받고 나면 아직 종양이 신체 기능에 별 영향을 주지 않는 상태에서도 자신을 건강하다고 생각하지 않는다. 한편 종양이 있는 줄 모르는 채 자신이 건강하다고 여기며 돌아다니는 사람들도 있다. 의사들이 관찰한 바에 따르면, 암이라는 진단을 받은 뒤 환자들이 암의 실제 경과와 상관없이 몸 상태가 나빠지는 경우가 많다고 한다. 어떤 의미에서 그들은 마치 '죽음이 다가왔음을 스스로 의식하고는' 죽어가기 시작하는 것처럼 보인다.

맥락을 바꿔 중독에서 벗어나다

흔히 알코올의존증과 약물중독은 치료가 매우 어렵다고 여기지만 두 경우 모두에서 맥락이 얼마나 중요한 역할을 하는지 생각해보면 희망의 여지가 있다. 예를 들어 술에 대한 기대를 바꾸면 술에 취하는 정도도 바뀔 수 있다. 한 실험에서 연구자들은 실험 참가자를 두 집단으로 나누고 한 집단은 알코올 음료(보드카 토닉)를 마시게 되리라고, 한 집단은 비알코올 음료(토닉)를 마시게 되리라고 기대하게 만들었다. 실험 참가자들은 자신이 시음대회에 참가 중이라고 믿으며 마음대로 음료를 골라 마시고 점수를 매겼다. 실험 결과 알코올이 행동에 생리학적 영향을 준다는 일반적인 생각과 달리 참가자의 행동에 가장 큰 영향을 준 요인은 알코올에 대해 각자가 어떤 기대를 가지고 있었느냐 하는 것이었다. 참가자의 기대가 음주량, 공격적인 행동의 정도, 취해 보이는 정도를 결정했다.[18] 다른 연구자들도 이와 비슷한 실험을 통해 자신이 마신 음료가 술이라고 믿은 참가자 집단은 실제로 그 음료에 알코올이 들었는지의 여부와 상관없이 심장박동이 느려지는 경향이 있음을 발견했다.[19]

이 밖에도 수많은 연구에서 알코올 자체의 화학적 성질보다는 마시는 사람의 생각이 술을 마신 뒤의 생리적 반응에 더 영향을 주는 것으로 나타났다. 고등학생들이 파티에서 보이는 별의

별 행태들은 그들이 마신 맥주의 양뿐만 아니라 맥락으로부터도 영향을 받는다. 3장에서 봤듯이 우리는 어렸을 때 술이 사람의 행동에 어떤 영향을 주는지에 대해 확고한 선입견을 형성한다. 그리고 이런 마인드세트는 이후의 삶에서 술이 어떤 역할을 맡게 될지를 결정한다.

약물중독 상담자들이 관찰한 바에 따르면, 같은 헤로인 중독자라도 자신을 중독자로 생각하지 않는 사람 쪽이 금단증상을 덜 경험하는 경향이 있다고 한다. 똑같은 양의 헤로인을 복용하더라도 자신을 중독자로 여기는 사람은 대개 금단증상을 훨씬 심하게 겪는다는 것이다. 또 헤로인 중독자의 치료와 관련된 일을 하는 사람들의 비공식 보고에 따르면, '깨끗한' 곳이라는 명성을 가진 교도소(그곳에서는 절대 약물을 구할 수 없다고들 믿는 교도소)에 수감된 중독자들은 심한 금단증상을 겪지 않는 반면, 다른 교도소(약물이 금지되어 있지만 어떻게든 구할 수 있을 것이라고 믿는 교도소)에 수감된 중독자들은 심한 금단증상을 겪는다고 한다. 마음에서 멀어지면 몸에서도 멀어지는 것이다.

맥락이 중독에 끼치는 강력한 효과는 베트남 참전용사들을 대상으로 한 연구에서도 볼 수 있다. 리 로빈스Lee Robbins 연구팀은 한 연구에서 베트남에서 복무하는 동안 약물복용 습관이 생긴 군인들과 일상생활에서 그런 습관이 생긴 사람들을 비교했다. 그 결과 전쟁 중에 약물복용 습관이 생긴 중독자들은 일반인 중독자들에 비해서 약물을 더 쉽게 끊었다. 참전용사들은 전쟁터의 극심한 스트레스를 풀기 위해 약물에 손댔을 가능성이 높았다. 그러므로 미국으로 귀환하면서 이런 외부적 명분이 사라졌고, 이들 자신이 지각하는 약물복용 욕구도 사라졌던 것이다.[20]

맥락이 약물 과다복용에 끼치는 영향은 더 극적이다.[21] 아편과 같은 약물은 복용을 거듭할수록 내성이 커진다. 약물중독자들은 복용량을 늘려가다가 예전이었다면 치명적이었을 분량의 약물을 사용하게 된다. 그러나 약물 과다복용으로 사망한 사람 중에는 원래대로라면 치명적이지 않았을 분량을 복용하고 죽은 경우가 많다. 셰퍼드 시겔Shepard Siegel 등은 평소와 같은 양의 약물인데 어느 날 몸이 견디지 못하는 것은 맥락의 작용 때문이라고 봤다. 이들이 쥐를 대상으로 실험한 결과, 똑같이 치사량에 가까운 약물을 투여하더라도 예전의 약물 경험과 연합되지 않은 상황에서 투여받은 쥐보다 예전의 경험과 연합된 단서가 있는 상황에서 투여받은 쥐가 더 많이 살아남았다. 또 낯선 환경에서 약물을 투여하자 두 집단의 쥐 모두 견딜 수 있는 약물의 양이 평소보다 감소했다. 시겔 연구팀은 다음과 같은 결론을 내렸다. "약리학적 사전 검사에서 같은 결과를 받았다고 해서 반드시 헤로인에 대해 똑같은 수준의 내성을 보이지는 않는다." 이들이 실시한 다른 실험에서도 낯선 환경에서 실험을 받은 쥐들이 익숙한 환경에서 받은 쥐보다 '과다복용'으로 더 많이 죽는 경향이 나타났다.

만약 맥락이 금단증상의 정도뿐만 아니라 약물 과다복용의 효과까지도 변화시킬 수 있다면, 중독은 우리가 일반적으로 생각하는 것보다 훨씬 더 제어가 가능할지 모른다. 왜냐하면 인간은 쥐와 달리 상황적 맥락(예를 들어 친숙한 상황이나 약물을 구할 수 없는 상황에 자신을 집어넣는다거나 낯선 환경에서 친숙한 요소를 찾는 것)과 정서적 맥락(중독의 의미) 모두를 바꿀 수 있기 때문이다.

주변을 보면 어느 날 갑자기 독하게 마음먹고 담배를 끊은 사람이 한두 명은 있다. 그들이 금연에 성공한 것은 금연의지 때문에 금단증상이 새로운 맥락 안에 들어갔기 때문일까? 과거에 나는 가끔 한 번씩 담배를 끊었다가 힘들어서 포기하고 다시 피우곤 했다. 다른 많은 사람처럼 말이다. 그런데 10년 전에 마지막으로 끊었을 때에는 금단증상을 느끼지 않았다. 의지력 때문은 아니었다. 그냥 담배를 피우고 싶은 생각이 들지 않았다. 나의 흡연 욕구는 어디로 간 것일까?

조너선 마골리스Jonathan Margolis와 나는 이 의문을 해결하기 위해 두 단계에 걸친 실험을 했다. 먼저 우리는 흡연자가 흡연이 금지된 맥락에서 강한 흡연 욕구를 느끼는지 알아보고자 했다.[22] 이를 위해 우리는 극장·직장·종교상 흡연이 금지된 날, 이 세

가지 상황에서 흡연자들에게 질문을 던졌다. 극장의 경우, 우리는 극장 입구에서 담배를 피우고 있는 사람들에게 다가가 이따가 영화를 보는 중에 한 번, 그리고 영화가 끝나고 나와서 담배에 불을 붙이기 전에 한 번 잠깐씩 질문을 해도 되겠느냐고 부탁했다. 직장의 경우에는 담배를 피울 수 없는 상황에서 한 번, 흡연이 허용되는 휴식시간 직전이나 직후에 한 번 참가자에게 질문을 던졌다. 마지막으로 우리는 안식일에 흡연이 금지되어 있는 정통파 유대교도들에게 안식일에 한 번, 안식일 직후에 한 번 응답을 얻었다. 결과는 세 상황 모두에서 매우 비슷했다. 사람들은 담배를 피울 수 없는 맥락에서는 금단증상을 겪지 않았다. 하지만 흡연이 허용된 맥락으로 돌아가면 흡연 욕구가 되살아났다.

이 실험 참가자들은 모두 무심한 방식으로 흡연 욕구에서 잠시 벗어났다. 의도적인 방식으로도 같은 결과를 얻을 수 있었을까? "나는 유혹만 빼고는 뭐든 이겨낼 수 있어"라고 오스카 와일드Oscar Wilde의 《윈더미어 부인의 부채Lady Windermere's Fan》에 나오는 한 등장인물이 말한다. 여기서 우리가 알고 싶은 것은 이것이다. 사람은 유혹을 느끼는 것 자체를 통제할 수 있는가?

이 물음에 대답을 얻기 위해 두 번째 실험을 계획하며 우리는 열린 마음의 중독자는 중독에 대해 두 가지 이상의 관점을 가지고 있으리라고 가정했다.[23] 열린 시각으로 보면 분명히 중독에는 불이익뿐만 아니라 이익도 따른다. 그런데도 약물 사용 습관이

2부. 마음챙김이라는 무기

나 중독을 끊으려고 노력하는 사람들은 대부분 그런 식으로 생각하지 않는다. 예를 들어 담배를 끊으려고 하는 사람은 대개 흡연의 부정적인 효과만을 따져본다. 그러고는 건강상의 위험과 불쾌한 냄새, 연기에 대한 다른 사람들의 부정적 반응 등을 자신에게 상기시킨다. 하지만 막상 담배를 피우는 동안에는 건강상의 위험이나 냄새를 생각하지 않는다. 따라서 그런 이유 때문에 담배를 끊으려는 시도는 결국 실패로 끝나는 일이 많다. 이들이 실패하는 이유 중 하나는 중독의 긍정적 측면들이 여전히 강한 매력을 지니기 때문이다. 긴장이 풀리는 느낌, 담배의 맛, 담배 한 대를 피우며 옆 사람과 나누는 대화, 이 모든 것이 여전히 유혹적이다. 금연이라는 문제에 좀 더 마음챙김 자세로 접근하려면 이 모든 즐거움을 자세히 살펴본 뒤 그와 같은 즐거움을 얻을 수 있는 다른 방법을 찾아야 할 것이다. 약물을 통해 충족되고 있는 욕구들을 다른 방법으로 충족시킬 수 있다면 중독에서 벗어나기가 좀 더 쉬울 것이기 때문이다.

사람들이 담배를 끊을 때 이런 이중적인 관점이 작용하는지 알아보기 위해 우리는 간접적인 전략을 시도했다. 우리는 담배를 이미 끊은 사람들을 실험 참가자로 모은 뒤 한 사람 한 사람에게 금연에 성공한 것을 칭찬했다. 그러고는 그들이 칭찬을 기꺼이 받아들이는지 주의 깊게 관찰했다. 세 글자짜리 단어를 맞게 썼다고 칭찬받는 기분이 어떨지 상상해보면 우리의 전술을 이해하는 데 도움이 될 것이다. 아주 쉬운 과제를 했을 때에는 칭찬에 별 의미가 없다. 반면 끔찍하게 어려운 문제를 풀고 난 뒤라면 칭찬이 아주 반가울 것이다. 우리는 그런 뒤에 참가자들에게 금연을 결심할 때 어떤 요인들을 고려했는지 질문했다. 조금 전에 칭찬을 기쁘게 받아들인 참가자들은 그렇지 않은 참가자에 비해 이 질문에 대해 흡연의 부정적인 효과만을 거론하며 한쪽으로 치우친 대답을 내놓는 경향이 있었다. 칭찬을 대수롭지 않게 받아넘겼던 사람들은 흡연의 긍정적·부정적 측면을 모두 염두에 두는 경향이 있었다. 몇 달 뒤에 우리는 이때의 참가자들에게 연락을 취해 여전히 금연을 실천하고 있는지 알아봤다. 그 결과 흡연의 긍정적 측면을 염두에 두고 칭찬을 대수롭지 않게 받아넘겼던 참가자들의 금연 성공률이 더 높은 것으로 나타났다.

위의 연구는 중독에 대한 연구와 치료 분야에 몇 가지 흥미로운 질문을 던져준다. 중독에 빠지게 하는 긍정적인 요인을 인식하고 그것을 대체할 방법을 찾는 것이 쉬운 일이 아니지만, 그런 시도를 통해 해로운 습관에서 벗어나는 더 창의적인 방법을 찾을 수 있을지 모른다.

마음을 속여 치유의 힘을 이끌어내다

바이오피드백은 잘 알려져 있다시피 예전에는 의식적 통제가 불가능하다고 여겼던 몸 안의 기능을 통제하게 도와주는 기법이다. 1960년대에 이르러 바이오피드백 장치를 이용하면 심장박동, 혈류, 뇌파 같은 체내의 '불수의적' 체계를 의도적으로 통제할 수 있음이 밝혀졌다. 이 장치를 사용하면 환자가 자기 체내에서 일어나는 작용을 각종 수치를 통해 볼 수 있다. 환자는 이런 식의 피드백을 이용해 자신의 몸 안에서 일어나는 일을 변화시키고자 하는데, 시행착오를 거치다 보면 '불수의적' 반응을 본인이 통제할 수 있다. 바이오피드백의 효과가 처음 증명된 이래로 나를 포함한 여러 연구자는 왜 이런 외부장치가 필요한지에 의문을 품었다. 왜 꼭 바이오피드백을 통해 피드백을 얻어야 하는가? 자기 안의 단서에서 피드백을 얻을 수는 없는가? 훈련으로 우리 자신의 몸에서 일어나는 일들에 대해 통제력을 가질 수는 없을까?

우리 몸의 치유력을 간접적·수동적으로 제어하는 또 다른 방법은 바로 플라세보를 이용하는 것이다. 플라세보란 아무런 약효가 없는 물질을 진짜 약과 비슷한 모양으로 만든 것으로, 일반적으로 진짜 약의 효과를 판단하기 위한 비교 기준으로 사용된다. 이런 실험은 대부분 '이중 맹검double-blind' 방식으로, 다시 말해 누가 진짜 약을 투여받고 누가 플라세보를 투여받는지를 연구자와 환자 양쪽 모두 모르는 상태에서 진행된다. 대개의 경우 플라세보도 어느 정도 효과를 나타내므로 플라세보와 진짜 약의 효과 차이를 가지고 그 약의 약효를 판정한다. 그러므로 어떤 약을 시장에 내놓으려면 그 약이 플라세보보다 효과가 크다는 것을 증명해야 한다. 효능 실험에서 진짜 약과 플라세보 간에 차이가 나타나지 않는 경우에는 그 약이 투약 효과가 없다는 결론을 내린다. 하지만 여기에는 의문의 여지가 있다. 왜냐하면 플라세보의 효과가 생각보다 강력할 수 있기 때문이다. 실제로 사람들이 처방받는 대부분의 약은 그 효과가 상당 부분 플라세보 효과에서 나오는 것으로 여겨지고 있다. 그래서 신약이 나오면 플라세보 효과가 없어지기 전에 최대한 빨리, 최대한 자주 사용해야 한다는 우스갯소리도 있다.

플라세보를 투여했는데 환자가 회복되면 그 질병이 '단지 심리적 문제'였던 것으로 간주된다(여기서 우리는 심신이원론이 여전히 건재함을 볼 수 있다). 흥미로운 것은 아무도 환자에게 진짜 약을 주면서 '이것은 그냥 플라세보입니다'라고 말하고 그 효과를 검증하지는 않는다는 점이다(이는 연구자들이 약의 효과를 변화시키는 마음의 힘을 인정한다는 의미일까?).

사람들의 관심은 이토록 큰데도 플라세보가 정확히 어떤 원리로 효과를 나타내는 것인지에 대해서는 밝혀진 바가 없다. 이

2부. 마음챙김이라는 무기

원리를 알아내기 위해 연구자들은 '플라세보' 처치를 통해 쥐의 면역체계를 변화시키는 실험을 해왔다. 한 연구에서는 선천적으로 전신홍반성루푸스라는 질병을 가진 쥐한테 플라세보 처치를 하면 수명이 얼마나 연장되는지를 실험했다.[24] 전신홍반성루푸스란 자가면역질환의 일종으로 면역체계가 자신의 몸을 공격해서 문제가 생기는 병이다. 첫 번째 집단의 쥐는 일주일에 한 번씩 면역 반응을 억제하는 주사를 맞았는데, 주사를 맞기 직전에 연구자가 새로 준 액체를 마셨다. 두 번째 집단도 액체를 받아 마신 뒤 주사를 맞는 것까지는 같았지만 이 경우에는 주사 중 절반이 진짜 약이 아니라 불활성 물질이었다. 따라서 이 집단이 투여받은 약물의 총량은 첫 번째 집단의 절반밖에 되지 않았다. 세 번째 집단은 두 번째 집단과 거의 동일한 처치를 받는데, 단지 주사와 마시는 액체를 같이 받지 않고 각기 다른 날에 받았다는 점만 달랐다. 네 번째 집단은 통제집단으로, 이 쥐들은 일주일에 한 번씩 새 액체를 마신 뒤 불활성 물질을 투여받았다. 이 집단은 한 번도 면역억제제를 투여받지 않았다.

우리가 눈여겨봐야 할 집단은 두 번째와 세 번째 집단이다. 만약 세 번째 집단에 비해 두 번째 집단에서 병이 더 느리게 진행되었다면 그것은 쥐들이 약물의 효과로 설명할 수 없는 어떤 방식으로 스스로의 면역체계를 억제했다는 의미다. 실제 실험 결과도 정확히 그러했다. 두 번째 집단의 폐사율이 확실히 낮았다.

세 번째 집단의 폐사율은 통제집단과 같았다. 또 한 가지 놀라운 결과는 첫 번째 집단이 두 번째 집단에 비해 진짜 약을 두 배로 투여받았는데도 두 집단의 폐사율이 거의 같았다는 것이다. 이로써 플라세보의 효과는 면역체계에 큰 영향을 줄 정도로 강력하다는 사실이 극적으로 확인되었다.

플라세보 효과는 실제로 존재한다. 그리고 강력하다. 그런데 플라세보를 복용했을 때 그 치유 효과는 누구한테서 나오는 것인가? 왜 그냥 자신의 마음에게 "여기 아픈 곳을 고쳐라"라고 말하면 안 되는 것일까? 왜 우리는 자가치유력을 끌어내기 위해 자신의 마음을 속여야 할까? 사람들은 자가치유력을 끌어내는 수많은 방법을 터득해왔다. 플라세보, 최면, 자기암시, 신앙요법, 심상 떠올리기, 긍정적 사고, 바이오피드백 등이 그 예다. 이 방법들은 모두 마인드세트를 바꾸기 위한 도구, 곧 건강에 나쁜 맥락에서 건강에 좋은 맥락으로 옮겨가기 위한 도구라고 볼 수 있다. 이런 복잡하고 간접적인 책략에 의지하지 않고 마음챙김의 의도적인 방식으로 같은 효과를 얻는 방법을 더 많이 알수록 우리는 우리 자신의 건강에 대해 더 큰 통제력을 얻을 것이다.

마음의 힘을 모아 능동적으로 건강해지다

바로 위에서 언급한 자가치유 방법 중에는 환자 본인의 역할이 수동적이지만은 않은 경우도 있다. 건강에 해로운 마인드세트 또는 선입견을 바꾸려는 의도적인 노력이 명백하게 개입된다. 최면을 예로 들어보자. 최면을 연구하는 사람들은 시술을 받는 사람이 최면을 받아들일 의지가 없으면 최면이 걸리지 않는다는 데 대부분 동의한다. 어떤 사람은 심지어 모든 최면은 결국 자기최면이라고까지 말한다.[25]

최면을 통한 사마귀 치료는 이런 자가치유력을 생생하게 보여주는 한 예다. 사마귀는 바이러스 감염에 의해 생기는 것으로 알려져 있는데, 눈으로 볼 수 있고 만져지고 잘 없어지지 않는다는 점에서 '진정한' 신체적 문제라 할 수 있다. 하지만 사마귀도 최면에 반응한다. 생물학자 루이스 토머스Lewis Thomas는 《해파리와 달팽이The Medusa and the Snail》에서 다음과 같이 말한다. "사마귀는 생각 또는 생각과 비슷한 그 무엇이라고밖에 볼 수 없는 어떤 것에 의해 없어질 수 있다. (…) 최면 암시를 통해 사마귀를 피부에서 사라지게 할 수 있다. 이것은 과학으로 설명하기 힘든 매우 신비한 현상 중 하나다."[26]

이어서 토머스는 한 실험에 관해 이야기하는데, 이 실험에서 한 참가자 집단은 사마귀를 없애라는 최면 암시를 받았고 다른 한 집단은 그런 지시를 받지 않았다. 그 결과, 실험집단에서는 14명 중 아홉 명이 사마귀를 없애는 데 성공한 반면 통제집단에서는 아무도 사마귀가 없어지지 않았다. 토머스는 우리 몸의 지혜가 없었다면 이런 일을 해내기가 얼마나 어려웠을지 지적한다. 어떤 지시를 내려야 사마귀를 없앨 수 있는지 알려면 '세계적 수준의 세포생물학자'쯤은 되어야 할 것이다. 하지만 자기 몸에서 사마귀를 없앤 실험 참가자들은 그저 평균적인 교육을 받은 사람들이었다.

또 다른 연구자가 실시한 한 극적인 실험은 우리가 몸에 어느 정도까지 구체적으로 지시를 내릴 수 있는지 보여준다. 이 실험에서는 참가자 14명에게 최면을 건 뒤 자기 몸에서 사마귀를 없애되 오른편 또는 왼편 한쪽만 없애라는 지시를 내렸다. 그 결과 실험 참가자 중 아홉 명의 몸에서 지정된 쪽의 사마귀가 완전히 사라졌다.[27]

최면 상태에서 치유가 이루어질 때 본인이 어느 정도의 역할을 하는 것은 분명하지만 그 과정에는 여전히 수동적인 느낌이 있다. 우리가 좀 더 능동적으로 자신의 몸에 영향력을 행사할 수 있는 방법은 무엇일까? 그러려면 무엇보다도 먼저, 마음 놓고 '전문가'에게 문제를 일임하는 습관에서 벗어나 자기 몸에 대한 통제력을 되찾아야 한다. 어렸을 때 무릎이 까지면 엄마가 반창고와 뽀뽀로 낫게 해준다는 것을 경험한 뒤로 우리는 누군가 다른 사람이 자신을 낫게 해줄 수 있다는 생각을 늘 가진다. 의사에게 가서 라틴어로 된 병명을 듣고 약을 처방받을 때면 이런 오래된 마인드세트가 더욱 공고해진다. 하지만 처방 없이 라틴어 병명만 들으면 어떻게 될까? 당신이 어디가 아파서 병원에 갔는데 의사한테서 당신의 병은 '자팔리티스'이고 그 병에는 별다른 치료법이 없다는 말을 들었다고 상상해보라. 자팔리티스라는 진단명을 듣기 전까지는 증상 하나하나에 의식적으로 관심을 기울이며 그것을 완화하기 위해 당신이 할 수 있는 데까지 노력했을 것이다. 하지만 별다른 치료법이 없다는 말을 들은 뒤로는 아무 노력도 하지 않게 된다. 병을 다스리기 위해 뭔가 해보려는 의욕, 자신의 몸에 귀 기울여보려는 의욕이 병원에서 준 꼬리표 때문에 꺾인 것이다.

1970년대 즈음부터 소비자로서 환자의 권리에 대한 인식이 확산되면서 자신의 건강에 대한 통제력을 회복하려는 움직임이 생겨났다. 이런 환자들이 찾아낸 대체요법 중 다수가 마음챙김의 강화를 치유의 핵심 요소로 삼고 있다. 예를 들어 칼 사이먼튼Carl Simonton은 '암은 곧 사망선고'라는 마인드세트를 없애기 위해 다년간 일해왔다. 그의 생각에 따르면, 암은 대개의 경우 환자의 삶에 곤란을 주는 증상일 뿐이다. "암환자들은 일반적으로 이런 문제와 스트레스에 대해 깊은 절망감과 자포자기 심정을 느낀다."[28] 사이먼튼은 이런 정서적 반응이 생리적으로 몸

자체의 방어 기능을 떨어뜨리는 결과를 낳고, 그럼으로써 신체가 이상세포를 만들기 쉬워진다고 주장한다. 암환자를 위한 사이먼튼요법은 환자 본인의 능동적 상상에 초점을 맞춘다. 환자는 종양의 이미지를 머릿속에 떠올린 뒤 몸 안의 '좋은' 세포나 항암제 또는 방사선이 그 종양을 파괴하는 이미지를 상상한다. 이 과정을 수행하려면 환자는 먼저 암이 사람을 죽이는 존재라는 마인드세트를 종양이 죽음을 당하는 마인드세트로 교체해야 한다.

노먼 커즌스Norman Cousins가 자신의 심각한 질병에 대처하기 위해 택한 방법(최초의 '대체'요법 중 하나로 볼 수 있다)은 맥락을 완전히 바꾸는 것이었다. 그는 병원에서 나와 호텔에 들어간 뒤 링거병들과 무균 환경을 막스 브라더스Marx Brothers가 나오는 옛날 코미디 영화로 대체했다. 《웃음의 치유력Anatomy of an Illness》이라는 책에서 커즌스는 자신의 머릿속에서 맥락의 전환이 즉각적으로, 완전하게 일어났다고 말한다.[29]

위에서 언급한 방법들 외에도 수많은 대체치유법이 존재한다. 하지만 여기서 중요한 것은 그런 방법들과 앞에서 본 마음챙김의 정의 사이에서 유사점을 발견하는 것이다. 스스로를 치유하려 노력할 때, 그리고 그 책임을 의사들에게 완전히 양도해버리지 않을 때 우리는 마음챙김으로 치유 과정을 밟아나갈 수 있을 것이다. 먼저, 병에 관한 해로운 범주(예를 들면 암은 사형선

고라는 이미지)에 의문을 품을 것이다. 또 자신의 몸이 주는 것이든 책이 주는 것이든 간에 새로운 정보를 기꺼이 받아들일 것이다. 자신의 병을 한 가지 관점(의학적 관점)에서만 보지 않을 것이다. 스트레스를 주는 근무환경이든 병원에 대한 음울한 시각이든 간에 맥락을 바꾸려 노력할 것이다. 마지막으로, 치료를 받아 건강해지는 것보다 건강한 상태를 유지하는 것에 초점을 맞추다 보면 필연적으로 결과보다 과정을 중요시하게 될 것이다.

나는 지금까지 주로 노인들을 대상으로 마음챙김 이론을 건강에 적용했다. 요양원 노인들에게 명상법이나 유연하고 참신한 사고를 이끄는 기법을 가르치거나 앞에서 봤던 것처럼 평소보다 생각을 많이 하게 만듦으로써 수명을 늘리는 데 성공했다는 사실을 볼 때 젊은 사람들의 건강을 향상시키고 병으로 인한 고통을 줄이는 데에도 같은 기법을 사용할 수 있으리라 생각된다.[30] 최근에 나는 동료들과 함께 관절염 환자들에게 여러 가지 재미있는 문제를 제시해서 그들의 정신활동을 증가시키는 실험을 했다. 예를 들어 우리는 실험집단에게 "수풀 속의 새 한 마리가 손안에 있는 새 두 마리만 못하다"와 같이 속담을 살짝 바꿔 제시한 뒤 그 말을 설명하라고 했다. 통제집단에게는 원래의 익숙한 형태로 속담을 제시했다. 그 결과 실험집단, 곧 마음챙김 집단은 질문지에 실험 전에 비해 더 편안하고 즐거워졌다고 응답했을 뿐만 아니라 관절염에 수반되는 화학적 특성(이 실험에서는 적혈구 침강 속도)에서도 변화가 생긴 것으로 나타났다.[31] 통제집단에서는 별다른 변화가 나타나지 않았다.

이번 장에서 나는 우리 자신의 몸에 영향력을 끼치기 위한 두 가지 방법을 제안했다. 한 가지는 건강에 나쁜 마인드세트를 건강에 이로운 마인드세트로 바꾸는 것이고, 다른 한 가지는 전반적으로 마음챙김 상태를 증가시키는 것이다. 이 중 후자의 효과가 더 오래 지속되고 개인의 통제력도 더 커진다. '플라세보 효과'의 진정한 효과는 사람들이 그것을 자신을 위해 작용하도록 만들 때 드러날 것이다. 당신이 어렸을 때 자전거를 어떻게 배웠는지 생각해보라. 처음에는 나이 많고 키 큰 사람이 뒤에서 안장을 붙잡아줬을 것이다. 그러다가 어느 순간 자전거에 균형이 잡히고 뒤에 있던 사람은 슬그머니 손을 놓는다. 그리고 자전거는 넘어지지 않고 앞으로 나아간다. 당신이 자신도 모르는 사이에 자전거를 통제하게 된 것이다. 인생에서 일어나는 대부분의 일도 그와 마찬가지다. 우리는 자신이 그런 일을 하고 있다는 것을 모르는 채 자신의 건강을 또는 병의 진행을 통제한다. 다만 자전거를 배울 때에는 어느 순간 자신이 통제력을 행사하고 있음을 깨닫는다는 차이가 있다. 이제는 우리가 질병에 대해 행사하는 통제력을 인식하고 사용하는 법을 배울 때가 됐을지 모른다.

어떤 의미에서 보면 우리는 약 대신 플라세보를 '복용'할 수 있어야 한다. 몸과 마음을 하나로 생각한다는 것은 곧 우리가 마음을 두는 곳에 몸도 둘 수 있다는 의미다. 적어도 현재 우리 대다수는 건강한 상태에 도달하기 위해 마음을 속여야 할 수도 있다. 하지만 우리가 의식적으로 마음을 건강한 상태로 유도하는 법을 익히고 나면 몸도 당연히 따라갈 것이다. 줄리언 헉슬리Julian Huxley는 《새 포도주는 새 병에New Bottles for New Wine》라는 책에서 신념이라는 주제에 관해, 19세기의 위대한 과학자였던 자신의 할아버지 토머스 헉슬리Thomas Huxley가 한 말을 인용한다.

모든 사람은 자신이 가진 믿음에 대해 근거를 댈 수 있어야 한다. 나는 인간의 가능성에 믿음을 갖고 있다.[32]

9장. 건강을 부르는 마음챙김

나오며

마음챙김을 넘어서

Epilogue:
Beyond Mindfulness

코린: 양치기 생활은 마음에 드십니까, 터치스톤 나으리?

터치스톤: 양치기여, 그렇다네. 그 자체로만 본다면 괜찮은 생활이네.

하지만 양치기의 생활이라는 점에서는 별 볼 일 없지. 한적하다는 점에서는

아주 마음에 들지만 혼자만의 생활이라 아주 좋지 못하다네.

또 전원생활이라는 점에서는 무척 마음에 들지만

궁정생활이 아니라 따분하지.

이보게, 검소한 생활이라서 내 기질에는 잘 맞지만 풍족하지 못하니

내 위장에는 영 맞질 않아. 양치기 자네는 무슨 인생철학이라도 갖고 있나?

__ 윌리엄 셰익스피어, 〈뜻대로 하세요〉 3막 2장

마음챙김을 주제로 강연을 할 때마다 반드시 받는 질문이 있다. 늘 마음챙김 상태를 유지하는 것이 가능합니까? 너무 많은 노력을 들여야 하는 일 아닙니까? 계속해서 대상의 차이를 신중하게 새로이 구별해야 된다면 결정은 언제 내립니까?

이 책의 후반에서 소개했던 것과 같은 마음챙김의 사례만으로는 청중의 질문에 충분한 답이 되지 않는 듯 보일 때 나는 다양한 비유를 이용한다. 예를 들어 우리의 뇌를 큰 기업이라고 생각해보면 모든 것에 대해 늘 마음챙김이 필요하지는 않은 이유를 좀 더 쉽게 이해할 수 있다. 이 기업에는 최고경영자가 있는

데 이 사람은 기업의 전반적인 운영상황 및 외부세계와의 거래를 감독하는 책임을 맡고 있다. 이 사람이 기업 내에서 일어나는 모든 일을 적극적으로 감독하는 것은 아니다. 그렇게 할 수도 없고 그렇게 해서도 안 된다. 예를 들어 본사 건물의 난방시설을 관리하는 업무는 평소에 관리실 직원에게 위임한다. 최고경영자는 그 난방시설의 대대적인 교체를 위해 큰 규모의 지출이 필요한 상황이 오기 전까지는 그것에 주의를 기울일 필요가 없다. 이와 마찬가지로 우리는 평소에 호흡의 책임을 우리 몸에 위임한다. 감기나 열정적인 키스, 마라톤 훈련 때문에 호흡이 문제가되는 상황이 오지 않는 한 우리는 그것에 대해 신경 쓸 필요가없다. 운전을 비롯한 많은 복잡한 행위들이 처음 배우는 단계에서는 굉장한 주의력을 요하지만 나중에는 마음챙김을 필요로 하지 않는다. 유능한 사람은 유능한 최고경영자와 마찬가지로, 언제 어디에 마음챙김이 필요한지 잘 선택함으로써 주의력을 현명하게 배분한다.

유능한 최고경영자는 또한 자신의 직무를 수행할 때 마음챙김을 유지해야 한다. 위기가 왔을 때 MBA 과정에서 배웠던, 또는 예전에 비슷한 상황에서 사용했던 틀에 박힌 해결책을 곧이곧대로 적용하는 최고경영자는 그 위기를 극복하지 못할지 모른다. 열린 마음의 최고경영자는 두 가지 수준에서 유연하게 대처할 수 있다. 한 가지는 능동적인 방식으로 단지 그 위기를 해결하는 수준이고, 다른 한 가지는 그 위기를 혁신의 기회로 이용하는 수준이다. 예를 들어 직원들의 생산성이 하락할 때, 능동적인 최고경영자라면 정신을 바짝 차리고 직원들에 대한 경영관리를 강화한다든지 하는 조치를 취할 것이다. 반면 열린 마음의 창의적인 최고경영자라면 전반적인 고용 상황을 재검토한 뒤 스톡옵션이나 사내 보육시설 설치를 고려한다든지 할 것이다.

무엇을 마음챙김으로 처리할 것인지 선택하는 이런 2차적 마음챙김은 우리가 언제든 실천할 수 있는 것이다. 동시에 모든 것에 대해 의식적이 될 수는 없지만 늘 어떤 것에 대해 의식적일 수는 있다. 최고경영자에게, 그리고 나머지 우리 모두에게 가장 중요한 과제는 무엇을 마음챙김 상태로 처리할지 선택하는 것이다. 열린 마음의 창의적인 임원은 경비지출 내역이나 공장의 부품을 일일이 검사하며 하루를 보내지 않는다. 그 대신 그는 어디에 주의를 기울일지 선택하고 그곳에 주의를 집중한다.

강연을 하며 자주 듣는 질문이 또 있다. 뭔가에 대해 결정을 내리려면 어떤 것들에 대해서는 마음놓침을 할 필요가 있지 않느냐는 것이다. 식당을 고르는 일을 예로 들어보자. 오늘 저녁을 먹으러 중국 요리점에 가야 할까, 프랑스 요리점에 가야 할까? 중국 요리점에 가기로 한다면 조이스 리, 페킹 딜라이트, 럭키 에덴, 밍스 후난 중에서 어디에 가야 할까? 조이스 리는 닭고기볶음이 진짜 맛있지만 돼지갈비는 페킹 딜라이트가 더 맛있다. 럭키 에덴은 가까워서 편하지만 밍스 후난은 분위기가 더 차분하다. 페킹 딜라이트는 가격이 싸다. 조이스 리에 가면 캐롤과 캐리와 안드레아를 만날지도 모른다. 오늘 저녁에 그 사람들을 만나면 즐거울 것 같다. 앗, 저기 맞은편에 신장개업한 태국요리점은 또 어떨까? 어떤 이는 이렇게 많은 정보를 다 신중하게 검토하다 보면 과연 제때 저녁식사를 할 수나 있겠느냐고 말할 것이다.

여기서 핵심은 모든 대안을 마음챙김의 자세로 검토해야 한다는 것이 아니다. 진짜 문제는 여러분이 점점 더 많은 것을 따져보고 스스로 더 많은 질문을 한다면 결국 답을 알게 될 것이라는 믿음이다. 일반적으로 우리는 정보만 충분히 주어진다면 완전히 합리적인 선택을 내리는 것이 가능하다고 믿는다. 따라서 어떤 결정에 이르지 못하는 것은 데이터 부족 때문이라고 오해한다. 그러나 한 단계 높은 마음챙김 상태에 도달해보면 정답이라는 것이 없음을 인식하게 된다. 결정을 내리는 일은 데이터 수집과는 별개의 일이다. 데이터는 결정을 내리지 않는다. 결정은 사람이 내리는 것이다. 물론 쉽게 내리느냐 어렵게 내리느냐의 차이가 있지만 말이다. 어떤 결정에 대한, 또는 사람(친구·애인·배우자)에 대한 갈등이 문제가 되는 것은 우리에게 정보가 더 많으면 그 갈등을 어느 한쪽으로 해결할 수 있으리라고 믿는 경우다. 하지만 더 많이 따져본다고 도움이 되지는 않는다. 이

나오며: 마음챙김을 넘어서

런 고민에는 논리적인 종결점이 없기 때문이다. 어느 순간 스스로에게 질문을 던지기를 멈추고 이럴 수도 저럴 수도 있는 시점임을 인식한 다음 직감에 따라 결정을 내리는 것도 나쁘지 않다. 그러고 나면 올바른 결정을 내리느라 전전긍긍하는 대신 자신이 내린 결정을 올바른 것으로 만드는 데 힘쓸 수 있다.

마음챙김으로 인해 오히려 빠질 수도 있는 이런 함정과 그것을 피하는 방법을 이해하기 위해 좀 더 심각한 예로 안락사 문제를 들어보자. 하버드대학교 동료인 톰 셸링Tom Schelling의 의견에 따르면, 너무 고통스러운 질병으로 힘들어하는 사람에게 스스로 삶을 끝낼 수 있는 수단을 주는 것은 전혀 다른 두 가지 결과를 낳을 가능성이 있다. 먼저, 환자가 이 기회를 즉각 이용함으로써 삶을 단축시킬 가능성이 있다. 하지만 한편으로는 자신의 운명에 대한 통제력이 커짐으로 해서 이전보다 더 오래 살고 싶어질 수도 있다.[1]

이렇게 마음챙김 상태에서 생각하다 보면 상충되는 정보가 드러나고, 그로 인해 결정을 내리기가 더 어려워지는 것처럼 보일 수도 있다. 실제로 그 때문에 논의가 제자리로, 곧 개인의 가치관이라는 문제로 되돌아간다. 의사와 판사, 환자는 결국 어떻게 해서든지 생명을 연장해야 한다는 방침과 삶의 질을 결정할 '권리' 사이에서 결정을 내려야 한다. 문제에 대해 더 많이 따져본다고 해서 절대적으로 옳은 답이 나오지는 않을 것이다.

마음챙김 상태로 산다는 것은 투명한 집에서 사는 것에 비유할 수 있다. 보통 우리는 거실에서 지하실에 있는 어떤 물건이 필요할 경우, 그 물건이 지하실에 있다는 것을 떠올리지 못할 때가 많다. 지하실에 있는 물건들은 눈에 보이지 않기 때문이다. 하지만 투명한 집에 살면 물건들을 언제든 찾아 사용할 수 있다. 이런 집에서는 거실에 있으면서도 지하실의 물건을 볼 수 있다. 지금 당장 그 물건을 생각하거나 사용하지 않더라도 말이다. 우리가 마음챙김 방식으로, 그러니까 조건부적으로 교육을 받는다면 우리는 이렇게 늘 준비된 정신상태를 지니고 있을 것이다. 그리고 그런 상태에서라면 모든 것을 동시에 생각할 수는 없어도 모든 것을 언제든지 생각해낼 수 있는 상태로 유지할 수는 있을 것이다. 새로운 관점과 새로운 정보를 받아들이면서 늘 이렇게 준비된 상태를 유지하는 데에 큰 노력이 필요하지는 않다. 단 물리학적으로 어떤 동작을 다른 동작으로 바꾸려면 힘이 들고 정지해 있는 몸을 움직이려면 에너지가 필요한 것과 마찬가지로 마음놓침 모드에서 마음챙김 모드로 전환하는 데에는 노력이 조금 필요할 것이다.

여러 가지 선택 가능성을 마음챙김으로 인식하면 더 큰 통제력이 생긴다. 그리고 이렇게 통제감이 커지면 더욱 마음챙김 상태가 되기 쉽다. 마음챙김은 한 번 하고 나면 그만인 귀찮은 일이 아니다. 마음챙김은 그 자체에 추진력이 있어서 우리를 계속 열린 마음으로 만든다.

마음챙김이 힘들 것처럼 생각되는 한 가지 이유는 부정적인 생각이 고통스럽기 때문이다. 사람들은 흔히 불편한 생각을 지워버리려 애를 쓴다. 하지만 그런 불편한 생각들이 우리에게 고통을 주는 이유는 그 생각을 마음챙김으로 인식했기 때문이 아니다. 고통은 그 고통스러운 문제를 한쪽으로 치우친 관점으로 이해하기 때문에 생긴다. 열린 마음으로 인식한다는 것은 어떤 사건이나 생각의 부정적인 면과 긍정적인 면을 고르게 인식한다는 것이다. 따라서 열린 마음의 새로운 관점을 가지는 편이 그 고통을 없애는 데에 훨씬 효과적이다.

마음챙김이 쉽지 않은 또 다른 이유는 걱정 때문이다. 차를 몰고 가는데 차에서 귀에 거슬리는 불길한 소음이 난다고 상상해 보라. 차에 생겼을 수 있는 모든 문제를 진지하게 생각해보는 일은 분명히 유쾌한 일은 아니다. 하지만 뭔지는 모르지만 심각한 원인이 있어서 그 소음이 나는 것이라고 무조건 확신한다고 해도 도움이 되거나 기분이 좋아지지는 않는다. 적어도 해결책이 있는 경우에는 마음챙김 상태인 사람일수록 해결책을 찾을 가능성이 더 높다. 불안은 마음챙김이 아니다. 그리고 마음놓침 상태에 있다고 마음이 편한 것도 아니다. 실제로 스트레스를 주는 상황을 여러 관점에서 생각해보면 스트레스가 줄어들 수 있다.

마음챙김을 실천하려면 해야 할 일이 너무 많다고 생각하는 사람들도 있지만, 이 책에 소개한 연구들을 보면 마음챙김이 통제감과 선택의 자유를 증가시키고 번아웃증후군을 감소시킨다는 사실을 알 수 있다. 아무리 정확하게 정의하고, 아무리 정교한 연구계획을 세우고, 아무리 모든 질문에 신중하게 대답한다 해도 마음챙김은 6장에서 예로 들었던 개울과 마찬가지로 완전하게 표현하거나 해석할 수 없다. 나와 동료들이 했던 실험들과 이 책에 나온 사례들은 단지 마음챙김 상태의 엄청난 잠재력을 살짝 암시만 할 뿐이다. 그것을 수치로 측정하거나 하나의 공식으로 표현하려 하다가는 전체의 모습을 놓칠 위험이 있다.

길모어C. M. Gillmore는 다음의 멋진 우화를 통해 깔끔하고 확실한 결과만을 고집하는 사람들에게 교훈을 준다.

옛날 옛적에 훌륭한 대학교의 존경받는 통계심리학 교수가 이 바다에서 저 바다로 항해하며 모처럼의 휴가를 즐기고 있었다. 날씨 화창한 어느 날, 그가 탄 배가 아주 작은 산호섬의 조그마한 항구에 닻을 내렸다. 선원들이 말하기를, 그 섬에는 세 명의 은자隱者만이 살고 있는데 그들에게 식량을 갖다주기 위해 이따금 들른다고 했다. 아니나 다를까, 백사장 위에는 기다란 흰 수염과 하얀 실험실 가운을 산들바람에 휘날리며 은자의 전형 같은 모습을 한 세 명이 서서 이 교수를 열렬히 환영하고 있었다. 그들은 자신들이 그렇게 기뻐하는 이유를 설명해줬다. 그들은 강의며 교수회의며 그 밖의 수많은 세속의 번잡한 일에 방해받지 않고 오로지 동물의 행동만을 연구하기 위해 아주 오래전에 이 섬에 왔다. 하지만 세월이 흐르는 동안 대학에서 배운 제대로 된 통계 절차를 상당 부분 잊어버렸기 때문에 이 교수의 도움을 받아 기억을 되살리려는 열망이 대단했다.

이렇게 해서 그 지혜로운 교수는 그들과 긴 시간 동안 이야기를 나누며 단순한 실험 설계와 복잡한 실험 설계에 대해, 학술지에 논문을 발표하려면 알아야 하는 기술적 사항에 대해 기억을 상기시켜주고 그들이 연구 결과를 다시 제대로 검증하는 데 필요한 통계 절차를 가르쳐줬다. 뿌듯하게 하루를 보냈다고 느끼며 그 통계심리학자는 배로 돌아가 다시 항해를 시작했다.

이튿날, 평상시처럼 일찍 일어난 그는 새벽의 투명한 햇살을 받으며 갑판 의자에 앉아 있다가 저 멀리 수평선 부근에서 이상하고 믿을 수 없는 광경을 발견했다. 한참을 살펴봤지만 그것이 보트인지 카누인지 뗏목인지 식별할 수 없었다. 그는 선장을 불렀다. 쌍안경을 눈에 대는 순간 그들은 자신들이 있을 수 없는 광경을 보고 있음을 인정해야 했다. 벵골원숭이 한 마리가 커다란 돌고래를 타고 이쪽으로 오고 있었기 때문이다. 그들은 난간 밖으로 몸을 기울이고 그 원숭이와 돌고래가 다가오는 것을 멍하니 바라봤다. 원숭이가 큰 소리로 외쳤다.

"존경하는 교수님, 저희는 섬의 연구실에서 왔습니다. 저희 박사님들께서 이렇게 저희를 보내서 귀찮게 하는 것을 용서해달라고 하셨습니다. 저희가 이렇게 온 것은 다름이 아니라 저희 박사님들께서 어제 들은 내용 중에서 분모의 자유도를 어떻게 결정하는지가 기억이 안 난다고 하셔서입니다. 결과를 학술지에 게재하려면 그걸 꼭 알아야 하는지라……."[2]

그 은자들의 연구실에서는 원숭이들이 말을 할 수 있다는 사실에 아무도 신경 쓰지 않았다.

들어가며: 유연하면서 휩쓸리지 않는 마음

1   E. Langer and J. Rodin, "The Effects of Enhanced Personal Res-
    ponsibility for the Aged: A Field Experiment in an Institutional
    Setting," *Journal of Personality and Social Psychology* 34 (1976):
    pp. 191~198; J. Rodin and E. Langer, "Long-term Effects of
    a Control-Relevant Intervention Among the Institutionalized
    Aged," *Journal of Personality and Social Psychology* 35 (1977): pp.
    897~902.

2   C. Gersick and J. R. Hackman, "Habitual Routines in Task-
    Performing Groups," *Organizational Behavior and Human
    Decision Processes*, in press.

3   I. Illich, *Medical Nemesis* (New York: Pantheon, 1976).

1장. 내가 왜 그 생각을 못했을까?

1   C. Trungpa, *Cutting Through Spiritual Materialism* (Boulder and
    London: Shambhala, 1973).

2   T'ai P'ing, *Kuang Chi* [Extensive Records Made in the Period
    of Peace and Prosperity] (978 A.D.); Jorge Luis Borges, *Libro de
    Los Seres Imaginarios* (Buenos Aires: Editorial Kiersa S.A., Fauna

China, 1967), p. 88에서 재인용.

3 L. Solomons and G. Stein, "Normal Motor Automation," *Psychological Review* 36 (1896): pp. 492~572.

4 E. Langer, A. Blank, and B. Chanowitz, "The Mindlessness of Ostensibly Thoughtful Action: The Role of Placebic Information in Interpersonal Interaction, *Journal of Personality and Social Psychology* 36 (1978): pp. 635~642.

5 Ibid.

6 자동 정보처리와 마음놓침 사이의 한층 더 복잡한 관계를 이해하려면 다음 두 논문을 비교해보라. E. Langer, "Minding Matters," in L. Berkowitz, ed., *Advances in Experimental Social Psychology* (New York: Academic Press, in press) and W. Schneider and R. M. Schiffrin, "Controlled and Automatic Human Information Processing: I. Detection, Search, and Attention," *Psychological Review* 84 (1977): pp. 1~66.

7 정답은 8이다. 마이애미카퍼서비스 사의 명함에도 비슷한 퀴즈가 인쇄되어 있었다.

2장. 마음놓침은 어디서 비롯되는가

1 E. Langer and C. Weinman, "When Thinking Disrupts Intellectual Performance: Mindlessness on an Over-learned Task," *Personality and Social Psychology Bulletin* 7 (1981): pp. 240~243.

2 G. A. Kimble and L. Perlmuter, "The Problem of Volition," *Psychological Review* 77 (1970): pp. 212~218.

3 B. Chanowitz and E. Langer, "Premature Cognitive Commitment," *Journal of Personality and Social Psychology* 41

(1981): pp. 1051~1063.

4   사실 이 실험은 본인과의 연관성, 곧 자신이 그 질병에 걸렸을 확률
    (10% 대 80%)과 자신도 그 병에 걸렸을 경우에 대해 생각해보라는 지
    시(받음 대 받지 않음)를 각각 독립변인으로 설정하는 2×2 요인으로
    설계되었다.

5   S. Freud (1912), "A Note on the Unconscious in Psychoanalysis,"
    in *The Standard Edition of the Complete Psychological Works of
    Sigmund Freud*, ed. J. Strachey, vol. 12 (London: Hogarth Press,
    1959), p. 265.

6   Plato, *Republic*, Book IX (Oxford: Clarendon Press, 1888),
    p. 281; M. Erdelyi, *Psychoanalysis* (New York: Freeman, 1985)에서
    재인용.

7   과학자들은 어떤 가설(이 경우에는 특정 능력에 한계가 없다는 가설)
    을 지지하는 증거를 찾지 못한 것과 그 가설에 반대되는 증거를 찾았
    다는 것은 같은 뜻이 아님을 알고 있다. 한계가 없다는 것을 증명하기
    는 불가능하다. 계속 한계를 뛰어넘음으로써 그것이 한계가 아니었음
    을 증명하는 수밖에 없다.

8   D. Dewsbury, "Effects of Novelty on Copulatory Behavior. The
    Coolidge Effect and Related Phenomenon," *Psychological Bulletin*
    89 (1981): pp. 464~482.

9   J. E. Orme, Time, *Experience and Behavior* (London: Illif Books,
    1969).

10 E. Mach, *Science of Mechanics* (Chicago: Open Court Publishing,
    1983).

11 R. Arnis and B. Frost, "Human Visual Ecology and Orientation
    Anestropies in Acuity," *Science* 182 (1973): pp. 729~731.

12 D. Holmes and B. K. Houston, "Effectiveness of Situation Redefinition and Affective Isolation in Coping with Stress," *Journal of Personality and Social Psychology* 29 (1974): pp. 212-218.

13 *The Boston Globe*, March 11, 1980.

14 D. Brown, "Stimulus-Similarity and the Anchoring of Subjective Scales," *American Journal of Psychology* 66 (1953): pp. 199-214.

15 L. Postman, J. Bruner, and E. McGinnies, "Personal Values as Selective Factors in Perception," *Journal of Abnormal Psychology* 48 (1948): pp. 142-154.

16 *Allport-Vernon Study of Values* (Boston: Houghton Mifflin, 1931).

3장. 마음을 놓칠 때 일어나는 일

1   T. Levitt, "Marketing Myopia," *Harvard Business Review* 38, no. 4 (1960): 45-56, reprinted in 53, no. 5 (1975): pp. 26-174.

2   E. Langer, J. Johnson, and H. Botwinick, "Nothing Succeeds Like Success, Except . . . ," in E. Langer, *The Psychology of Control* (Los Angeles: Sage Publications, 1983).

3   E. Langer and A. Benevento, "Self-Induced Dependence," *Journal of Personality and Social Psychology* 36 (1978): pp. 886-893.

4   S. Milgram, Obedience to Authority (New York: Harper &Row, 1974).

5   E. Langer and H. Newman, "Post-divorce Adaptation and the Attribution of Responsibility," *Sex Roles* 7 (1981): pp. 223-232.

6   E. Langer, L. Perlmuter, B. Chanowitz, and R. Rubin, "Two New Applications of Mindlessness Theory: Alcoholism and Aging," *Journal of Aging Studies*, Vol. 2:3 (1988) pp. 289-299.

7   A. Luchins and E. Luchins, "Mechanization in Problem-Solving: The Effect of Einstellung," *Psychological Monographs* 54, no. 6 (1942).

8   M. Seligman, *Helplessness: On Depression, Development and Death* (San Francisco: Freeman, 1975).

9   C. P. Richter, "The Phenomenon of Sudden Death in Animals and Man," *Psychosomatic Medicine* 19 (1957): pp. 191~198.

10 H. Lefcourt; Seligman, *Helplessness*에서 재인용.

11 W. James, "The World We Live In," *The Philosophy of William James* (New York: Modem Library, 1953).

12 Langer, Perlmuter, Chanowitz, and Rubin, "Two New Applications of Mindlessness Theory."

13 일반적으로 나이가 들수록 기민함과 독립성이 떨어지는 데 비해서 행복감과 나이 사이에는 그런 상관관계가 나타나지 않는다. 이 실험 참가자들 역시 자신을 남보다 더 행복한 사람이라고 평가하지 않았고 간호사들의 평가도 마찬가지였다. 이는 간호사들이 대충 아무렇게나 평가하지 않았음을 보여주는 증거이기도 하다.

14 C. Dickens, *Great Expectations* (1860–1861). (Cambridge, MA: Riverside Press, 1877), p. 51.

4장. 마음챙김이란 무엇인가?

1   L. Tolstoy, *War and Peace*, 1869 trans. Louise and Aylmer Maude (Oxford: Oxford University Press, 1983).

2   J. Bruner, J. Goodnow, and G. Austin, *A Study of Thinking* (New York: Wiley, 1956); R. Brown, *Words and Things* (New York: Free Press, 1958).

3 S. Freud (1907). "Creative Writers and Daydreaming," in *The Standard Edition of the Complete Psychological Works of Sigmund Freud*, ed. J. Strachey, vol. 9 (London: Hogarth Press, 1959), pp. 143-144.

4 E. Langer and C. Weinman, "Mindlessness, Confidence and Accuracy" (1976); B. Chanowitz and E. Langer, "Knowing More (or Less) Than You Can Show: Understanding Control Through the Mindlessness/Mindfulness Distinction," in *Human Helplessness*, ed. M. E. P. Seligman and J. Garber (New York: Academic Press, 1980)에서 기술한 내용 참조.

5 E. Jones and R. Nisbett, "The Actor and the Observer: Divergent Perceptions of the Causes of Behavior," in *Attributions: Perceiving the Causes of Behavior*, ed. E. Jones et al. (Morristown, NJ: General Learning Press, 1972).

6 I. Lindahl, "Chernobyl: The Geopolitical Dimensions," *American Scandinavian Review* 75, no. 3 (1987): pp. 29-40.

7 이와 같은 관점의 차이는 다른 면에서도 존재하는데 이는 심리학 연구에서 중요한 주제이기도 하다. 분석의 수준이 세밀해질수록 그 분석 결과를 통해 현상을 예측할 가능성은 오히려 더 낮아진다. 일반적으로 성격을 연구할 때 개개인의 근본적인 시각(prototype, 심리적 원형)까지 분석하지는 않는다. 하지만 본문의 사례에서처럼 근본적인 시각 차원에서 차이가 있으면, 그것이 태생적인 기질에 의한 것이든 그 사람이 처한 상황에 의한 것이든 간에 대인관계에서 어려움이 발생하기도 한다.

8 이런 식으로 복잡한 부정적 정보에 대해 대안적 관점들을 고려하기로 '의식적 결정'을 내리는 경우에는 '합리화'라고 볼 수 없다.

9   E. Langer and L. Thompson, "Mindlessness and Self-Esteem: The Observer's Perspective," Harvard University (1987).

10 E. Langer, I. Janis, and J. Wolfer, "Reduction of Psychological Stress in Surgical Patients," *Journal of Experimental Social Psychology* 11 (1975): pp. 155~165.

11 R. Pascale and N. Athos, *The Art of Japanese Management* (New York: Simon &Schuster, 1981).

12 S. Druker, "Unified Field Based Ethics: Vedic Psychology's Description of the Highest Stage of Moral Reasoning," *Modern Science and Vedic Science*, in press.

13 마음챙김의 잠재적 모드 대 명시적 모드에 관한 논의는 E. Langer, *Minding Matters* (chapter 2, note 6) 참조. 이 책에서는 명시적 모드만 다룬다.

14 A. Deikman, "De-automatization and the Mystic Experience," *Psychiatry* 29 (1966): pp. 329~343.

5장. 마음챙김과 함께 나이 들기

1   E. Langer and J. Rodin, "The Effects of Enhanced Personal Responsibility for the Aged: A Field Experiment in an Institutional Setting," *Journal of Personality and Social Psychology* 34 (1976): pp. 191~198; J. Rodin and E. Langer, "Long-Term Effects of a Control-Relevant Intervention Among the Institutionalized Aged," *Journal of Personality and Social Psychology* 35 (1977): pp. 275~282.

2   E. Langer and L. Perlmuter, "Behavioral Monitoring as a Technique to Influence Depression and Self-Knowledge for

Elderly Adults," Harvard University. (1988).

3   L. Perlmuter and E. Langer, "The Effects of Behavioral Monitoring on the Perception of Control," *The Clinical Gerontologist* 1 (1979): pp. 37-43.

4   M. M. Baltes and E. M. Barton, "Behavioral Analysis of Aging: A Review of the Operant Model and Research," *International Journal of Behavior Development* 2 (1979): pp. 297-320.

5   J. Avorn and E. Langer, "Induced Disability in Nursing Home Patients: A Controlled Trial," *Journal of American Geriatric Society* 30 (1982): pp. 397-400; E. Langer and J. Avorn, "The Psychosocial Environment of the Elderly: Some Behavioral and Health Implications," in *Congregate Housing for Older People*, ed. J. Seagle and R. Chellis (Lexington, MA: Lexington Books, 1981).

6   E. Langer, J. Rodin, P. Beck, C. Weinman, and L. Spitzer, "Environmental Determinants of Memory Improvement in Late Adulthood," *Journal of Personality and Social Psychology* 37 (1979): pp. 2003-2013.

7   E. Langer, P. Beck, R. Janoff-Bulman and C. Timko, "The Relationship Between Cognitive Deprivation and Longevity in Senile and Nonsenile Elderly Populations," *Academic Psychology Bulletin* 6 (1984): pp. 211-226.

8   S. de Beauvoir, *Old Age* (London: Andre Deutsch Ltd., 1972).

9   Cicero, *Two Essays on Old Age and Friendship*, trans. E. S. Shuckburg (London: Macmillan & Co., 1900).

10 J. Rowe and R. Kahn, "Human Aging: Usual and Successful," *Science* 273 (1987): pp. 143-149.

11 F. Scott-Maxwell, *The Measure of My Days* (New York: Knopf, 1972).

12 A. Mulvey and E. Langer; J. Rodin and E. Langer, "Aging Labels: The Decline of Control and the Fall of Self-Esteem," *Journal of Social Issues* 36 (1980): pp. 12~29에서 논의한 내용 참고.

13 P. Katzman and T. Carasu (1975). "Differential Diagnosis of Dementia," in *Neurological and Sensory Disorders in the Elderly*, ed. W. S. Fields (Miami, FL: Symposia Specialist Medical Books), pp. 103~104.

14 G. Kolata, "New Neurons Form in Adulthood," *Science* 224 (1984): pp. 1325~1326.

15 B. A. Fiala, J. N. Joyce, and W. T. Greenough, "Environmental Complexity Modulates Growth of Granule Cell Dendrites in Developing but not Adult Hippocampus of Rats," *Experimental Neurology* 59 (1978): pp. 372~383; W. Greenough and F. Volkmar, "Patterns of Dendritic Branching in Occipital Cortex of Rats Reared in Complex Environments," *Experimental Neurology* 40 (1973): pp. 491~508; D. Krech, M. R. Rosenzweig, and E. L. Bennet, "Relations Between Brain Chemistry and Problem Solving Among Rats Raised in Enriched and Impoverished Environments," *Journal of Comparative and Physiological Psychology* 55 (1962): pp. 801~807; F. Volkmar and W. Greenough, "Rearing Complexity Affects Branching of Dendrites in the Visual Cortex of the Rat," *Science* 176 (1972): pp. 1445~1447; R. A. Cummins and R. N. Walsh, "Synaptic Changes in Differentially Reared Mice," *Australian Psychologist* 2, no. 229 (1976).

16 M. Rosenzweig, E. L. Bennett, and M. Diamond, "Brain Changes in Response to Experience," *Scientific American* 226, no. 2 (1972): pp. 22-29.

17 L. Strachey, *Queen Victoria* (New York and London: Harcourt Brace Jovanovich, 1921).

18 W. James, *Letters of William James*, Vol. 1, ed. H. James (Boston: Atlantic Monthly Press, 1920).

19 E. Langer, B. Chanowitz, M. Palmerino, S. Jacobs, M. Rhodes, and P. Thayer (1988). "Nonsequential Development and Aging," in *Higher Stages of Human Development: Perspectives on Adult Growth*, ed. C. Alexander and E. Langer (New York: Oxford University Press, in press).

20 우리는 노인병, 심장병, 내분비학 분야의 저명한 의사 20명에게 자문을 구했다. 이들은 신뢰할 만한 노화 측정 수단이 없다는 데 의견을 같이했다. "만약 우리가 한쪽 방에 50세인 사람을 들어가 있게 하고 다른 방에 70세인 사람을 들어가 있게 했을 경우에 그 두 사람을 어떤 식으로 구별하실 겁니까?"라고 묻자 거의 모든 의사가 이렇게 대답했다. "몹시 어렵겠지요. 겉모습을 보고 추정하는 정도일 겁니다. 물론 뼈를 엑스레이로 찍어볼 수 있다면 이야기가 달라집니다. 골관절염, 특히 척추의 골관절염은 나이에 따른 변화가 상당히 뚜렷하니까요. (…) 하지만 이런 변화들은 사람마다 차이가 있어서 어떤 사람은 중년부터 그런 변화가 진행되기도 하고 어떤 사람은 상당히 고령이 될 때까지 나타나지 않기도 합니다." 한 의사는 "기준으로 삼을 측정치가 개개인별로 필요합니다"라고 말했다. 어떤 의사는 이렇게 말했다. "나이가 들면서 가장 극적으로 변하는 것(심장 기능, 폐 기능, 신장 기능)에 관한 연구들을 보면, 실험 참가자 중에 30세 수준의 기능을 가

나오며: 마음챙김을 넘어서

진 80세 이상 노인이 꼭 있습니다. 반대로 젊은 사람이 노인 수준의 기능을 가진 경우도 있지요." 이렇듯 합의가 이루어진 노화 측정 수단이 없었기에 우리는 연구를 계획하는 데 어려움을 겪었다. 결국 우리는 적어도 어느 정도는 나이와 상관관계가 있다고 알려진 몇 가지 지표를 측정하기로 했다. 먼저, 나이가 들면서 나타나는 공통적인 외모 변화가 있다. 코가 길쭉해지고 눈은 탁하고 물기가 많아진다. 피부가 쭈글쭈글하고 건조해지고 검버섯, 점, 사마귀가 생기기도 한다. 머리카락이 세고 숱이 줄어든다. 어깨가 처진다. 위팔이 물렁해지고 팔뚝은 가늘어진다. 손에 살이 빠지고 혈관이 두드러진다. 두 번째는 신체 기능상의 변화다. 시력이 감퇴하고 원시가 심해진다. 높은 음을 잘 듣지 못하게 되고 미뢰가 위축되어 미각이 무뎌진다. 세 번째는 심리적 측면으로, 학습능력과 새로 배운 정보를 기억하는 능력이 감소한다. 또 걸음걸이와 반응 속도도 느려진다. 우리는 이런 점들을 염두에 두고 우리의 '처치'가 신체적·심리적 영역에 끼치는 영향을 평가하기 위한 측정 도구를 개발했다.

21 R. Bales and S. Cohen, *SYMLOG: A System for Multiple Level Observation of Groups* (New York: Free Press, 1979).

22 E. Langer and J. Rodin, "Effects of Enhanced Personal Responsibility for the Aged"; J. Rodin and E. Langer, "Long-Term Effects of Control-Relevant Intervention."

23 연구비가 한정된 탓에 후속 연구는 실시되지 않았다. 하지만 실험 참가자들이 다시 '기대가 낮은' 맥락 안에서의 생활로 돌아간 뒤 그들의 능력도 다시 낮아졌으리라는 추정이 가능하다.

6장. 마음챙김과 '창의적 불확실성'

1 H. Poincaré, "Intuition and Logic Mathematics," *Mathematics*

Teacher 62, no. 3 (1969): pp. 205~212.

2   I. Duncan; G. Bateson, *Steps to an Ecology of Mind* (San Francisco: Chandler Publications, 1972), p. 137에서 재인용.

3   P. Goldberg, *The Intuitive Edge* (Los Angeles: J.P. Tarcher, 1983) 에서 재인용.

4   W. Churchill; P. Goldberg, *The Intuitive Edge* (Los Angeles: J. P. Tarcher, 1983)에서 재인용.

5   J. Bruner and B. Clinchy, "Towards a Disciplined Intuition," in *Learning about learning*, no. 15, ed. J. Bruner (Bureau of Research Co-operative Research Monograph).

6   E. Langer and A. Piper, "The Prevention of Mindlessness," *Journal of Personality and Social Psychology* 53 (1987): pp. 280~287.

7   E. Langer, A. Piper, and J. Friedus, "Preventing Mindlessness: A Positive Side of Dyslexia," Harvard University (1986).

8   T. Amabile, *The Social Psychology of Creativity* (New York: Springer-Verlag, 1983).

9   J. W. Getzels and P. Jackson, "Family Environment and Cognitive Style: A Study of the Sources of Highly Intelligent and Highly Creative Adolescents," *American Sociological Review* 26: pp. 351~359.

10   E. Langer and J. Joss; E. Langer, M. Hatem, J. Joss, and M. Howell, "The Mindful Consequences of Teaching Uncertainty for Elementary School and College Students," *Creativity Research Journal*, in press에서 기술한 내용 참조.

11   조건부적 학습의 가치에 관한 더 확고한 근거는 다음에서 찾을 수 있 다. G. Salomon and T. Globerson, "Skill May Not Be Enough:

The Role of Mindfulness in Learning and Transfer," *International Journal of Educational Research* (1987) 11:623~627, and G. Solomon and D. Perkins, "Rocky Roads to Transfer: Rethinking Mechanisms of a Neglected Phenomenon," *Educational Researcher*, in press (April 1989).

12 S. J. Gould, "The Case of the Creeping Fox Terrier Clone," *Natural History* 97, no. 1: pp. 16~24.

13 J. Barchillon, "Creativity and Its Inhibition in Child Prodigies," in *Personality Dimensions of Creativity* (New York: Lincoln Institute for Psychotherapy, 1961).

14 J. P. Guilford, *The Nature of Human Intelligence* (New York: McGraw-Hill, 1967).

15 많이 배운 사람일수록 절대적인 정답을 찾기가 어려울 수도 있다. pride라는 단어에는 (사자의) 무리라는 뜻이 있기 때문에, 이 문제에서는 herd([짐승의] 떼를 뜻함-옮긴이)가 답이다. 하지만 이 문제를 동물을 감정에 비유하는 문제로 받아들인다면 vanity가 답이 될 것이다. 이처럼 맥락 없이 문제만 달랑 쓰여 있으면 '정답'이 명확하지 않은 경우가 생기기도 한다. 창의적인 사람은 한 가지 맥락에 얽매이지 않으므로 문제가 의도한 것보다 훨씬 많은 것을 생각해낼 수 있다.

16 새로운 관점을 가짐으로써 이득을 얻을 수 있는 또 다른 활동으로 텔레비전 시청이 있다. 텔레비전을 볼 때조차도 마음챙김 자세가 가능하다. 앨리슨 파이퍼와 함께 수행한 한 연구에서 우리는 실험 참가자들이 다른 관점에서 〈다이너스티(Dynasty)〉를 보게 했다. 그 결과(E. Langer and A. Piper, "Television from a Mindful/Mindless Perspective," *Applied Social Psychology Annual*, Vol.8, Los Angeles: Sage Publications, 1988에 나와 있다) 참가자들의 통제감 증가를 비

롯한 긍정적인 결과들이 발견되었다.

17 J. Piaget, "Psychology and Epistemology" (New York: Grossman, 1971): p. vii; G. Holton, *The Advancement of Science, and Its Burdens* (Cambridge: Cambridge University Press, 1986)에서 재인용.

7장. 직장인을 위한 마음챙김

1 T. Levitt, "Marketing Myopia," *The Harvard Business Review* 38, no. 4 (1960): pp. 45-56, reprinted in 53, no. 5 (1975): pp. 26-174.

2 A. Karsten (1928), "Mental Satiation," in *Field Theory as Human Science*, ed. J. de Rivera (New York: Gardner Press, 1976).

3 J. R. Kelly and J. E. McGrath, "Effects of Time Limits of Task Types on Task Performance and Interaction of Four-Person Groups," *Journal of Personality and Social Psychology* 49 (1985): pp. 395-407.

4 하버드 경영대학원의 로자베스 모스 칸터와 하워드 스티븐슨은 이 아이디어의 비즈니스 버전을 다음 논문에서 그려 보였다. R. Kanter, *The Change Masters: Innovation for Productivity in the American Corporation* (New York: Simon & Schuster, 1983); H. Stevenson and W. Sahlman, "How Small Companies Should Handle Advisers," *Harvard Business Review* 88, no. 2 (1988): pp. 28-34. 또한 어빙 제니스는 이 아이디어를 정치 영역에 적용하기도 했다. I. Janis, *Victims of Groupthink* (Boston: Houghton Mifflin, 1972).

5 R. Fisher and W. Urey, *Getting to Yes* (Boston: Houghton Mifflin, 1981).

6 T. Levitt, "Marketing Myopia."

7   E. Langer and D. Heffernan, "Mindful Managing: Confident but Uncertain Managers," Harvard University. (1988).

8   E. Langer and J. Sviokla, "Charisma from a Mindfulness Perspective," Harvard University. (1988).

9   E. Langer, D. Heffernan, and M. Kiester, "Reducing Burnout in an Institutional Setting: An Experimental Investigation," Harvard University. (1988).

10 M. P. Follet, *Dynamic Administration: The Collected Papers of Mary Parker Follett* (Bath, England: Bath Management, 1941); P. Graham, *Dynamic Management: The Follett Way* (London: Professional Publishing, 1987)에서 재인용.

8장. 더 구별하고 덜 차별하라

1   R. Brown, *Words and Things* (New York: The Free Press, 1956); J. Bruner, "Personality Dynamics and the Process of Perceiving," in *Perception: An Approach to Personality*, ed. R. R. Blake and G. V. Ramsey (New York: Ronald Press, 1951), pp. 121-147.

2   E. Langer, and R. Abelson, "A Patient by Any Other Name ... : Clinician Group Differences in Labelling Bias," *Journal of Consulting and Clinical Psychology* 42 (1974): pp. 4-9.

3   J. Swift (1726), *Gulliver's Travels* (New York: Dell, 1961).

4   E. Langer and L. Imber, "The Role of Mindlessness in the Perception of Deviance," *Journal of Personality and Social Psychology* 39 (1980): pp. 360-367.

5   E. Langer, S. Taylor, S. Fiske, and B. Chanowitz, "Stigma, Staring and Discomfort: A Novel Stimulus Hypothesis," *Journal*

of Experimental Social Psychology 12 (1976): pp. 451~463.

6   A. Piper, E. Langer, and J. Friedus, "Preventing Mindlessness: A Positive Side of Dyslexia," Harvard University (1987).

7   H. Madjid, "The Handicapped Person as a Scientific Puzzle in Search of a Solution," Paper presented at the annual meeting of the American Academy for the Advancement of Science, Boston, 1988.

8   E. E. Jones and S. Berglas, "Control of Attributions About the Self Through Self-Handicapping Strategies: The Appeal of Alcohol and the Role of Underachievement," *Personality and Social Psychology Bulletin* 4 (1978): pp. 200~206.

9   아마도 최선의 해결책은 높은 수준의 기대를 가지되 (5장에서 봤듯이) 실패를 자기가치(self-worth)와 연관시켜 받아들이지 말고 단지 비효과적인 해결책이었다고 여기는 것이다.

10   D. McClelland, *The Achieving Society* (New York: The Free Press, 1961).

11   본문에서는 단순화해서 설명했지만 사실 이 연구는 2×2 요인 설계를 사용했으며, 독립변인은 마음챙김 훈련(높은 수준 대 낮은 수준)과 대상 인물(장애인 대 비장애인)이었다. 심리학을 전공하는 학생이라면 원 논문에서 자세한 내용을 확인해보길 권한다.

9장. 건강을 부르는 마음챙김

1   Sir Charles Sherrington, *Man on His Nature*, 2nd ed. (New York: Doubleday Anchor Books, 1953), p. 194.

2   R. Katz, *Boiling Energy* (Cambridge, MA: Harvard University Press, 1982).

3   A. Eddington, *The Nature of the Physical World* (Ann Arbor, MI: University of Michigan Press, 1958).

4   S. Schacter and J. Singer, "Cognitive, Social, and Physiological Determinants of Emotional State," *Psychological Review* 69 (1962): pp. 379-399.

5   W. James, "What Is Emotion?" *Mind* 9 (1883): pp. 188-204.

6   C. Lange, *The Emotions* (Baltimore: Williams &Wilkens, 1922); W. Cannon, "The James Lange Theory of Emotion: A Critical Examination and Alternative Theory," *American Journal of Psychology* 39 (1927): pp. 106-124.

7   R. Zajonc, "Attitudinal Effects of Mere Exposure," *Journal of Personality and Social Psychology Monograph Supplement* 9 (no. 2, part 2) (1968): pp. 1-27.

8   P. Brickman, *Commitment, Conflict and Caring* (Englewood Cliffs, NJ: Prentice-Hall, 1987).

9   W. James (1890), *The Principles of Psychology* (Cambridge, MA: Harvard University Press, 1981).

10   H. K. Beecher, "Relationship of Significance of Wound to Pain Experience," *Journal of American Medical Association* 161 (1956): pp. 1609-1613.

11   R. S. Ulrich, "View from a Window May Influence Recovery from Surgery," *Science* 224 (1984): pp. 420-421.

12   참신함과 익숙함은 사회적으로 구성된 속성이라는 사실을 인식하면 상당한 개인적 통제가 가능해진다. 예를 들어 불안감을 줄이고 싶다 면 그 상황에서 익숙한 요소들을 찾아볼 수 있고, 반대로 따분하다면 참신한 요소들을 찾아보는 것이 좋은 전략일 수 있다.

13 K. Järvinen, "Can Ward Rounds Be a Danger to Patients with Myocardial Infarction?" *British Medical Journal* 1 (4909) (1955): pp. 318-320.

14 E. Langer, M. Dillon, R. Kurtz, and M. Katz, "Believing is Seeing," Harvard University (1988).

15 R. W. Bell, C. E. Miller, J. M. Ordy, and C. Rolsten, "Effects of Population Density and Living Space Upon Neuroanatomy, Neurochemistry and Behavior in the C57B1-10 Mouse," *Journal of Comparative and Physiological Psychology* 75 (1971): pp. 258-263.

16 M. Rosenzweig, E. L. Bennett, and M. Diamond, "Brain Changes in Response to Experience," *Scientific American* 226, no. 2 (1972): pp. 22-29.

17 R. Totman, *Social Causes of Illness* (New York: Pantheon Books, 1979), p. 96.

18 G. A. Marlatt and D. J. Rohsenow, "Cognitive Processes in Alcohol Use: Expectancy and the Balanced Placebo Design," in Adv*ances in Substance Abuse: Behavioral and Biological Research*, Vol. 1, ed. N. K. Mello (1980), p. 199.

19 G. Wilson and D. Abrams, "Effects of Alcohol on Social Anxiety and Physiological Arousal: Cognitive versus Pharmacological Procedures," *Cognitive Therapy and Research* 1 (1977): pp. 195-210.

20 L. Robbins, D. David, and D. Nurco, "How Permanent was Vietnam Drug Addiction?" *American Journal of Public Health* 64 (1974): pp. 38-43.

21 S. Siegel, R. Hirsan, M. Krank, and Y. McGully, "Heroin Overdose Death: Contribution of Drugs as Actual Environmental Cues," *Science* 216 (1982): pp. 436-437.

22 J. Margolis and E. Langer, "An Analysis of Addiction from a Mindlessness/Mindfulness Perspective," *Psychology of Addictive Behavior*, in press.

23 Ibid.

24 R. Ader and C. Cohen, "Behaviorally Conditioned Immunosuppression and Nurive Systemic Lupus Eurythemastosus," *Science* 215 (1982): pp. 1534-1536.

25 S. F. Kelly and R. J. Kelly, *Hypnosis* (Reading, MA: Addison-Wesley, 1985), p. 21.

26 L. Thomas, *The Medusa and the Snail* (New York: Harper &Row, 1957).

27 A. H. C. Sinclair-Gieben and D. Chalmers, "Evaluation of Treatment of Warts by Hypnosis," *Lancet* (October 3, 1959): pp. 480-482.

28 O. C. Simonton, S. Matthews-Simonton, and J. L. Creighton, *Getting Well Again* (Los Angeles: J. P. Tarcher, 1978).

29 N. Cousins, *Anatomy of an Illness as Perceived by the Patient* (New York: W. W. Norton, 1979).

30 E. Langer, J. Rodin, P. Beck, C. Weinman, and L. Spitzer, "Environmental Determinants of Memory Improvement in Late Adulthood," *Journal of Personality and Social Psychology* 37 (1979): pp. 2003-2013; E. Langer, P. Beck, R. Janoff-Bulman, and C. Timko, "The Relationship Between Cognitive Deprivation and

Longevity in Senile and Nonsenile Elderly Populations," *Academic Psychology Bulletin* 6 (1984): pp. 211-226; C. Alexander, E. Langer, R. Newman, H. Chandler, and J. Davies, "Transcendental Meditation, Mindfulness and Longevity: An Experimental Study with the Elderly," *Journal of Personality and Social Psychology* 57, no. 6 (1989): pp. 950-964.

31 E. Langer, S. Field, W. Paches, and E. Abrams, "A Mindful Treatment for Arthritis," Harvard University (1988).

32 Thomas Huxley, as quoted in J. Huxley, *New Bottles for New Wine* (London: Chatto &Windus, 1957).

나오며: 마음챙김을 넘어서

1 셸링과 개인적으로 교류한 내용이다. 죽음과 그에 따른 의사결정에 관한 전반적인 논의는 다음을 참고하라. T. Schelling, "Strategic Relationships and Dying," in Death and Decision, ed. E. McMullin (Boulder, CO: Westview Press, 1978), pp. 63-73.

2 C. M. Gillmore, "A Modern-Day Parable," *The American Psychologist* 26 (1971): p. 314.